Franz Beyer

Französische Phonetik für Lehrer und Studierende

Franz Beyer

Französische Phonetik für Lehrer und Studierende

ISBN/EAN: 9783743314917

Hergestellt in Europa, USA, Kanada, Australien, Japan

Cover: Foto ©Paul-Georg Meister /pixelio.de

Manufactured and distributed by brebook publishing software
(www.brebook.com)

Franz Beyer

Französische Phonetik für Lehrer und Studierende

Franz Beyer,

Französische Phonetik

für

Lehrer und Studierende.

Französische Phonetik

für Lehrer und Studierende.

Von

Franz Beyer.

Cöthen,

Otto Schulze Verlag.

1888.

Vorwort.

Mit der vorliegenden Arbeit bringe ich zur Durchführung eine Idee, der ich im Vorwort zu meinem „Lautsystem des Neufranzösischen" (1887) Ausdruck verlieh, nämlich der dort gegebenen Analyse der französ. Sprachlaute bald eine Synthese derselben folgen zu lassen. Ich führe heute jene Absicht in erweiterter Form aus, indem ich den neuphilologischen Lehr- und Lernkreisen hiermit den Versuch eines relativ vollständigen Handbuchs der neufranzösischen Lautwissenschaft darbiete. Es möge nicht befremden, dass ich noch einmal in die Untersuchung der Einzellaute eingehe. Aus den zahlreichen, sehr anerkennenden und wohlmeinenden Besprechungen obiger Schrift ist mir der Eindruck geworden, dass es vielen erwünscht sein dürfte, das phonetische System sauber aus einem Guss vor sich zu haben — losgelöst von aller Verquickung mit unterrichtlichen Fragen, die im „Lautsystem" die wissenschaftliche Erörterung hin und wieder kreuzen. Diese Gelegenheit einer Neubearbeitung der Analyse konnte ich nicht vorübergehen lassen, ohne zugleich Rücksicht zu nehmen auf den Stand der neuesten Forschung. So habe ich eine Darstellung gegeben der bemerkenswerten unbetonten Vokaltypen, die einen charakteristischen Einblick gestatten in das lautliche Entartungsgebiet des Neufranzösischen. So ist der unserm heimischen Lautsystem fremde Gaumennasal ($\dot{n}$), der auch von französ. Seite verschiedenartig dargestellt wird, ausführlich erörtert worden. So findet sich die Palatalisierung gewisser Konsonanten, sowie die akustische Beschaffenheit der Vokale berücksichtigt. So wurde zur leichteren Orientierung eine summarische Übersicht über die Tätigkeit der einzelnen Sprechorganteile bei der Vokalbildung gegeben, u. a. m. — Kurz, die inzwischen erweiterte Erfahrung ist der Arbeit in jeder Hinsicht zu gute gekommen. Gleichwohl sind im „Lautsystem" einige Fragen viel eingehender behandelt: so die Nasalvokale, die Diphthonge, der Blählaut bei stimmhaften Explosiven u. s. w. Es dürfte daher ein Vergleich beider Schriften nicht ohne Interesse sein. Jedenfalls sind beide ganz unabhängig von einander bearbeitet, wie auch deren Darstellungsweise sehr verschieden ist. Die am Ende des analytischen Teiles der „Phonetik" gebrachten „Praktischen Beobachtungen und Winke" sind vielleicht manchem willkommen. Von den Lehren der allgemeinen Lautkunde und vom Sprechorgan ist nur so viel zur Darstellung gebracht worden, als zum Verständnis der nachfolgenden Ausführungen geboten erschien.

Ein Lehrbuch der französ. Phonetik wird sowohl für die Wissenschaft als für die Praxis sich nutzbar erweisen können. Was die Wissenschaft betrifft, so werden die bedeutsamen Forschungen der historischen Grammatik — wenigstens soweit die Lautlehre (der Lautwandel) in Frage kommt — als wichtigen Korrektivs sich einst der Ergebnisse der historischen Phonetik bedienen müssen, und um eine solche, die uns not tut, zu schaffen, muss zunächst der Lautstand der heutigen Sprache mit wissenschaftlicher Genauigkeit festgestellt werden. Von diesem einzig sicheren Ausgangspunkte wird man, die historische Entwickelung allmählich zurückverfolgend, die früheren Lautstadien erforschen müssen. Was aber den neusprachlichen Lehrer oder den Studierenden angeht, so wüsste ich nicht, dass er ein besseres Mittel gebrauchen könnte, in das gründliche Verständnis des Lautcharakters einer lebenden Sprache einzudringen, als dem Studium einer Phonetik derselben obzuliegen. Und muss er, der Lehrer und Jünger einer gesprochenen Sprache, denn nicht auf Schritt und Tritt mit Lauten operieren? Hat er sich einmal von der für seine Zwecke unabweisbaren Notwendigkeit einer tüchtigen phonetischen Schulung überzeugt und hat er Willenskraft genug, sich dieser Mühe zu unterziehen, so wird er bald den reichlichen Gewinn erfahren, der nicht allein ihm selbst, sondern auch seinem Unterrichte daraus erwächst.

Ich wage nicht zu glauben, dass ich mit der vorliegenden Arbeit etwas Vollkommenes biete; aber ich hoffe, etwas Brauchbares. Ich hoffe auch, dass der Leser auf jeder Seite warmem Interesse für die Sache begegnen und den wissenschaftlichen Ernst herausfühlen wird, der mich von Anfang bis zu Ende der schwierigen Aufgabe beseelte. Ich bin nicht ohne Vorgänger in Sachen wissenschaftlicher Erforschung des französ. Lautsystems; erwähnt seien vor allem die trefflichen Arbeiten

von Franke, Passy, Storm, Trautmann, Vietor, Wulff;
aber doch lagen besonders für die Synthese noch keine um-
fänglicheren Untersuchungen vor, und so ist dies der erste
bis jetzt gemachte Versuch, die Fragen der französ. Phonetik,
besonders der Satzphonetik, in eingehender Weise zu behandeln. Die namhaften Schwierigkeiten, die gerade für dieses
Hauptstück zu überwinden waren, sind wohl erwähnenswert.
Unter den Arbeiten der neueren und neuesten Forscher ver-
danke ich besonders Paul Passy mannigfache Förderung.
Wer sich über französ. Lautwissenschaft näher orientieren will,
kann gar nicht umhin, sich mit den fleissigen Untersuchungen
dieses tüchtigen Phonetikers vertraut zu machen.

Manche dürften in diesem Buche eine systematische Darstellung der Lautwerte vermissen, welche die französ. Schriftzeichen im einzelnen Wort und im Taktgefüge repräsentieren.
Es sei jedoch bemerkt, dass ich zunächst eine reine Phonetik
des Französ. bieten wollte, nicht eine Orthoëpie. Gleichwohl
habe ich eine solche, und zwar eine auf den neueren phonetischen
Forschungen fussende, zum grossen Teil bereits ausgearbeitet,
gleichsam als Supplement zu dieser Phonetik; doch bin ich,
dringlicher Arbeiten halber, genötigt, die Vollendung des
Manuskripts vorerst noch zu sistieren.

Grossen Dank schulde ich den Herren Proff. P. Passy-
Paris, Joh. Storm-Christiania und W. Vietor-Marburg, welche
auf mein Ersuchen die Güte hatten, kritische Beiträge zu
liefern. Ihre eminent sachkundigen Bemerkungen können nur
einen Gewinn bedeuten für die Wissenschaft, indem sie die
fachliche Erörterung anregen und schätzbares Material zur

Klärung strittiger Punkte liefern. Mich selbst haben sie wirksam gefördert, und eine jede ihrer Kritiken habe ich verwertet im Sinne einer Erweiterung meines phonetischen Gesichtskreises. Leider war Prof. Storm durch Überlastung mit litterarischer Arbeit verhindert, mehr beizusteuern. —

Die Gebrauchsfähigkeit des Buches habe ich zu erhöhen gesucht durch Beigabe eines ausführlichen Inhaltsverzeichnisses und zweier Register.

Möge die Arbeit das Gute wirken, das ich damit anstrebte.

Weissenfels, im Januar 1888.

F. Beyer.

Inhaltsverzeichnis.

Erstes Buch.

Einleitendes über Sprechorgan und Sprachlaute.

Zweites Buch.

Phonetik der französischen Lautsprache.

Erste Abteilung.

Analyse der französischen Laute.

Zweite Abteilung.

Synthese der französischen Laute.

Erstes Buch.

Einleitendes über Sprechorgan und Sprachlaute.

Erstes Kapitel: Das Sprechorgan.

1. Die Sprachlaute werden erzeugt vom menschlichen Sprechorgan.

2. Dasselbe wird gebildet aus drei Teilen:
   a) der Lunge;
   b) der Luftröhre mit dem Kehlkopf;
   c) dem sog. Laut- oder Ansatzrohre.

3. Die Lunge besteht aus zwei dehnbaren, kegelartig geformten Flügeln oder Säcken, welche den zur Lautbildung erforderlichen Luftstrom liefern. Dieser Luftstrom wird dem Lautrohr zugeführt durch die Luftröhre (das Windrohr).

4. Nach oben läuft die Luftröhre in den Kehlkopf aus, dessen knorpelartige Umhüllung nach vorn zu kantig wird und als sog. „Adamsapfel" von aussen fühlbar, zuweilen selbst sichtbar ist. Quer durch den Kehlkopf, von rückwärts nach vorn laufend, sind zwei elastische Bänder ausgespannt, die Stimmbänder, welche nach rechts und links in die Kehlkopfwände verlaufen. Sie sind der An- und Abspannung, Verengerung und Erweiterung fähig und bilden eine Spalte, welche Stimmritze oder Glottis genannt wird. Werden die Stimmbänder angespannt und einander sehr genähert, so ist die ausgestossene Luft imstande, jene in tönende Schwingungen zu versetzen. Der so entstehende musikalische Klang heisst Stimme oder Stimmton.

5. Das Lautrohr (2, c) besteht aus der Mundhöhle, der Rachenhöhle oder dem Schlundkopf und der Nasenhöhle.

6. An der Mundhöhle unterscheidet man folgende Teile:
a) die Alveolen oder Zahnscheiden der Oberzähne, welche eine erhabene Wölbung bilden zwischen der innern Zahnfläche und
b) dem nach oben gewölbten harten Gaumen oder Gaumendach, oft auch Gaumen schlechthin genannt;
c) die Zunge, und zwar die Zungenspitze nebst dem unmittelbar hinter dieser liegenden Oberflächenteil, dem sog. Zungenblatt (engl. *blade*), zusammen die Vorderzunge bildend; den Zungenrücken oder mittleren und die Zungenwurzel oder hinteren Oberflächenteil derselben;
d) den Unterkiefer, welcher bis zur Berührung bezw. bis zum Ineinanderfügen beider Zahnreihen gehoben, aber auch tief gesenkt werden und so Winkel verschiedener Weite mit dem feststehenden Oberkiefer bilden kann.

Nach vorn ist der Mundraum abgeschlossen durch die beiden Zahnreihen und endigt in den die Mundspalte bildenden Lippen, welche, wie die Zunge mit zahlreichen Muskeln ausgestattet, mannigfacher Gestaltung fähig sind.

7. Der hintere Teil der Mundhöhle wird gebildet von der über dem Kehlkopf gelegenen Rachenhöhle (dem Schlundkopf), mit der hintern, fast senkrecht absteigenden Rachenwand. Von dem Vorderteil der Mundhöhle, dem eigentlichen Munde, wird der Schlundkopf geschieden durch eine in ein Zünglein — „Zäpfchen", uvula — ausgehende Muskelklappe, die stark beweglich ist und im Ruhestande schlaff herabhängt. Dieses ist das am harten Gaumen nach hinten angefügte Gaumensegel (Velum), oder der weiche Gaumen, auch Gaumenklappe oder Gaumenplatte genannt. Dasselbe ist fähig, sich dicht an die hintere Rachenwand anzulegen und so den Nasenraum von dem Atemstrom völlig abzuschliessen.

8. Die Nasenhöhle wird durch eine senkrechte Knochen- und Knorpelwandung in eine linke und eine rechte Hälfte geteilt. Die so gebildeten Luftkanäle sind nach vorn ausmündend die (sichtbaren) Nasenlöcher, nach hinten, dem Schlundkopf zu, die (unsichtbaren) sog. Choanen oder hinteren Nasenöffnungen, welche indirekt von der Gaumenklappe verschlossen werden können. Die Nase hat keine eigene Muskeltätigkeit wie die andern Teile des Lautrohrs; daher nimmt sie an der Lauterzeugung auch nicht selbsttätig teil, sondern kommt nur als Schwingungsraum für einen tönenden Luftstrom in Betracht. Sie ist recht eigentlich Ansatzrohr, nicht eigentlich Lautrohr. Sie wirkt nicht, wie Kehlkopf und Mundhöhle, lauterzeugend, lautbildend, sondern nur lautgestaltend, lautändernd.

9. Das Sprechorgan dient zugleich zum Atmen. Als Atmungsorgan ist es in steter Tätigkeit, als Sprechorgan nur während der Lautbildung. Befindet es sich ausser Tätigkeit, so sind zwei Fälle zu unterscheiden:

a) es verharrt im Zustande völliger physischer Ruhe, wie etwa im Schlafe. Dies ist die sog. absolute Ruhe- oder Indifferenzlage (inertia) des Sprechorgans. Hier streicht der Atemstrom ungehindert durch die weitgeöffnete Stimmritze; das Gaumensegel hängt schlaff herab; die Zunge liegt flach und breit im Munde; die Zahnreihen sind nahezu geschlossen. Diese Art der Indifferenzlage dürfte bei allen Individuen mit normalem Sprechorgan gleich oder fast gleich sein;

b) es befindet sich im Zustande nur zeitweiliger Ruhe, z. B. während einer Pause im Sprechen. Dies ist die sog. relative Ruhe- oder Indifferenzlage (indifferentia phonetica. Techmer), welche bei jeder Sprache, jedem Dialekt, also jeder — auch der kleinsten — Sprachgenossenschaft verschieden ist, und bei welcher das Sprechorgan diejenige Stellung einnimmt, von der aus es mit geringster Kraftanstrengung, also auf kürzestem Wege, zur Bildung der einer gewissen Sprache eigentümlichen Laute gelangen kann.

Der physiologische Unterschied dieser Ruhelage von der sub a) erwähnten bestimmt sich nach dem jeweiligen Lautcharakter eines Idioms.

    Anm. Vgl. das unter 53 ff. über französ., deutsche und engl. Indifferenzlage Ausgeführte.

10. Verlässt nun das Sprechorgan die relative Ruhelage
und wird, den Stimm- und Atemstrom hemmend, in ganz bestimmter Weise tätig, so entstehen jene vernehmbaren, dem
Zweck gegenseitigen Verkehrs dienenden Schallgebilde, welche
wir mit dem Namen Sprachlaute bezeichnen.

Anmerkungen zu verstehendem Kapitel.

1. Es ist für den Lernenden von Wichtigkeit, sich von Gestalt und
Lage der Teile des Sprechorgans, soweit dieselben für unser Auge sichtbar sind, selbst und oft Einsicht zu verschaffen, damit ihm der
Mechanismus der Lautbildung völlig klar werde. Hierzu
bedarf es neben Geduld und Gewissenhaftigkeit in der Beobachtung nur
eines gewöhnlichen Handspiegels und guten Lichts, womöglich Sonnenlichts, dessen Strahlen man direkt in die weitzuöffnende Mundhöhle ein-
fallen lässt. — Ein eingehenderes Studium der Kehlkopffunktionen
ist natürlich nur möglich an der Hand laryngoskopischer Beobachtungen
mit dem Kehlkopfspiegel.

2. Das Sprechorgan ist hier nur skizziert. Das ganze System der
in Betracht kommenden Muskeln, ja selbst einfachere Begriffe, wie
Zwerchfell, Kehldeckel (Epiglottis), die Gaumenbögen, Gaumen-
vorhang, die Tonsillen etc., sind, weil zum lautlichen Verständnis
nicht unbedingt nötig, absichtlich fortgelassen worden. Näheren Auf-
schluss über Anatomie und Physiologie des Sprechorgans findet der
Studierende in den am Ende des Buches bei der Litteraturzusammenstellung
angeführten Hilfsmitteln.

Zweites Kapitel: Die Sprachlaute.

11. Die Tätigkeit des Sprechorgans besteht also darin,
dass ein oder mehrere Teile des Lautrohrs, oder dieses in
Verbindung mit dem Kehlkopf, dem Atemstrom sich als
Hemmungen entgegenstellen (vgl. 10). Eine solche Hemmung
heisst Artikulation. Sprachlaute sind demnach Schallgebilde, erzeugt durch Artikulationen des Sprechorgans. Ein nicht artikulierter Laut ist kein Sprachlaut, und
jeder bestimmten Artikulation entspricht nur ein Laut.

Allgemeiner ausgedrückt, ist somit der Sprachlaut das
Resultat zweier einander entgegenwirkender Kräfte: einer
treibenden (Windrohr) und einer hemmenden (Kehlkopf
und Lautrohr).

12. Die so entstehenden Schälle sind mehrfacher Art. Entweder nämlich haben sie zur gemeinsamen Grundlage den Stimmton, werden also vorzugsweise im Kehlkopf gebildet: reine (ursprüngliche) Stimm- oder Stimmtonlaute (alle Vokale: Stimmlaute im engern Sinne, dann *m, n; l, r*). Oder sie bestehen in einem Geräusch, erzeugt durch Hemmung des nicht tönenden Luftstroms in der Mundhöhle: reine Geräuschlaute (alle sog. harten Konsonanten: *p, t, k, f, š,* der *ich-* und *ach*-Laut u. s. w.). Da dieselben des Stimmtons entbehren, nennt man sie auch tonlose oder stimmlose Laute. Oder endlich, Geräusch und Stimme vereinigen sich zur Lautbildung, welche demnach geschieht durch Hemmung des Luftstroms in Lautrohr und Kehlkopf. In diesem Falle sprechen wir von tönenden oder stimmhaften (auch stimmigen) Geräuschlauten (nordd. *b, d, g,* nordd. anlautendes und intervokales *s,* französ. engl. *z,* französ. *ž* in *je* u. s. w.).

13. Ihrem Klangcharakter nach teilen wir daher die Sprachlaute ein in

I. Stimm(ton)laute (nur zuweilen stimmlos erscheinend);

II. Geräuschlaute:

    a) stimmlose;

    b) stimmhafte.

14. Es können auch wirkliche Stimmlaute oder auch stimmhafte Geräuschlaute den Stimmton verlieren dadurch, dass sich zwar die Glottis verengert, jedoch nicht bis zum Tönen. Auf diese Weise entsteht also kein musikalischer Klang, sondern es wird an den Rändern der Stimmbänder ein eigenes Reibegeräusch, ein Flüstergeräusch erzeugt; die mit diesem verbundenen (also stimmlosen) Laute heissen Flüsterlaute oder geflüsterte Laute (im phonetischen Sinne des Worts; das gewöhnliche Flüstern ist hiervon verschieden). Da nun solche Laute von wirklich stimmlosen akustisch nicht merklich verschieden sind, so sollen in der Folge beide Gruppen als eins betrachtet und nicht gesondert bezeichnet werden. —

15. Neben der (jüngeren) Einteilung der Sprachlaute nach ihrer Klangbeschaffenheit geht die althergebrachte in Vokale und Konsonanten einher, die zum Teil mit der sub 12 erwähnten zusammenfällt und aus praktischen Gründen auch hier beibehalten werden soll. Vokal nennt man den im Schallraum des Lautrohrs ohne Erzeugung eines hörbaren Geräusches veränderten Stimmton. Hier ist die Stimme wesentlich; die Gestaltung derselben in der Mundhöhle kommt erst in zweiter Linie. Ein Konsonant hingegen ist ein durch gewisse Hemmungen im Lautrohr gebildeter Schall. Hier ist die Mitwirkung der Stimme unwesentlich; Hauptsache ist die lautbildende Tätigkeit des Mundes.

16. Vokale wie Konsonanten werden eingeteilt nach ihren Artikulationsstellen, d. h. nach den Orten, wo im Lautrohr die Erzeugung oder Gestaltung des Lautes vor sich geht.

17. Bei den Vokalen ist die genaue Bestimmung des Artikulationsortes schwierig, da hier nicht, wie bei den Konsonanten, so leicht erkennbare Verengungen der Mundhöhle vorkommen. Mit Sicherheit lässt sich auf Folgendes hinweisen.

18. Zunächst spielt die Zunge eine sehr tätige Rolle. Je nachdem der Vorderteil derselben oder der hintere Teil oder beide zur Verwendung kommen, unterscheidet man zwischen vorderen, hinteren und gemischten Vokalen. Die vorderen werden auch als palatale (wohl auch helle), die hinteren als gutturale (wohl auch dunkele). und die gemischten als guttural-palatale bezeichnet. Vordere sind: *i, e; ü, ö,* wie z. B. in *Biene, bin; wenig, wenn; Mühle, Müller; König, können.* Hintere sind: *u, o, ɔ,* wie in *Hut, Hutten; wohnen, Wonne;* mundartl. *Vater.* Ein gemischter Vokal ist z. B. das kurze unbetonte *ĕ* in *hatte* (in nordd. oder mitteld. Aussprache).

Bei den vorderen Vokalen ist die Zunge vorgeschoben, die Spitze derselben stützt sich an die Unterzähne, der Vorderteil (vordere Zungensaum, nahe dem Rücken) wölbt sich nach dem harten Gaumen empor; bei den hinteren Vokalen ist die Zunge zurück- und massig in sich zusammengezogen, die Spitze ist gesenkt, die Wurzel (hintere Partie) gegen den weichen Gaumen gehoben; bei den gemischten Vokalen vermittelt die Zunge zwischen beiden Stellungen, indem sowohl deren Hinter- als Vorderteil mit der Zungenspitze sich hebt, während der Zungenrücken, also mittlere Oberflächenteil, zuweilen eine leichte Einsenkung bildet. Als vierte Artikulationsart endlich kommt hinzu die der *a*-Laute, welche eine eigene Stellung einnehmen, da sie zu keiner der vorigen Reihen passen. Die Zunge liegt ziemlich platt im Munde und hebt sich entweder nicht (wie bei sog. reinem *a* in franzós. *âme*, ital. *padre*, bühnendeutsch *Name*), oder nur wenig (wie beim hellen franzós. *à* in *madame*) aus der Ruhelage heraus. Der Zungensaum liegt rings sanft an den Unterzähnen.

19. Auch die Lippen haben Anteil an der Vokalbildung. Während nämlich beim *i*, etwas weniger beim *e*, dieselben spaltförmig sich verbreitern, ziehen sie sich bei *o ö*, mehr noch bei *u ü* zusammen und stülpen sich gewöhnlich vor, indem sie eine runde Ausflussöffnung bilden. Eine solche Lippenstellung nennt man Rundung („Labialisierung") und die mit derselben behafteten Vokale gerundete („labialisierte"). Diese Art der Rundung ist z. B. dem Deutschen eigentümlich, besonders dem Bühnendeutsch und der sorgfältigen Sprechweise Gebildeter; ferner in ausgeprägterem Grade dem Französischen und am stärksten ausgeprägt dem Schwedischen. Eine zweite Art der Rundung ist diese, bei welcher keine Lippenvorstülpung, dafür aber seitliche Kompression der Wangenpassage stattfindet. Diese ist z. B. dem Englischen eigentümlich (sog. cheek-narrowing; cheek-rounding; inner rounding).

20. Ferner ist des Gaumensegels zu erwähnen. Dasselbe ist bei den meisten Vokalen nach rückwärts in die Höhe gezogen und an die hintere Rachenwand angedrückt, so dass der Stimmstrom nur durch die Mundhöhle hindurchtönt, infolgedessen „rein" erscheint. Man spricht daher auch von reinen oder Mundvokalen. Hängt dagegen das Gaumensegel herab, so tönt die Stimme nicht allein durch den Mund-, sondern auch durch den Nasenraum, wodurch sie nicht mehr rein, ungetrübt erscheint, sondern eine nasale Färbung erhält. In diesem Falle spricht man von genäselten oder Nasalvokalen.

21. Weiter ist die Bildung verschiedener Vokaltypen in der Regel von einer Hebung oder Senkung des Unterkiefers, also von einer Veränderung des Kieferwinkels (oben 6, d) begleitet. Regelmässig und notwendig geschieht dies, wenn man von der höchststufigen Form einer Reihe durch die tieferen Stufen zur Tiefstufe des *a* herabsteigt, oder umgekehrt. So z. B. vom hohen *i* in deutschem *ihn*, französ. *île* durch *e* in deutschem *Ehr'*, französ. *dé*, und *ä* in engl. *air* zu *a* in französ. *pâte*; oder von *u* in deutschem *Kuh*, französ. *sou* durch *o* in deutschem *so*, französ. *seau*, und *ɔ* in engl. *law* zu *pâte* u. s. w. Am kleinsten ist dieser Winkel bei *u* und *i*, am grössten bei sog. reinem *a* im obengenannten französ. *pâte*, bühnendeutsch *Vater*.

Anm. Die Bedeutung des Kieferwinkels für die Vokalbildung ist nicht zu unterschätzen. Der Studierende tut deshalb wohl, sich die Wirksamkeit desselben durch eine sorgfältige Beobachtung am eignen Sprechorgan unter Verwendung möglichst intensiven Lichts (Sonnenlichts) recht klar zum Bewusstsein zu bringen.

22. Endlich ist die Stärke (Energie) der Artikulation zu beachten. Je nachdem man einen Vokal mit strafferer Anspannung der gerade artikulierenden Teile bildet, oder denselben schlaffer, matter artikuliert, entstehen enge (geschlossene) und weite (offene) Vokalformen. Durch jene Muskelspannung wölbt sich die Zunge und verengt den Mundkanal, während sie durch Abspannung sich senkt und denselben erweitert; daher der Name.

23. Die Konsonanten zerfallen je nach den artikulierenden Organen in

a) Lippenlaute und Lippenzahnlaute, gebildet mit beiden Lippen bezw. mit Unterlippe und Oberzähnen: deutsch *p b m*, mittel- und südd. *w*, *f*, nordd. *w*, französ. engl. *v*.

b) Vorderzungenlaute, gebildet mit Vorderzunge und Zahnscheiden (Alveolen): deutsch *t d s*, französ. engl. *z*, deutsch *š (sch)*, *n l r*[1].

c) Zungenrückenlaute, gebildet mit Zungenrücken (Mittelzunge) und hartem Gaumen: deutsch *ch* (*ich*-Laut), *j*, französ. *ñ* in *bagne*.

d) Zungenwurzellaute, gebildet mit Zungenwurzel (Hinterzunge) und weichem Gaumen: deutsch *k g*, *ch* (*ach*-Laut),
ng (*y*; in *lang*, *eng*), *r*² ·

24. Der Schall- oder Klangcharakter der Konsonanten
wird nicht allein bestimmt durch die artikulierenden Teile,
sondern auch durch die verschiedenen Artikulationsformen
oder -arten des Lautrohrs. Entweder nämlich wird im Munde
ein völliger Verschluss gebildet, wie bei *p t k*, *b d g*; die so
entstehenden Laute heissen deshalb Verschlusslaute oder
Explosive, in anderem Sinne auch Momentanlaute und
Mutae genannt. Oder es wird irgendwo in der Mundhöhle eine
Enge gebildet, an deren Rändern oder Wänden der Atemstrom sich
reibt, wie bei *f v*, *s ś*, *ch (χ)*, *j*; diese Laute nennt man daher
Reibelaute, Hauchlaute, Spiranten, Fricativae oder Enge-
laute, in anderem Sinne auch Dauerlaute genannt. Beide
Lautarten können mit oder ohne Beteiligung des Stimmtons,
also stimmhaft und stimmlos (oben 12) gebildet werden.
Ein Verschluss nach vorn wird auch gebildet bei *m n y* (meist
auch bei französ. *ń*); doch können diese Laute nur etwa als
Halbschlusslaute bezeichnet werden, da die Luft nicht
völlig eingekammert und komprimiert wird, sondern frei durch
einen Teil des Lautrohrs entweicht. Während nämlich bei
den eigentlichen Verschlusslauten, wie bei allen übrigen Konsonanten, das Gaumensegel nach hinten aufwärts gezogen ist
und dicht an der Rachenwand anliegt, ist es bei *m n* etc. im
Gegenteil von derselben abgehoben, so dass der Stimmton durch
den Schwingungsraum der Nasenhöhlungen streicht, wodurch
diese Laute die ihnen eigentümliche nasale Tonfarbe erhalten.
Da nun diese Färbung das Wesentliche jener Konsonanten ist,
so nennt man sie Nasalkonsonanten oder Nasale (die
wohl zu unterscheiden sind von den Nasalvokalen; oben 20
und später bei den französ. Nasalvokalen). Es bleiben übrig
die sog. flüssigen (liquiden) oder vokalähnlichen Konsonanten *l r*, welche wie die Nasale weder Verschluss-, noch
Reibelaute, also nicht Geräuschlaute, sondern wesentlich Stimmlaute sind.

Anm. 1. Allerdings kommen unter dem Einfluss voraufgehender
stimmloser Laute auch stimmlose Nebenformen der *l*- und *r*-Laute vor,

die unter gewissen Voraussetzungen sogar spirantischen Charakter annehmen können, wie z. B. das *r* im engl. *true,* das sehr an *chew (tšūw)* erinnert. Allein dies sind doch nur Einzelfälle, und der ursprüngliche Charakter dieser Laute, besonders wenn sie isoliert oder intervokal erscheinen und sorgfältig gebildet werden, ist die Stimmhaftigkeit.

Anm. 2. Auch *m, n, y* werden gewöhnlich zu den vokalähnlichen Konsonanten gerechnet, da auch sie wie *l* und *r* in silbiger Funktion gebraucht werden können.

Anm. 3. Die *r*-Laute werden von manchen Zitter- oder gerollte Laute, die *l*-Laute geteilte genannt (Bell, Sweet, Passy u. a.).

25. Auch die Konsonanten sind entweder eng, d. h. mit kräftiger Muskelspannung der artikulierenden Teile, oder weit gebildet. Als gute Beispiele verdienen Erwähnung das Englische, welches ausgesprochen weite, und das Französische, welches entschieden enge Konsonanten bildet, während das Deutsche eine Mittelstellung einnimmt. Von diesen verschiedenen Bildungsweisen wird wesentlich der lautliche Eindruck bestimmt, den eine (fremde) Sprache auf unser Ohr macht. Jede Sprache hat ihre besondere Neigung zu mehr oder weniger kräftiger, bezw. mehr oder weniger lässiger Artikulation ihrer Laute. Diese jeweilig erforderliche Artikulationsneigung beim Einzellaut sowohl, als bei Wörtern, Wortgruppen und im Fluss der Rede sorgfältig beobachten, heisst eine sichere Grundlage schaffen für den lautlich richtigen Gebrauch eines fremden Idioms. —

26. Nach dem in 11—24 Ausgeführten lassen sich die Sprachlaute in nachstehender Weise gruppieren.

1. Die Vokale.

(Sämtlich Stimmtonlaute im engern Sinne.)

	Hintere		Gemischte		Vordere	
		Gerundet		Gerundet		Gerundet
Enge		$\bar{u}$			$\bar{\imath}$	$\bar{\ddot{u}}$
Weite		u			$\imath$	$\ddot{u}$
Enge		$\dot{o}$			$\bar{e}$	$\bar{\ddot{o}}$
Weite		o	ϑ		$e\ (\alpha)$	$\ddot{o}$
Enge und weite Arten	a - Laute (gewöhnlich ungerundet)					

2. Die Konsonanten.

	Geräuschlaute				Stimmlaute	
	Verschlusslaute		Reibelaute		Nasale	Liquide
	stimm-los	stimm-haft	stimm-los	stimm-haft		
Lippenlaute	p	b		w^1 (mittel- und südd.)		
Lippenzahn-laute			f	w^2 (nordd. engl. frz.)		
Vorder-zungenlaute	t	d	s $\check{s}$	s (nordd. frz. engl.)	n	l, r^1
Zungen-rückenlaute			$(i)ch$	j	$\acute{n}$ (frz.)	
Zungen-wurzellaute	k	g	$(a)ch$		y (ng)	r^2
	Momentane Laute		**Dauerlaute**			

Anm. Die Tafeln, namentlich die Vokaltafel, sind auf die einfachste Form reduziert worden und machen auf besondere Wissenschaftlichkeit oder Originalität keinen Anspruch. Für die Vokaltafel ist der gemein-deutsche Vokalismus zu Grunde gelegt.

27. Wir haben bisher die Laute nur betrachtet als Schallgebilde, insofern diese in verschiedener Weise von unserm Ohr empfunden werden; wir beobachteten neben deren Bildungs-weise besonders deren Schallcharakter, deren Klang-eigenschaft oder Qualität. Diese Schälle oder Klänge nun sind einer relativen zeitlichen Dehnbarkeit fähig, es kann längere oder kürzere Zeit bei ihnen verweilt werden. Man spricht daher auch von einer Zeitdauer der Sprachlaute oder — da bei längerem Verweilen über einem Laute gleich-sam dessen akustische Fülle oder Masse gesteigert, vermehrt wird — von einer Quantität der Sprachlaute. Für praktische Zwecke genügt es, drei Stufen derselben zu unterscheiden: Länge, halbe oder Mittellänge (oft auch mittelzeitige Quantität genannt) und Kürze. Die Quantitätsunterschiede treten be-sonders deutlich hervor bei den Vokalen, schon weniger deutlich bei den sog. Dauerlauten, d. h. den Reibelauten, Nasalen und

Liquiden, und am wenigsten erkennbar bei den sog. Momentanlauten, d. h. den Verschlusslauten. Doch ist sogar bei den
letzteren eine relative Längung möglich (vgl. unten das in 72
über die französ. Gemination Gesagte).

An sich hat die Quantität eines Lautes auf die Qualität
desselben keinen Einfluss, braucht wenigstens keinen zu haben,
was wir besonders an den französ. Vokalen beobachten können,
deren Qualität bei Dauerveränderungen dieselbe bleibt (vgl.
ile — ilot: cure — curé u. s. w.); bei manchen Sprachen jedoch
geht die gegensätzliche Verwendung von Länge und Kürze
der Vokale jener von Enge und Weite parallel, so dass lange
Vokale eng. kurze weit sind.   Dies ist besonders im Norddeutschen, Mitteldeutschen und Englischen der Fall. Vgl. nord-
und mitteld. *Biene, bin;* engl. *feel, fill;* deutsch *Schule, Schuld;*
engl. *pool, pull;* deutsch *übel, üppig,* u. a. m.

Anm. Dass die enge Bildung der engl. Vokale eigentlich noch gar
nicht so fest steht, gehört nicht hierher: jedenfalls sind die Längen
enger als die Kürzen.

28. So viel von den Einzellauten. Was die Zusammen-
fügung derselben anlangt, so ist hier zunächst nur des Falls
zu gedenken, wo zwei Vokale aneinandergereiht und mit
einem Atemhub ausgesprochen werden. Die so entstehenden
Lautgebilde sind die Diphthonge. Je nachdem der erste
der beiden Vokale den Nachdruck (Accent) hat oder der zweite,
unterscheidet man zwischen fallenden und steigenden
Diphthongen (Paradigma: *ái—iá*). So z. B. ist im deutschen
Haus oder im engl. *house* das *áu* bezw. *óu* ein fallender, das
ié im französ. *bien* ein steigender.   Ob freilich und inwieweit
im Französ. überhaupt von Diphthongen gesprochen werden
kann, davon später.

29. Schliesslich sind aus der Kombinationslehre noch die
sog. Übergangs- oder Gleitlaute zu erwähnen. Vgl. jedoch
hierüber das unten bei französ. *ü (gn,* sub 49, 3) ausführlich
Erörterte.

30. Zur wissenschaftlichen Darstellung des Lautsystems
einer Sprache bedarf es einer Lautschrift, in welcher jeder
einfache Laut durch ein einfaches Zeichen wiedergegeben ist,

so dass also umgekehrt jedem einfachen Zeichen nur ein Laut entspricht. Die überlieferten Orthographieen sind einerseits wegen ihrer Unzulänglichkeit, andrerseits wegen ihrer Überfülle (Redundanz) oder Folgewidrigkeit für unsern Zweck nicht gebrauchsfähig. So stehen z. B. im Französ. für den Laut des engen *o* in *rose* zur Verfügung: *ó, au, eau, aó;* der Nasalvokal *ã* (s. unten) in *vin* erscheint als *in, im, yn, (syntaxe), ym (thym=tã), ain, aim (daim), ein, (i)en (bien);* der stimmlose Reibelaut *s* in *soldat* erscheint als *s, ss (laisser), sc (scène), c (force), ç (leçon), x (soixante), t (nation);* der *k*-Laut wird in dem Worte *coq* dargestellt durch *c* und durch *q,* in *craque* durch c — *que,* in *(Canal de l')Ourcq* durch *cq,* in *kolback* durch *ck,* in *acquis* durch *cqu,* in *accabler* durch *cc,* in *chœur* durch *ch,* u. s. w. Das Gleiche gilt für das Deutsche und, in verstärktem Masse, für das Englische. Diese Übelstände sind nur zu vermeiden vermittelst einer streng durchgeführten Lautschrift, einer sog. phonetischen Schreibung.

30 a. Um uns aus praktischen Gründen von den hergebrachten Schriftzeichen möglichst wenig zu entfernen, ist auch für die nachfolgende Darstellung der französ. Laute das römische Alphabet beibehalten worden. Eins ist wohl zu beachten: obschon solch eine phonetische Schreibung immerhin weit genauer ist als die herkömmliche Orthographie, ist sie doch nicht alles; die Hauptsache bleibt, eine genaue Kenntnis zu haben von den Lautwerten, welche diesen Hilfszeichen unterliegen. Es soll daher im Folgenden der Darstellung der französ. Laute als Artikulations- und Klangobjekte besondere Aufmerksamkeit gewidmet werden.

Zweites Buch.

Phonetik der französischen Lautsprache.

31. Das gesprochene Französisch besteht aus folgenden Lauten:

I. Vokale.

1. Reine oder Mund-Vokale.
   a) Einfache:
   - Vordere: *i e œ*.
   - Hintere: *u o ɔ*.
   - Gemischte: *ọ ẹ ə*.
   - *a*-Laute: *a ȧ*.

   b) Sog. diphthongische Verbindungen: *u̯* (oder *ọ*) und *i̯* + Mundvokal.

2. Nasalvokale.
   a) Einfache: *ã æ̃ õ œ̃*.
   b) Sog. diphthongische Verbindungen: *u̯* (oder *ọ*) und *i̯* + Nasalvokal.

II. Konsonanten.

1. Verschlusslaute: *p b, t d, k g*.
2. Reibelaute: *f v, s z, š ž, j, (h)*.
3. Nasale: *m, n, n̄*.
4. Liquide: *l, r*.

_____

Erste Abteilung.

Analyse der französischen Laute.

Erstes Kapitel: Die Vokale.

1. Reine oder Mundvokale.

a) Vordere (Palatale).

32. Französ. **i** in *fini, gîte, mie* ist wesentlich unser hohes bühnen- und kolloquialdeutsches *i* in *ihn, sie, Fiber*, entspricht also mittel- und nordd. langem und südd. langem und kurzem *i;* doch ist der französ. Laut nur unter Modifikationen dem deutschen Laute gleichzusetzen. Er ist nämlich enger, wodurch die Vorderzunge etwas höher als bei uns (und merklich höher als im Englischen) zum Gaumendache gehoben und so der Ausflusskanal für den Stimmstrom dicht an die Grenze der Reibungsenge gerückt wird, so dass eine weitere Zungenhebung den Palatalspiranten *j* ergibt; sodann ist bei der Bildung des französ. *i* die spaltförmige Verbreiterung der Lippen (die Entfernung der Mundwinkel von einander) grösser als bei uns, wodurch der Laut einen helleren, höheren Klang erhält.

Artikulation. Kieferwinkel kleinstes Mass, wie bei *u;* grösster Mundwinkelabstand; Lippen einander genähert und eine schmale, lange Spalte bildend. Vorderzunge kräftig nach dem harten Gaumen gehoben, Zungenspitze sich an die untern Schneidezähne stützend.

Der Laut kommt lang und kurz (oder mittelzeitig) vor: *épître, épi.*

33. e in *bébé, pré, volée* ist der Laut des gemeindeutschen *e* in *Reh, Kameel, See;* nur wiederum ein wenig enger als unseres. Artikulation. Kieferwinkel etwas grösser als beim *i* und fast der gleiche wie bei *o*, doch etwas grösser (s. unten);

Lippen mehr von einander entfernt, Mundwinkel einander genähert; Mittelzunge obwohl straff artikuliert, doch weniger gehoben als bei *i;* Spitze die untern Schneidezähne berührend, doch weniger fest anliegend als bei *i.*
Der Laut kommt nie in geschlossener Silbe vor, daher stets kurz oder mittelzeitig: *dé, été, préférer.*

34. æ in *père, fête, aire* ist wesentlich das englische in *air, pair, there:* doch ist der Kieferwinkel des engl. Lautes etwas weiter. Der Vergleich mit dem übrigens ein wenig verschiedenen bühnendeutschen *ä* (e) in *schämen, tätig, geben* wird hier deshalb unterlassen, weil sehr viele Norddeutsche die leidige Gewohnheit haben, dieses *ä* geradezu wie geschlossenes *e* (oben 33) auszusprechen. Dieser Provinzialismus darf keinesfalls auf das Französ. übertragen werden: *paire, père,* wie *pe.r* anstatt *pæ.r* auszusprechen, ist unfranzösisch und klingt auffallend fremd.

Artikulation. Mittelzunge und Unterkiefer noch mehr gesenkt als bei *e;* Kieferwinkel fast gleich mit dem von ɔ, doch etwas grösser (s. unten). Die Mundöffnung wächst entsprechend in vertikaler, verringert sich in horizontaler Richtung.

Zu bemerken ist übrigens noch zu den oben behandelten drei Vokalen, dass die Zunge bei ihrer Abwärtsbewegung von der *i*-Höhenlage durch *e* *æ* zu *a* sich zugleich nach rückwärts zieht, was eine Art Diagonalbewegung ergibt; natürlich gilt das Umgekehrte, wenn die Zunge von *a* durch die gleichen Stufen nach *i* emporsteigt.

Der Laut tritt kurz und lang auf: *dette (dæt), tête (tæ.t).* Nach Passy ist dies der einzige französ. Vokal, der in gleicher Stellung (vor gleicher Konsonanz) ebensowohl kurz als lang sein kann, indem die Quantität allein dazu dienen muss, zwei lautlich sonst gleiche Worte begrifflich zu sondern. Vgl. *renne (ræn)* und *reine (ræ.n); tette (tæt)* und *tête (tæ.t), fait (fæt), fête* oder *faite (fæ.t), seine (sæn), Seine (sæ.n)* u. a. m. —
Dies die ungerundeten Palatalvokale des Französischen.

35. Kommt zu den in 32—33 beschriebenen Vokalstellungen (*i, e, æ*) Rundung und ein mässiger Grad von Vorstülpung der Lippen, so erhält man die entsprechenden ge-

r u n d e t e n Palatalvokale ü ö œ des Französ. in *lune(lün), peu (pö)*,
peur (pœ.r), bühnend. *kühn, Föhn;* doch gilt auch hier wiederum
die grössere Enge der französ. Arten. Der dritte Laut *(œ)*,
welcher wesentlich das schwed. *för* ist, scheint im Deutschen
nicht zu existieren; denn der hier in Betracht kommende
nordd. Laut in etwa *völlig, Götter* hat nicht nur kleineren
Kieferwinkel als der französ., sondern mag auch etwas mehr
palatal sein. Jedenfalls machen beide Laute einen deutlich
verschiedenen Eindruck.

Zu bemerken ist noch, dass bei den gerundeten Palatalvokalen die Zungenartikulation der palatalen *e-* und *i-*Laute
insofern modifiziert zu werden scheint, als „die Vorderzunge
durch das Bilden einer Vertiefung an der Rundung teilnimmt"
(V i e t o r). In meiner Aussprache des französ. *ü*-Lautes scheint
ausserdem die Modifikation noch darin zu bestehen, dass die
stark dorsale *i*-Wölbung sich ein wenig mindert, so dass bei
sorgfältiger Beibehaltung dieser Zungenartikulation und Weg-
nahme der Lippenrundung ein f a s t w e i t e s *i* übrig bleibt.
Dieses Laxerwerden der Zungenmuskulatur erklärt sich durch
die gleichzeitige energische Lippentätigkeit.

Die Rundung ist am ausgeprägtesten beim höchsten Vokal,
also bei *ü*, und nimmt nach den niedern Stufen hin graduell
ab bis zur Indifferenzstellung der Lippen bei *œ*.

Wie *i* dicht an der Reibungsenge des *j*, so liegt *ü* dicht
an der des bilabialen Spiranten *ẅ (ẅ)*, in *buis (bẅi), puis*
(pẅi). Vgl. Weiteres unten bei den Reibelauten.

Die drei Laute kommen kurz und lang vor: *pu (pü), pure*
(pü.r); feu (fö), creuse (krö.z); seul (sœl), sœur (sœ.r).

Anm. Mitteldeutsche, z. T. auch Süddeutsche, die diese Laute gewöhnlich ungerundet sprechen, namentlich in ihrer Mundart, sind darauf
aufmerksam zu machen, dass die Rundung der französ. Vokale ziemlich
ausgeprägt ist. Was *œ* betrifft, so ist das für sie ein ganz neuer Laut,
der gelernt werden muss. — Übrigens ist doch zu beachten, dass wir in
Mitteldeutschland auch mundartlich gerundete Vokale haben. So habe
ich in einem gothaischen Dorfe am Thüringer Walde, T a m b a c h bei
Friedrichroda, prächtig gerundete *ü* und *ö* gehört. Ob dies Lippenrundung oder nicht vielmehr „Wangenrundung" war, erinnere ich mich
nicht mehr.

b) Hintere (Gutturale).

36. Französ. u und o in *cou, coulant, beau, prône* ist
wesentlich bühnend. *u, o* in *du, Kuh, Hobel, Lohn*, entspricht
also unserm langen *u, o.* Die grössere Enge der französ.
Laute ist auch hier zu bemerken. Wie französ. *i* und dessen
Rundung *ü* ist auch *u* ein Extrem vokalischer Artikulation
und liegt unmittelbar an der Grenze des doppellippigen Reibe-
lautes *w (w)* in *dévoué (devwe), enfoui (äfwi)*. Vgl. weiter unten
bei den Reibelauten.

Artikulation des *u.* Kieferwinkel kleinstes Mass wie
bei *i.* Lippen mässig vorgestülpt und ausgeprägt gerundet;
Mundspalte klein und linsenförmig. Zunge zurück- und mässig
in sich zusammengezogen. Zungenwurzel kräftig nach dem
weichen Gaumen gehoben.

Artikulation des *o.* Kieferwinkel etwas grösser als
bei *u,* und fast der gleiche als bei *e,* doch etwas kleiner;
Lippen gegen *u* wieder mehr zurücktretend; Mundöffnung
etwas grösser als bei *u* und in Ellipsenform mässig sich ver-
breiternd. Zungenwurzel mehr gesenkt; die Vorderzunge wieder
mehr vorgeschoben, doch immer noch in sich zusammengezogen
erscheinend.

Der dritte der Gutturalvokale — ɔ in *homme, vol* —
existiert in der rein französ. Form nicht im Deutschen (eben-
sowenig wie oben *œ, œ*).

Artikulation des ɔ. Zungenrücken und Unterkiefer
noch mehr gesenkt als beim vorigen Vokal. Kieferwinkel ungefähr gleich dem von *œ.* Mundöffnung weiter und noch ausgeprägter ellipsenförmig als bei *o;* Lippen weniger vorgeschoben,
obwohl noch immer gerundet; allerdings nimmt die Prägnanz
der Rundung bei der Gutturalreihe von den hohen zu den
niedrigen Formen ebenso ab, wie bei den gerundeten Palatalvokalen. Zungenwurzel mehr gesenkt als bei der *o*-Stellung,
Vorderzunge mehr vorgestreckt und — in der Aussprache
vieler — leicht gehoben. Diese letztere Aussprache — wo
also neben der gutturalen Zungenhebung zugleich eine leichte
palatale einhergeht — gibt dem Laut etwas schwach *ö*- oder

α-haltiges*, weshalb mehrere Phonetiker sich veranlasst gesehen haben, den Vokal zu den gemischten zu rechnen. Die drei Laute kommen kurz (bezw. mittelzeitig) und lang vor: *mou (mu), secousse (skus); amour (ámu.r), bougre (bu.gṛ). Sot, seau (so), badaud (bádo); rose (ro.z), épeautre (epo.tṛ). Sotte (sot), vol (vol), homme (ɔm); mort (mɔ.r), corps (kɔ.r).*

Dies sind die gerundeten Gutturalvokale des Französischen; ungerundete kennt es nicht: die Rundung scheint hier in einem natürlichen Zusammenhang mit diesen Zungenartikulationen zu stehen.

* **Anm. 1.** Der Franzose Anselme Ricard schreibt (1887): „l'o de *folle* retombe (?) vers *eu*‐"; und „En prononçant *Rome*, l'o semble vouloir prononcer *reumm*; une prononciation identique se trouve dans *rhum*, prononcez *röm* = presque *reum!*" Zwar nicht schön und wenig phonetisch ausgedrückt; doch bestätigt der Ausspruch obige Angabe. Ricard geht sogar noch einen Schritt weiter, indem er hier ö (unser ɔ) = presque *eu* (unser œ) setzt. Das ist wohl zu weit gegangen!

Anm. 2. Nach Storm's Vorgange habe ich früher (s. mein Lautsyst. des Neufrz., Cöthen 1887, p. 52) diesen Laut selbst für einen gemischten angesehen und ihn mit ȯ (wegen des ö-haltigen Charakters) bezeichnet. Ich bin jedoch zu der Überzeugung gelangt, dass man denselben wegen seines wesentlich gutturalen Charakters unbedenklich wird zu den hinteren Vokalen rechnen können. Dazu kommt, dass die ö-haltige Aussprache des ɔ, besonders vor *m* in *homme, pomme* etc., keineswegs überall gehört wird. Auch Passy stellt den Laut als ɔ dar.

c) a - Laute.

37. Das Französ. kennt zwei Arten von *a*-Lauten. Das eine ist das sog. reine, nur lang oder mittelzeitig erscheinende *a* (Bezeichnung *a*) in *âme (a.m), pâle (pa.l) bâtard (ba(.)tá.r), baron (ba(.)rõ).* Es liegt wohl eine Schwebung tiefer als das lange südostengl. *a* in *father.* Der Vergleich mit dem Deutschen wird sehr erschwert durch die Existenz einer schier verwirrenden Menge verschiedener deutscher Aussprachsweisen des *a*, die selbst unter den höher Gebildeten bestehen. Das bühnend. *a* der ernsten Diktion in *Vater, kahl* wird gemeinhin wohl etwas höher gesprochen; das *a* mancher Darsteller jedoch klingt auffällig an das französ. an.

Artikulation. Der Kieferwinkel von ɔ zu *a* erweitert sich noch in der Proportion, wie von *u* zu *o* und *o* zu ɔ. Er

erreicht hier das grösste beim Sprechen vorkommende Mass.
Mundspalte weit geöffnet, entsprechend der Distanz der beiden
Kiefer, und eine mehr rundliche Ellipse bildend. Lippen
neutral, jedenfalls nicht mehr gerundet. Zunge breit und
flach im Munde liegend, ähnlich wie bei der Indifferenzlage.

38. Das andere *a* ist das sog. helle, gewöhnlich nur
kurz oder mittellang vorkommende (Bezeichnung *å*) in *madame*
(*mådåm*), *palatal* (*pålåtål*), *dada* (*dådå*); doch (nach Passy)
auch zuweilen lang, wie z. B. in *rare* (*rå.r*), *part* (*på.r*), *cage*
(*kå.ž*), *boite* (*bwå.t*), *goître* (*gwå.tr*). Dem engl. *a* in *cap* ähnelt
es nur, ist keineswegs mit ihm identisch. Auch einem
deutschen *a* lässt es sich nicht schlechthin gleichsetzen; doch
scheint braunschweigisches *a* (so weit es mir bekannt ist),
viel Ähnlichkeit in der Artikulation — besonders der Zunge —
zu haben. Freilich ist der französ. Laut eng, woher die
Verschiedenheit des akustischen Eindrucks stammen mag.

Artikulation. Die ausgeprägt enge Bildung des Vokals
verursacht ein noch etwas weiteres Zurückweichen und strafferes
Anliegen der Lippen als bei *a*, die sich sogar leicht spaltförmig
zu erweitern beginnen. Also völlige Abwesenheit der Rundung!
Kieferwinkel derselbe, wofern nicht um ein geringes kleiner
als bei *a*. Mit der straffen Artikulation des Lautes hängt es
auch zusammen, dass der Rücken der gespannten Zunge sich
ganz leicht nach dem Mittel- oder gar Vordergaumen hin
wölbt, wodurch *å* gegen *a* mehr vorgeschobenen Charakter
annimmt, und woraus sich offenbar der eigenartige, helle,
schwach palatale, leicht nach *ä* hinneigende Klang des Lautes
erklärt. Infolge dieser *ä*-Färbung wird daher derselbe von
neueren Phonetikern (Storm) nicht unpassend mit *å* bezeichnet.

Obschon, wie man sieht, beide *a*-Laute qualitativ verschieden sind, scheint doch die neueste Sprache die Tendenz
eines Ausgleichs beider erkennen zu lassen. Hieraus dürften
sich die Schwankungen in den Notationen selbst sorgfältiger
Orthoepisten erklären. Besonders hat das Geltungsgebiet
des „reinen" *a* bereits beträchtlich eingebüsst. Dies entspricht ganz dem Streben der französ. Sprache nach vorgeschobener Artikulation und nach Kürzung vokalischer

Längen. So wird also *a*, das gewöhnlich lang auftritt, zu einem kürzeren und mehr vorgeschobenen Laut, d. h. *à*; wo diese Entwickelung noch nicht abgeschlossen ist, tritt notwendig Unsicherheit und Schwierigkeit orthoepischer Fixierung ein.

Anm. Nach P. Passy ist *à* ein gemischter Vokal der Tiefstufe und zwar der einzige wirklich gemischte der französ. Sprache. S. Passy, Les sons du français, Paris 1887. Firmin-Didot, p. 25 unten. Nach dem dort beigefügten Schema liegt er mitten auf der Grundlinie zwischen Guttural- und Palatalreihe. Das wäre freilich echter Mischvokal; doch, mein' ich, stört die ganz leichte *à*-Färbung (vgl. oben im Text) den wesentlichen *a*-Charakter des Lautes nicht. Übrigens gehört ja zum Wesen des gemischten Vokals Hebung der Vorder- und Hinterzunge (mit leichter Senkung in der Mitte). Hat diese bei *à* statt? — Ist Passy mit seiner Ansicht im Recht, was keineswegs prinzipiell verneint werden soll, dann ist dies allerdings der einzige wirklich gemischte Vokal des Französ.; bezüglich der übrigen sog. gemischten vgl. den folgenden §.

d) Gemischte (Guttural-palatale).

39. 1. Die bisher behandelten franz. Vokale — elf an der Zahl — werden sämtlich eng gebildet und kommen sowohl in der Nackdrucksilbe (vgl. unten bei der Synthese unter „Nachdruck") als ausserhalb derselben vor, m. a. W., sowohl betont als unbetont. Es gibt jedoch im Französ. auch einige Vokale — drei an der Zahl — welche ausschliesslich in unbetonter Silbe vorkommen. Da sie aber vom Accent direkt nie betroffen werden, haben sie von der sauberen, straffen Artikulation, die sonst alle betonten französ. Vokale auszeichnet, eingebüsst, werden demnach etwas lässiger, so zu sagen halb-'wide' gebildet. Charakteristisch für das Wirken des Accents im Französ. ist, dass sie nie zu der wirklich weiten Bildung der unbetonten Vokale des Deutschen oder gar Englischen herabsinken; denn der energische Accent der germanischen Sprachen konzentriert die lautliche Prägnanz und die Artikulationsstärke ganz vorzugsweise auf das Nachdruckselement, und lässt dafür die völlig unbetonten Elemente in beider Hinsicht kümmerlich ausgehen, während der merklich schwächere französ. Accent das lautliche und artikulatorische Gleichgewicht der Silbenträger gleichmässiger verteilt und so den unbetonten Elementen noch eine relative Selbständigkeit sichert. Hiervon macht eine gewisse Ausnahme nur der neutrale französ. Mundvokal *ə*, welcher, wie weiter unten zu zeigen ist, sich oft zum blossen Stimmgleitlaut verflüchtigt oder gar völlig in dem vokalischen Element der Nasalen und und Liquiden aufgeht.

2. Diese drei Vokale werden hier am besten unter obiger Rubrik behandelt, weil sie weder rein guttural, noch rein palatal sind, sondern sich der gemischten Stellung nähern. Es sind die unbetonten Vokale in *comment, raison, retard*, welche bezw. bezeichnet werden sollen mit *ọ* (*kọmã*), *ẹ* (*rẹzö*) und *ə* (*rǝtä.r*). Sie erscheinen gewöhnlich kurz, nur *ẹ* zuweilen mittelzeitig (*rẹ(.)zö*).

3. Artikulation des *ọ*. Kieferwinkel etwas kleiner als der von *ɔ* (s. oben); dementsprechend die Zungenlage etwas höher als die von *ɔ* und tiefer als von *o*, aber aus der gutturalen etwas mehr vorgeschoben nach der gemischten Stellung hin und laxer in der Artikulation. Die Rundung büsst nur wenig ein. Beispiele: *joli* (*žọli*), *poteau* (*pọto*), *comment* (*kọmã*), *vorace* (*vọräs*).

Lautlich berührt sich der Vokal sehr nahe mit *ɔ*, weshalb immer da von der Verschiedenheit derselben abgesehen werden kann, wo es auf feinere Lautunterschiede nicht ankommt, also z. B. bei einer rein praktischen Zwecken dienenden phonetischen Schreibung.

4. Artikulation des *ẹ*. Kieferwinkel gleich dem von *ọ;* Zungenlage etwas tiefer als bei *e* und sich etwas von der palatalen nach der gemischten zurückziehend. Die ungerundete Stellung der Lippen erfährt keine bemerkenswerte Veränderung.

Gewöhnlich schwankt der Laut zwischen mehr *e*-haltiger und mehr *œ*-haltiger Artikulation, und erscheint in der Regel als Vertreter von *e* oder *œ* in unmittelbar vortoniger Silbe: *raison* (*rẹzö*), *airer* (*ẹrẹ*), *régner* (*rẹñẹ*), *dégénérer* (*dežẹnẹrẹ*), *préférer* (*prefẹrẹ*). Auch hier kann sich die Praxis, je nach Ermessen, mit *e* oder *œ* begnügen.

5. Artikulation des *ɔ*. Der vorige Laut — nur leicht gerundet. Beispiele: *que* (*kɔ*), *peser* (*pɔzẹ*), *retard* (*rɔtä.r*). Akustisch von *œ* nur wenig unterschieden, so dass beim Ver-

such ə lange auszuhalten, man leicht in œ gerät. Trotzdem ist, wie Passy sehr richtig bemerkt, die Unterscheidung beider Laute auch in mehr praktischer Schreibung wünschenswert, da — im Gegensatz zu œ — ə elidiert werden kann und nie den Nachdruck hat.

6. ə dürfte als neutraler Mundvokal des Französ. anzusehen sein. Aus dieser verhältnismässigen Indifferenz seiner Artikulation erklärt sich auch die häufige Verflüchtigung, ja der gänzliche Fortfall desselben, z. B. in le vent (lvã), ebenso wie in élevant (elvã), peloton (pllọtõ), achever (aśrve) u. s. w. Bekanntlich fällt er fort, „wo durch seinen Wegfall nicht zu starke Konsonantenhäufung eintritt; wo zu viele Konsonanten aufeinanderfolgen, erscheint er wieder". Das Nähere gehört in eine wissenschaftliche Orthoepie des Französischen.

7. Phonetisch interessant ist, dass die ọ- und ẹ-Artikulationen, weil nie mehr gestützt von der antreibenden Kraft des Accents, allmählich degenerieren und schliesslich mit der Neutralstellung der französ. Mundvokale, d. h. ə, zusammenfallen. So werden kəmãse, məsjö, pötœ.tŗ, œrö, žǎli, feẓã häufig zu kəmãse, məsjö, pətœ.tŗ, ərö, žǎli, fəẓã. Ja, bei einzelnen Beispielen geht die Abschwächung noch weiter. So wird məsjö zu msjö mit silbigem m, oder verliert durch Angleichung an den stimmlosen Nachbarlaut gar noch den Stimmton, so dass schliesslich nur msjö (mit geflüstertem m) übrig bleibt. So geht die ursprünglich offenbar feẓã (faisan) lautende Form durch feẓã und fəẓã auch zu fəẓã über, mit geflüstertem ə, oder aber reduziert den Vokal ganz und gleicht z an f an: fẓã. So verliert pətœ.tŗ auch noch den unbetonten Vokal und lässt als Vertreter nur den stimmlosen Gleitlaut von p zu t = [ˈ] zurück: p[ˈ]tœ.tŗ, wofern in der Volkssprache nicht auch noch dieser, nebst jedem Rest von r schwindet, also ptœ.t u. s. w. Dies erinnert allerdings lebhaft an die abgestuften Formen der unbetonten Vokale im Deutschen und besonders Englischen. (Vgl. Sweet's Elementarbuch des gespr. Engl., Kap. „Abstufung".) Die Formen pötœ.tŗ, pətœ.tŗ, p[ˈ]tœ.tŗ z. B. stehen mit dem engl. pəəraps (bezw. pəəhaps), pərœps, pŗœps phonetisch auf derselben Stufe.

8. Man sieht, auch die französ. Vokale mit ihrer sonst
straffen, sauberen Artikulation fallen unter dem Einfluss der
Accentlosigkeit lautlicher Degenerierung anheim. Wer will
sagen, wie weit diese nach einigen Jahrhunderten, vielleicht
schon nach einem, bereits fortgeschritten sein kann! Denn
nichts liegt im Wege, dass im Laufe der Zeit auch die übrigen
in unbetonter Stelle erscheinenden Vokale artikulatorische
Schwächungen, also Veränderungen ihrer Qualität erleiden
können. Allerdings werden die von der Neutrallage ($ə$) am
weitesten entfernt liegenden, ausgeprägten Vokaltypen, also
u, a, i jener Degenerierung am längsten widerstreben; zeigt
denn aber nicht bereits ein Vokal der Tiefstufe ($ä$) ein un-
verkennbares Streben nach palataler Artikulation, so dass er
im Munde mancher Franzosen bereits auffallend hell klingt?
Was bedeutet denn die Bemerkung des neuesten französ.
Orthoepisten A. Ricard (1887): „a dans *balle* retombe (?) vers e"
anders als diese erste Verschiebung des Lautes nach der
Neutrallage? Noch einen Schritt — dann sind wir vielleicht beim
$æ$-Laut angekommen, und noch einen weiteren, so gelangen
wir — dem Hange nach bequemerer Lautbildung, also dem
Gesetz der Trägheit folgend — durch $ę$ zu $ə$ und am Ende
zur Schwundstufe. Die weiten i sind im Pikardischen bereits
heimisch. Gelangen von hier aus, was immerhin nahe liegt,
diese Laute einmal ins Landesfranzösisch, dann ist der weiteren
Abschwächung der unbetonten Vokale Tür und Tor geöffnet.
Der Lautwandel erinnert hier an den ewigen Zersetzungsprozess
alles Gewordenen. Auch die Laute haben ihre Geschicke.

Anm. 1. Meinem verehrten Freunde Prof. Passy in Paris, einem
der tüchtigsten französ. Phonetiker, bin ich aufrichtig dankbar, dass er
mir, teils indirekt durch seine neuesten litterarischen Arbeiten, teils direkt
durch eingehende Besprechungen meines „Lautsystem" und durch brief-
liche Mitteilungen. Klarheit über die unbetonten Vokale im Französ. gebracht hat. $ə$ war mir bereits früher wohlbekannt (Lautsyst., p. 52 ff.);
$ę$ und $ǫ$ habe ich nur geahnt. aber nicht klar erkannt. Auf seinen
Bemerkungen beruht teilweise obige Darstellung, besonders was die
physiologische Bildung dieser Laute betrifft. Übrigens ist auch Passy,
wie er (Phonet. Stud. p. 23, Anm. 2) schreibt, erst kürzlich zur Erkenntnis
der unbetonten französ. Vokale gelangt.

Anm. 2. Von der Aufstellung einer besonderen französ. Vokaltafel
oder eines eigenen Vokalschemas ist aus Rücksicht auf die gerade in

dieser Frage bereits so zahlreichen Kontroversen abgesehen worden. Dagegen folgt unten (52) eine systematische Konsonantentabelle.

40. Soviel von der Bildung der französ. reinen Vokale. Vergegenwärtigen wir uns mit einem summarischen Rückblick noch einmal die Tätigkeit der artikulierenden Teile des Sprechorgans, so zeigt sich, dass diese Tätigkeit keineswegs regellos ist, sondern vielmehr, dass sich für gewisse Reihen ganz bestimmte korrespondierende Bewegungen ergeben. 1. Kieferwinkel. Kleinstes Mass bei *u i ü*, grösstes bei *a, à*. Von *u* durch *o ọ ɔ*, von *i* durch *e ẹ æ* und die entsprechenden Rundungen *ö ɔ œ* stufenweise Erweiterung desselben. Damit im engsten Zusammenhange steht 2. Die Zungenhöhe. Höchster Stand wiederum bei *u i (ü)*, niedrigster bei *a*. Die Zwischenstellungen gehen im ganzen den Kieferwinkelstellungen parallel. 3. Lippenartikulation. Im allgemeinen straff, energisch wie die der Zunge. Bei den hinteren Vokalen mässige Vorstülpung der Lippen und Rundung, am ausgeprägtesten bei *u* und dem gerundeten Palatalvokal *ü*, am wenigsten hervortretend bei *ɔ* und dem gerundeten Palatalvokal *œ*. Bei den vorderen Vokalen spaltförmige Erweiterung der Mundöffnung, am meisten ausgeprägt bei *i*, am wenigsten bei *æ*. Neutralität der Lippen bei *a*. 4. Gaumensegel. Nach 20 besteht bei reinen Vokalen die Wirksamkeit desselben darin, dass es sich an die hintere Rachenwand anlegt und so den Stimmstrom nötigt, seinen Weg lediglich durch den Mundkanal zu nehmen. Doch ist dieser Verschluss nicht bei allen Vokalen gleich; vielmehr ist derselbe auch hier wieder am festesten bei *u i (ü)*, weniger bei *o e (ö)*, noch weniger bei *ɔ æ (œ)*, und am wenigsten dicht bei *a à*. Man sieht: mit Erweiterung der Mundhöhle, also Vergrösserung der Ausflussöffnung, vermindert sich die Notwendigkeit, den Nasenraum hermetisch zu verschliessen. Wahrscheinlich steht auch die lose Verschlussstellung der Gaumenklappe bei den *a*-Lauten in sympathetischem Zusammenhang mit der tiefen Senkung der Zunge. 5. Endlich ist bei der Bildung der französ. Vokale der Artikulation des Kehlkopfs — wenn man hier von einer

Artikulation im technischen Sinne reden will — zu gedenken;
einmal nämlich, weil er nicht immer auf dem Punkte beharrt,
in welchem er sich bei der Indifferenzlage des Sprechorgans
befindet, vielmehr bei vorderen Vokalen, insbesondere bei
engem *i* (*abîme*), infolge der starken Auf- und Vorwärtsbewegung
der Zunge, mit der er — durch das sog. Zungenbein — in
Verbindung steht, sich aufwärts bewegt; und dann — was
der wichtigere Punkt ist — weil er den französ. Vokal in der
Regel mit anderer Stimmbändereinstellung beginnt
als den deutschen. Die Stimmbänder nämlich können in
zweierlei Weise zum Tönen einsetzen: entweder sie schliessen
sich beim ersten Impuls zur Stimmbildung fest zusammen, um
mit einem kräftigen Atemstoss gesprengt zu werden und sich
unmittelbar darauf wieder zum Tönen zu verengen. Diese
Sprengung des Glottisverschlusses erzeugt ein eigenes (am
besten beim Flüstern wahrnehmbares) Platz- oder Knackgeräusch,
das man als eigentlichen Kehlkopf- oder genauer Glottis-
schlusslaut (engl. glottal stop [catch]), demnach als besonderen
Sprachlaut ansehen könnte, wäre er nicht immer Attribut des
folgenden Vokals. Die Stimme setzt hier fest ein; daher
spricht man von einem festen Vokaleinsatz. Bezeichnung ';
also '*a*. Dieser findet z. B. in der Regel statt im Deutschen:
Abt = '*apt*. Oder aber: die Stimmbänder — in einem Moment
durch alle Flüsterstadien passierend — verengen sich zwar
gleich zum Tönen, schliessen sich aber nicht, so dass
dem Stimmton hier nicht jenes Platzgeräusch voraufgeht. Die
Stimme setzt leise ein; daher spricht man von einem leisen
Vokaleinsatz. Bezeichnung: keine; also *a*. Das ist der
gewöhnliche im Französischen (und, beiläufig bemerkt, im
Englischen): *apte* = *âpt*. Diese Seite der Kehlkopffunktion ist
für das phonetische Verständnis und den richtigen Gebrauch
der französ. Lautsprache sehr wichtig. Wir werden später
sehen, dass durch den leisen Vokaleinsatz allein z. B. die sog.
Bindung (liaison) ermöglicht ist.

  Übrigens ist hier gleich zu bemerken, dass sporadisch doch
auch der feste Einsatz vorkommt (Beyer, l. c. p. 83), was von
den Phonetikern bisher unbemerkt geblieben zu sein scheint.
Auch vokalauslautend erscheint zuweilen der glottal stop (der

dän. sog. Stossston), so z. B. in einem raschen *ah!* der Verwunderung, des plötzlichen Erstaunens: *a'!*

Anm. Vgl. über den französ. Vokaleinsatz Passy's Anzeige meines
„Lautsyst." im "Phonetic Teacher" vom 11. März 1887 und in der „Revue
critique" vom 23. Mai 1887, p. 415.

41. Nachdem wir so die Bildung der französ. Vokale
eingehend erörtert haben, ist schliesslich noch der akustischen
Beschaffenheit derselben in Kürze zu gedenken.

1. Wird ein Hohlraum in Schwingungen versetzt, so zeigt
sich, dass nur immer ein ganz bestimmter Ton, sein Eigenton,
ihm zukommt. Da nun auch jeder Vokal in einem Hohlraum,
nämlich (in der Regel) in dem des Mundes erzeugt wird, so
muss er auch seinen Eigenton (engl. pitch) haben. Freilich wird
das Gleiche auch mit den offenen Konsonanten (Spiranten etc.)
der Fall sein müssen; doch ist er hier weit schwieriger zu
bestimmen, da viel prägnantere Verengungen der Mundhöhle
eintreten.

2. Dieser Eigenton wird am besten bestimmt beim
Flüstern der Vokale. Derselbe wird um so tiefer sein, je
grösser der Mundhöhlenraum ist, in welchem er schwingt.
Hierbei gilt Folgendes:

a) Spaltförmige Verbreiterung der Lippen erhöht den
Ton, Rundung macht denselben tiefer.

b) Die vorgestreckte, nach vorn gehobene Zunge verengt
den Mundkanal, verkleinert also den Schwingungsraum, erhöht
demgemäss den Ton; die zurückgezogene Zunge dagegen, mit
gehobener Wurzel und gesenkter Spitze, erweitert den Mundkanal, vergrössert also den Schwingungsraum, setzt demgemäss
den Ton herab.

c) Aus diesem Grunde haben ungerundete vordere Vokale
(palatale) höheren Ton, und der hohe und enge (*île*) den
höchsten, wie gerundete hintere Vokale (gutturale) tieferen
Ton haben, und der hohe und enge (*coude*) den tiefsten.

3. Eine Mittelstellung nimmt danach der *a*-Laut ein.
Die übrigen Eigentöne lassen sich, den verschiedenen Artikulationen entsprechend, gleichsam zum voraus bestimmen,
wenigstens annähernd.

Was für das allgemeine Vokalschema gilt, gilt hier natürlich ebenso für das französische. Hiernach wäre die Reihenfolge der französ. (betonten) Vokale, nach Massgabe der Höhe ihres Eigentones, vom tiefsten zum höchsten aufsteigend, diese:

$$u, \ o, \ ɔ, \ a, \ ȧ, \ œ, \ ö, \ ü, \ œ, \ e, \ i.$$

2. Nasalvokale.

42. 1. Nach 20 entstehen nasalierte Formen der Vokale dadurch, dass das Gaumensegel anstatt sich an die hintere Rachenwand anzulegen, wie bei den reinen Vokalen, gesenkt wird, so dass der Stimmstrom nicht allein durch den Mund, sondern auch durch die Nase geführt und so die Tonfarbe des Vokals durch die Resonnanz der Nasenkammern wesentlich bestimmt wird. Ein jeder Vokal kann nasaliert werden; meist sind es jedoch nur die tieferen Arten ($a, \ ȧ, \ ɔ, \ œ, \ œ$), offenbar weil die höheren ($i, \ ü, \ u, \ o, \ e$) infolge der starken Zungenhebung — besonders bei i — ein natürliches, ungezwungenes Senken der Gaumenklappe nicht wohl gestatten. Das heutige Landesfranzösisch kennt nur vier Nasalvokale: $ã, \ œ̃, \ õ, \ œ̃$; Die Mundvokale — die sog. oralen Vokalbasen — welche den entsprechenden nasalierten Formen zu Grunde liegen, sind wesentlich $a, \ œ, \ ɔ, \ œ$; doch ist zu bemerken, dass es nicht genau die normalen, oben näher beschriebenen Laute sind, sondern dass die Zunge je etwas weiter zurück und tiefer artikuliert als gewöhnlich, so dass der jeweilige reine Vokal eine Schwebung tiefer liegt als bezüglich $a, \ œ$ etc. Die französ. Nasalvokale sind auch nicht so entschieden eng wie alle betont vorkommenden Mundvarietäten, sondern etwa halbweit. Dies erklärt sich wohl daraus, dass durch die starke Gaumensegelsenkung die straffe Muskeltätigkeit des Mundes und damit die Prägnanz der vokalischen Artikulation beeinträchtigt wird. Freilich wird diese Einbusse reichlich aufgehoben durch den grossen Wohlklang, der diese tiefen nasalen Vokalformen auszeichnet; denn das Französische verdankt denselben viel von seiner Weichheit und harmonischen Klangfülle. Dieser sonore Klang verliert auch nichts, wenn,

wie es bei $\tilde{a}$, $\tilde{o}$, $\tilde{a}$, $\tilde{u}$ gewöhnlich geschieht, der Mund ziemlich
weit geöffnet ist.

2. Auf eins ist hier ausdrücklich aufmerksam zu machen:
die französ. Nasalvokale sind vier von der Resonanz des Nasen-
raums begleitete Vokale, nichts anderes. Von einem konsonantischen Element, das manche, mehr oder weniger ausgeprägt, in ihnen zu finden glaubten, ist keine Spur,
wenigstens keine Spur mehr; denn von dem einst lautbaren,
dem Mundvokal folgenden Nasal ist der einzig konsonantische
Kontakt eben in Wegfall gekommen und nur die Gaumensegelsenkung übrig geblieben, die durch Vorausnahme dieser
spezifischen Artikulation mit der Bildung des Mundvokals ver-
schmolzen ist. Ganz irreführend ist es, an den Laut in *Angel*,
Enge (ŋ) zu erinnern, was oft genug geschehen ist. Was bei ŋ
geschieht, ist dies: Gaumenklappe und Zungenrücken schliessen
sich dicht zusammen (konsonantische Stellung!) und lenken
so den Stimmton lediglich durch die Nase. Resultat: ŋ, d. h.
ein nasaler Konsonant. Bei $\tilde{a}$ $\tilde{a}$ etc. dagegen nähern sich
Gaumenklappe und Zungenrücken einander nur (vokalische
Stellung) und gewähren so dem Stimmton ungehinderten Durch-
gang durch Nase und Mund. Resultat: ein nasalierter (Mund)-
Vokal, der anstatt Nasalvokal vielleicht genauer „Mundnasal-
vokal", oder ähnlich, hiesse. Wie $\tilde{a}$ kann zwar auch ŋ kontinuiert werden; aber in jenem Falle kontinuiert man einen
Vokal, in diesem einen Konsonant. Zur experimentellen, also
anschaulichen Unterscheidung beider Laute diene noch die Bemerkung, dass ich bei $\tilde{a}$ die vorderen Nasenlöcher verschliessen
und dasselbe ohne wesentliche Einbusse seines Timbre doch
bilden kann; ich habe dann nur eine gedackte Röhre, keine
offene. Spreche ich aber ŋ und schliesse den Nasenausgang,
so erreicht der Laut sofort sein Ende. Warum?

3. Die phonetisch allein richtige Bezeichnung der Nasalvokale ist die eines einfachen Vokals nebst einem beliebigen
Hilfszeichen für die Nasalierung, z. B. ~. Da die spanische
Tilde in die phonetische Litteratur bereits vielfach Eingang
gefunden hat, so sei sie auch hier beibehalten.

4. Die Quantität der französ. Nasalvokale ist im Ganzen
der der reinen entsprechend. Sie erscheinen daher entweder

lang, oder mittelzeitig, oder kurz. Kurz immer im Auslaut, lang vor lautbarer Endkonsonanz, doch nicht im Taktgefüge, d. h. in der „Bindung".

Beispiele: $\bar{a}$ $\bar{o}$ etc. in *van* (*vã*), *son* (*sõ*), *sein* (*sã̆*), *ü jeun* (*žㆍ*): lang in *plante* (*plã.t*), *songe* (*sõ.ž*), *teinte* (*tã̆.t*), *humble* (*ã̆.mbl*); *il plonge et replonge en vain* (*il-plõ(.)ž-e-rplõ(.)ž ã-vã̆*).

5. Manche Orthoepisten (so neuerdings wieder A. Ricard gegen Passy) eifern gegen die Nasalität der Vokale in der „Bindung" — sog. normannische Nasalierung. Mir scheint, sehr mit Unrecht; man soll eine Sprache möglichst bereichern, sie nicht ärmer machen. Und Unterbleib der so schönen Nasalierung in den zahlreichen „gebundenen" Nasalformen bedeutet Einbusse an Wohlklang. Historisch berechtigt mag dieser gebundene nasalierte Vokal vielleicht nicht sein, da der wieder lautbare Nasal die Gaumenklappensenkung für sich allein beanspruchen darf. Es lassen sich aber beide Ansichten bequem vereinigen durch Minderung der gebundenen Vokal-Nasalierung. In der Tat scheint diese Aussprachepraxis in breiten französ. Kreisen geübt zu werden, da sie ja auch den sonoren Klang mit einer Erleichterung des Taktsprechens verbindet.

6. Die in deutschen Mundarten (im Nassauischen, Bair., Alemann. etc.) vorkommenden Nasalvokale ähneln zwar den französ., sind jedoch nicht mit ihnen identisch, da bei den Varietäten der deutschen Mundarten offenbar die Senkung des Velum nicht so ausgeprägt ist, sie also einen mehr mundvokalischen Charakter haben. Doch ist der Grad der Nasalierung verschieden. So hört man z. B. in Oberbayern Nasalvokale, die den entsprechenden französ. oft recht nahe lauten. Die schwäbischen freilich sind von ihnen merklich verschieden.

Anm. Einen fünften Nasalvokal findet Passy in dem schwach nasalierten, oben erwähnten neutralen Vokal ə. Nach ihm wäre dies der neutrale Vokal des Französ. überhaupt, der jedoch in sprachlicher Verwendung nicht erscheine, sondern gleichsam als natürlichster (unartikulierter) Laut hervorgebracht werde, „lorsqu'on ouvre la bouche, sans intention bien marquée, par exemple quand on est embarrassé pour répondre à une question" (Sons fr., p. 32). Dieser leicht nasalierte frz. Indifferenzvokal erinnert lebhaft an Sweet's allgemeinen Indifferenzvokal: "If we vocalise the breath as emitted in ordinary quiet breathing, without shifting the tongue in any way, we obtain an *indistinct nasal murmur*" (Handb. p. 13).

Sog. diphthongische Verbindungen.

43. 1. Als derartige Verbindungen kommen im Französ. vor (̯ ist das Zeichen für die unsilbige Funktion):

u̯ (*o*) }
ü̯ } + Mund- oder Nasalvokal;
i̯ }

z. B. *u̯* (*o*) + *a* in *ru̯á* oder *ro̯a* (*roi*); *u̯ã* in *ru̯ã́* (*Rouen*);
ü̯i in *žü̯íf* (*juif*), *ü̯ä̃* in *žü̯ä̃́* (*juin*);
i̯ä̃ in *bi̯ä̃́* (*bien*), *li̯ä̃́* (*lien*);
i̯e in *pi̯é* (*pied*), *didi̯é* (*Didier*), u. s. w.

Wie man sieht, liegt hier in diesen zweivokaligen, mit einem Expirationsstoss ausgesprochenen Verbindungen der Nachdruck immer auf dem zweiten Vokal, der allein silbig oder silbenbildend ist. Das erste Element hat unter dem Einfluss der Accentlosigkeit von seinem vollvokalischen Werte verloren, ist herabgesunken zu einem unsilbigen Bestandteil der Gruppe. Die Stimme gleitet rasch darüber hinweg, ist gesenkt, um dann sofort zum eigentlichen Silbenträger gleichsam emporzusteigen. Solche Verbindungen nennt man daher, wie bereits oben erwähnt (28), steigende (uneigentliche) Diphthonge. Dies ist die einzige Art, die im Französ. vorkommt, sofern man in dieser Sprache überhaupt von Diphthongen, d. h. zweivokaligen, einhubigen Lautelementen reden will. Bei näherer Untersuchung zeigt sich nämlich, dass in derartigen Vokalverbindungen das erste (unsilbige) Element, gewöhnlich unter dem Einfluss gewisser voraufgehender Konsonanten, zu einem Konsonanten wird. Dass derselbe immer von nur ganz beschränkter Dauer ist, bleibt für die Geltung als solchen ohne Einfluss. Man könnte von einem Gleitlaut sprechen, würde nicht, wie es geschieht, die konsonantische Stellung innerhalb der Grenze eines messbaren Zeitteils eingehalten.

2. Als Konsonanten erscheinen *u̯ i̯ ü̯* in unsilbiger Funktion sicher nach Konsonanz, und zwar stimmlos nach simmloser, stimmhaft nach stimmhafter. Bezeichnung:

für *ụ̣ w (w)*, für *ụ̈ ẅ (ẅ)*, für *ị j (j)*. ₒ unter dem Zeichen
bedeutet Verlust des Stimmtons. (Über die Analyse dieser
Konsonanten s. später bei den Reibelauten, 47). Beispiele: *pion (ɲjō), tien (tjā), cion (sjō), chien (šjā), fier (fjœ.r),
cuivre (kẅi.vr), enfoui (āfẅi); bien (bjā), Giens (žjā), caviar
(kavja.r), le buis (l(ǝ)bẅi), arrière (ârjœ.r), milieu (miljö), Amiens
(âmjā), tanière (tânjœ.r)* u. a. m. Zu beachten ist allerdings,
dass diese Laute **nicht vollgeräuschige** *j j* u. s. w. sind,
sondern — offenbar infolge ihrer nur momentanen, gleitlaut-
ähnlichen Bildung — stets als gemilderte, leicht reduzierte
Spiranten erscheinen. Sieht man aber in diesen unsilbigen
ị ụ ụ̈ durchgehends wirkliche Konsonanten, so verneint man
damit auch die Existenz französ. Diphthonge überhaupt und
wird sich daher den Worten Sweet's anschliessen, der (Handb.
p. 122) vom Französ. sagt: „Note the absence of diphthongs
which are represented by **consonant-combinations.**" Als
Konsonanten werden diese Laute übrigens auch angesehen
von hier in erster Linie zuständigen Phonetikern; so von
Ballu, Havet und Passy.

Anm. 1. Der vorstehende Paragraph gehört strenggenommen allerdings
zur Synthese, und zwar zum Kapitel von der Silbenbildung. Gleichwohl
werden die „Diphthonge" aus praktischen Gründen in direktem Anschluss
an die Vokale gleich hier behandelt. Es braucht dann späterhin an
geeigneter Stelle (s. unten 69) nur kurz auf diese Ausführungen verwiesen zu werden.

Anm. 2. Einige, wie Karl Kühn, Aug. Lange, Kurt Schäfer
u. a., welche *ụ ụ̈ ị* nicht als Konsonanten betrachten, also steigende
Diphthonge für das Französ. anerkennen, nehmen sogar einen **fallenden**
(echten) für diese Sprache an, nämlich das *ai* in *bataille = batài*:
Kühn's Notat.; wogegen Passy, der hier doch wohl kompetent ist,
notiert: *bàta.j.* Von einem Diphthong wäre danach auch hier nicht die
Rede. — Freilich drückt sich Passy bezüglich der konsonantischen
Qualität von *w, ẅ, j* in seinen Sons franç., p. 20, mit einiger Reserve aus:
„le frottement est peu marqué, et l'on peut parfois se demander si, au
lieu d'une consonne, on n'a pas affaire à une voyelle non-syllabique".
Hierauf antwortet er jedoch, Phonet. Stud. I, p. 34, selbst: dagegen streitet
aber die Tatsache, dass diese Laute (bes. *w, ẅ*) auch stimmlos nicht nur
deutlich hörbar, sondern **wortbildend** und **sinnunterscheidend**
sind: vgl. *soi = sụa, sua = sụ̈a; toit = tụa, tua = tụ̈a.* Dabei ist
wenigstens bei *ẅ* weder die Zungenhebung, noch die Lippenrundung so
stark als bei *ü*".

Zweites Kapitel: Die Konsonanten.

1. Verschlusslaute.

a) *Stimmlose: p t k.*

44. 1. Diese drei Laute werden mit straffer Artikulation gebildet, aber ohne nachstürzenden Hauch. Es sind nämlich bei der Aussprache stimmloser Verschlusslaute zwei Fälle zu unterscheiden: entweder die Stimmritze wird nicht direkt nach Öffnung des Verschlusses zum Tönen verengt, sondern lässt den hervorstürzenden Atemstrom einen Moment tonlos hindurchstreichen, wodurch die Explosiva von einem h-Geräusch, von einem deutlichen Hauch begleitet wird, der sich etwa mit [^{c}] bezeichnen lässt; also $p+h+a$ oder $p+^c+a$ $=p^ca$ (t^ca, k^ca). Diese Bildungsart existiert im Norddeutschen, weniger ausgeprägt im Engl., stark ausgeprägt im Dänischen. Oder aber, die Stimme setzt unmittelbar nach der Bildung des Verschlusses zum Tönen ein, so dass der Explosiva kein Hauchlaut nachstürzt; also $p'a$, $t'a$, $k'a = pa$, ta, ka. Dies ist die gewöhnliche Bildungsweise der meisten slavischen und romanischen Sprachen, insbesondere des Französischen. Mit andern Worten: das Nordd. etc. bildet in der Verbindung stimmlose Explosiva + Vokal einen (stimmlosen) Gleitlaut zwischen beiden, das Französ. nicht.

2. Die echt französ. Bildung dieser Laute existiert bei uns landschaftlich nicht; vielleicht hie und da als eine aus theoretischem Studium oder praktischen Artikulationsübungen hervorgegangene Sondergewohnheit Einzelner. Es ist daher ganz unrichtig, so schlechthin zu sagen — wie dies von orthoepischen Dilettanten unzählige Male geschehen ist — französ. $p t k$ lauteten „wie im Deutschen"; denn im Nordd. (s. oben) spricht man sie eben gehaucht (aspiriert), im Mitteld. (namentlich Thüringen und Sachsen) erscheinen sie als stimmloses, schlecht artikuliertes Mittelding zwischen p und b etc.; in Süddeutschland endlich sind sie allerdings hauchlos, aber weit weniger kräftig und sauber artikuliert als im Französischen.

3. Die Artikulationsstelle (der „Ort") für p ist die gemeindeutsche; es ist bilabial. Doch lässt es zuweilen teil-

weise Angleichung an den Ort einer nachfolgenden Labiodentalis
erkennen; z. B. in *Cap vert*, *Capefigue(p f)* u. a. *t* und *k* sind wenig
vorgeschobener als die unsrigen; zwischen Engl. und Französ.
ist hier der Unterschied noch grösser. Bei französ. *t* artikuliert
die Zungenspitze (nicht auch das unmittelbar hinter derselben
liegende „Blatt") an der Rückwand der Oberzähne, nicht an
den Alveolen; mit andern Worten: französ. *t* ist dental, nicht
alveolar, wie im Engl. Bei *k* verschiebt sich der Ort je nach
den umgebenden Vokalen; am weitesten nach vorn liegt er vor
und nach *i* (*ki—ik*), am weitesten zurück vor und nach *u* (*ku—uk*).
Zuweilen wird auch *t* leicht palatalisiert, je nach den umgebenden Lauten; vor gerundeten Vokalen werden *t k* gerundet;
selbst *pu—*, *pü—* setzt gleichsam gerundeter an als *pi—*.

45. Eine Abart der stimmlosen Verschlusslaute
erscheint in den Verbindungen *p t k* + Nasal (*m n*) und *t k* + *l*.
In diesen Verbindungen nämlich pflegt der Nasal bezw. *l* un-
mittelbar an die Explosiva angereiht zu werden, so dass der
Verschluss erst mit der Bildung von *m n* oder *l* ausgelöst wird.
Da dies nun bei den Nasalen durch Abhebung des Gaumensegels, des Velum, von der hintern Rachenwand, bei *l* durch
Abhebung der seitlichen — lateralen — Zungensäume vom
Gaumendache geschieht, so spricht man dort von velaren,
hier von lateralen Verschlusslauten. Beiden Laut-
bildungen liegt das Prinzip der Zeitersparnis und des kleinsten
Kraftmasses zu Grunde, indem eine zwei aufeinanderfolgenden
Lauten gemeinsame oder verwandte Artikulation (*p-m*, *t-n*, *t-l*,
u. s. w.) nur einmal ausgeführt wird.* Beispiele: *Atlas, Etna,
acné* u. a. Die auf die Explosiven folgenden Stimmlaute erscheinen in diesen Fällen gewöhnlich halbstimmlos; die *l*, besonders bei energischer Bildung des *t*, völlig stimmlos und
nicht selten spirantisch.

* **Anm.** Ausführliches hierüber vgl. unten im synthetischen Teil
bei dem Kapitel „Sandhi-Erscheinungen".

b) Stimmhafte: b d g.

46. 1. Bei diesen Lauten ist allein die Stimmhaftigkeit
zu betonen. Die Stimme setzt geichzeitig ein mit Bildung des

Verschlusses und endigt erst mit Öffnung desselben, sofern nicht ein Stimmlaut folgt, in welchem Falle sie natürlich ununterbrochen forttönt. Man sagt von diesen Lauten zuweilen und nicht unpassend, dass sie gleichsam von Stimme „durchtränkt" seien. Der in den verschlossenen Mundkanal vom Kehlkopf her eingetriebene Stimmton, welcher in diesem Falle einen dumpfen, knurrenden Klang erzeugt, bläht den Hohlraum („Blindsack") mehr oder weniger auf, weshalb dieser Ton hier Blählaut genannt wird. *b d g* sind also im Französ. immer mit dem Blählaut gebildet, wofern sie nicht Assimilationen mit stimmlosen Nachbarlauten eingehen.

2. Die französ. stimmhaften Verschlusslaute unterscheiden sich von den engl. dadurch, dass jene vollstimmhaft sind, diese nicht; denn diese erscheinen mit stimmlosem Anfangs- und Endgleitlaut (*voiceless initial* und *final glide*); dagegen sind sie wesentlich nordd. (hannöv.) an- und inlautendem *b d g* gleich; auslautend jedoch werden die nordd. stimmlos („hart"), was mit den französ. nicht übereinstimmt. In Mittel- und Süddeutschland werden *b d g* stimmlos gebildet, anderer Unterschiede vom Französ. zu geschweigen. Zu erwähnen ist noch, dass die französ. Formen immer den Charakter von Verschlusslauten bewahren, also nie als bilabiale Spiranten ausgesprochen werden, wie etwa im mitteld. *Liebe* (*li.wə*) *Rabe* (*ra.wə*).

3. Gegenüber *p t k* erscheint die Artikulationsstärke der stimmhaften Entsprechungen ziemlich herabgesetzt, offenbar infolge der beträchtlichen Hemmung des Luftstroms in der zum Tönen verengten Stimmritze. Aus diesem Grunde und in Verbindung mit dem Stimmton erscheinen diese Laute in der gebräuchlichen Terminologie „weich", im Gegensatz zu *p t k*, welche als „hart" bezeichnet werden. In der Tat machen die rein gebildeten *b d g* den Eindruck milder, sanfter Laute.

4. Bezüglich der vorschreitenden, bezw. rückschreitenden Angleichung gewisser spezifischer Artikulationen, so der Rundung von *b d g* in der Nachbarschaft gerundeter Vokale, der Palatalisierung unter direktem Einfluss palataler etc., sowie bezüglich des Artikulationsorts gilt das oben 44 a. E. Ausgeführte. Wahrscheinlich artikuliert bei *b d g* infolge der weniger kräftigen Berührung von Gaumen, Zähnen und Zunge

ein etwas kleinerer Oberflächenteil der letzteren. Bezüglich der Palatalisierung muss noch bemerkt werden, dass dieselbe für *d* viel weniger häufig und schwächer ist als für *t*.

2. Reibelaute (Spiranten).

a) Stimmlose: ʒ ü̯; *f; s š; j. (h.)*

47. **1.** Auch die stimmlosen Reibelaute werden im Französ. mit entschiedener Anspannung der artikulierenden Teile gebildet; dadurch wird der Reibekanal enger als bei uns. Dieser Umstand in Verbindung mit der kräftigen Expiration verleiht diesen Lauten ihren besonderen Charakter: sie machen einen akustisch sehr sauberen Eindruck und gleichsam einen schneidigeren als die unsern, da ihre Geräusche viel intensiver sind. Hierauf sind besonders Mitteldeutsche aufmerksam zu machen, deren Spiranten gegenüber den französ. oft recht matt erscheinen.

2. ʒ und ü̯ (vgl. oben 43) sind doppellippige Reibelaute; doch ist nur letzteres rein bilabial, ersteres bilabio-guttural. Beisp.: *échouer (ešu̯e), foin (fu̯ã̃); puis (pü̯i), suivre (su̯i.vr̥).* Der Unterschied in der Bildungsweise beider ist genauer folgender: Bei ʒ ziemlich starke Wölbung der Zungenwurzel gegen den weichen Gaumen; die Mundwinkel sind einander stark genähert, die Lippen vorgestülpt und bilden eine kleine rundliche Ausflussöffnung; bei ü̯ dagegen Senkung der Hinter- und leichte Hebung der Vorderzunge, Lippen stark verengt, nur mässig vorgeschoben, und Mundwinkel einander leicht genähert, so dass die Ausflussöffnung etwas spaltförmig erscheint. Von *u* unterscheidet sich ʒ dadurch, dass letzteres nicht ganz die hohe Zungenwurzelhebung, dafür aber stärkere Lippenverengung hat; von *ü ö* dadurch, dass bei diesem die Vorderzunge weniger gehoben und die Lippen weniger gerundet sind als bei *ü*, vielmehr einen leicht spaltförmigen Ausflusskanal bilden, der bereits in die Reibungsgrenze hereinreicht. Was daher die Laute infolge ihrer flüchtigen, gleitähnlichen Bildung — sie kommen nur als Vertreter unsilbiger *u ü* vor, sind also

immer nur von ganz beschränkter Dauer — an Prägnanz des
minder leicht beweglichen Zungenkörpers einbüssen, gewinnen
sie durch straffe Schnürung der leichter beweglichen Lippen,
wodurch der Expirationsstrom, obwohl hier immerhin schwach,
in Reibuug versetzt, also Konsonanz erzeugt wird.

3. w ähnelt ziemlich dem engl. *wh* in *where*; doch hat
letzteres, der engl. Artikulationsneigung entsprechend, mehr
passive Lippenlage (also auch keine Vorstülpung!) und ist mehr
vokalisch, infolge der weiteren Lippenöffnung. Mit gemeind. u
in *Quelle*, *quer* hat w weniger gemein; es fehlt dem deutschen
Laute einmal die Zungenwurzelhebung und dann die ausgeprägte Lippenartikulation, die den franzos. Laut auszeichnet. —

4. Für f ist die Artikulation wesentlich die gemeind.:
Mittellinie der Unterlippenwölbung an der Schneide der Oberzähne; die Lippenspalte bildet in der Mitte eine nur linsen-
förmige Öffnung. Die straffe Bildung des franzos. Lautes jedoch
verursacht gegenüber dem deutschen ein kräftigeres Zusammen-
schnüren der Mundwinkel. Zunge wahrscheinlich indifferent.
Lippenstellung je nach den umgebenden Lauten verschieden.

5. Für s ergibt sich der Ort von selbst, wenn man beim
t-Verschluss die Kontaktstelle der Zunge ein wenig lüftet, so
dass eine Reibungsenge entsteht; franzos. s ist also, gleichwie t,
ein wenig vorgeschobener als das unsrige, beträchtlich vorgeschobener als das englische (Alveolar-s!), von dem es sich
auch akustisch ganz merklich unterscheidet. Lippenrundung
findet statt nach und vor gerundeten Vokalen: *so*—, *su*—, *sü*—,
—*üs* etc.; Palatalisierung gewöhnlich vor $i = j$: *cieux* (*sjö*).

6. $š$ ist der Reibelaut in *chat* (*ša*), *chercher* (*šerše*) *chiche*
(*šiš*). Es ist ungefähr der deutsche Laut; nur wiederum
enger und vorgeschobener; dagegen ist der engl. Laut artikulatorisch und jedenfalls akustisch sehr verschieden. Franzos. $š$
wird wie mittel- und süddeutsches, mit gesenkter, nicht wie
nordd. mit gehobener Zungenspitze gesprochen. Die genaue
Bestimmung der Artikulationsstelle ist nicht ohne Schwierigkeit.
Die Zunge, die mehr nach rückwärts- und massig zusammengezogen ist, hebt sich mit ihrem vorderen Teil minus Spitze
nach den Zahnscheiden hin, wo sie eine wahrscheinlich breit-
rinnige Reibungsenge bildet. Vorstülpung der Lippen wie im

Deutschen ist nicht gebräuchlich; doch findet gewöhnlich eine
leichte Protrusion statt. Rundung tritt in gleicher Weise ein
wie oben bei *s*; ebenso Palatalisierung: *šo*—, *šu*—, *šü*— etc.;
sášjō (*suchions*). Infolge ihrer charakteristischen Geräusche
werden *s š* Zischlaute genannt. Das eigentümliche Zischen
„scheint auf der Brechung des Atemstroms an den Zähnen
zu beruhen, der bei *š* ein breiter, bei *s* ein feiner, auf einen
Strahl konzentrierter ist."

7. Schiesslich möge noch die Ansicht Passy's über die
schwierigen *s š*-Laute hier aufgeführt werden. „Bei (ṣ̌) *š*
nähert sich die Zungenspitze (?) dem Vorderteil des harten
Gaumens und den Alveolen, aber auch ein Teil des Zungenblatts nähert sich dem harten Gaumen; auch die übrige Vorderzunge wird etwas gehoben, aber dies ist nicht wesentlich: eine
Art Kesselraum wird wohl vom hintern Zungenblatt gebildet.
Bei (ṣ) *s* dagegen ist die Zungenspitze (?) fest gegen die Unterzähne gepresst, das Zungenblatt streckt sich längs der Oberzähne und der Alveolen; die übrige Vorderzunge wird nicht
gehoben. Also ist bei (ṣ̌) *š* die Artikulationsenge am harten
Gaumen und an den Alveolen (der Laut unterscheidet sich
wesentlich durch Beteiligung des Zungenblatts vom englischen
„spirantischen" *r* in *try*); bei (ṣ) *s* ist sie an den Oberzähnen
und Alveolen. — Ich glaube aber fest, diese Artikulationsweise
ist nicht die einzige in Frankreich gewöhnliche. . . . Soviel
ist mir klar, dass weder Hebung der Vorderzunge, noch Beteiligung der Lippen bei (ṣ̌) *š* wesentlich ist."

8. Die genaue Fixierung der Artikulation der verschiedenen *s*- und besonders der *š*-Laute, also auch des franzö.,
wird die Phonetiker noch lange beschäftigen. Allgemein
dürfte man sie mit dem Namen präpalatale Reibelaute bezeichnen können. Der Wahrheit werden wir am sichersten
auf den Grund kommen, wenn tüchtige französ. Phonetiker, wie
z. B. Passy oder Havet, nicht nur an sich, sondern auch an
zahlreichen französischen Individuen genaue Beobachtungen an-
stellen und aus diesen Einzelbeobachtungen die gemeinsamen,
charakteristischen Züge zusammenstellen. —

9. Zu betrachten bleibt noch der *j*-Laut. Folgt *i* als unsilbiges Element (*i̯*) auf stimmlose Verschluss- und Reibelaute

(*pi*—, *ti*—, *fi*—, *si* etc. + Vokal; oben 43), so verliert es nicht nur seinen Stimmton, sondern wird auch deutlich spirantisch, also Konsonant. So sind *pion, tien, fier* nicht zweisilbig, sondern einsilbig, indem für *i* stimmlose Gaumenspirans eintritt, also *pjo̱, tjä̱, fjæ.r.* Das *j* hat etwas vom deutschen *ich*-Laut, nur ist jenes enger gebildet und namentlich nach Lippen- und Zungenspitzenlauten beträchtlich vorgeschobener. Infolge dieser mehr vorgeschobenen Artikulation in Verbindung mit der nur immer momentanen Dauer des Lautes ist denn auch dessen Geräuschfülle gegenüber dem deutschen Laut mehr reduziert. Schwer zu entscheiden ist, ob die Reibung des *j* erzeugt wird durch Hebung der Mittelzunge bis zur Friktionsenge hinein, oder dadurch, dass die bei gewöhnlicher Expiration noch vokalische Zungenartikulation des hohen *i* (*fini*) infolge voraufgehender „harter" Laute kräftig angeblasen wird. Jedenfalls hat *i* dieser Nachbarschaft den Stimmverlust zu verdanken.

10. Zuweilen erscheint *j* sogar in der Nachdrucksilbe, und zwar auslautend nach Stimmlosen. So hört man nicht selten *ätipátj'* (*antipathie*), *àristokrrasj'* (*aristocratie*) u. a., wo zugleich ein Kompromiss zweier Artikulationen stattfindet, indem *t* dem *j* zu liebe palatalisiert erscheint.

11. Über das Vorkommen einer (nicht anerkannten) Gutturalspirans im Französ. vgl. das unten bei *r* Ausgeführte.

12. Die Stimmbänderspirans (*h*) wird hier nur beigehend erwähnt, da sie im Landesfranzös. nicht mehr allgemein anerkannt ist, im vorwiegenden Gebrauche der heutigen natürlichen Umgangssprache vielmehr den ehemaligen Lautwert völlig eingebüsst hat. Steht also *h* z. B. am Wortanfang (vor Vokal), so wird es lautlich völlig ignoriert, so dass der stimmhafte Expirationsstrom erst beim folgenden Vokal (leise) einsetzt; demnach sind *hêtre* und *être, hauteur* und *auteur, Huns* und *un, herse* und *erse* etc. vollständig homonym. Zu bemerken ist hier, dass Deutsche sich zu hüten haben vor ihrem festen Vokaleinsatz. *La honte* lautet demnach *läõt* mit keinerlei Stimmtonunterbrechung zwischen *a‿o*, nicht also *lä|õt*, wie etwa in einem langsam gesprochenen, aber energisch artikulierten (mittel)deutschen *da oben* = *dä|ó.ʍn* (*o* mit festem Einsatz!).

Die beiden Arten des *h*, welche die traditionelle Grammatik
unterscheidet, das sog. aspirierte und das stumme — oder,
wie es ebenso unpassend genannt wird, *h* consonne, *h* voyelle
— bilden keinen phonetischen Unterschied, sondern nur einen
grammatischen bezw. orthographischen. Das Nähere gehört in
die Grammatik.

Dass die meisten, wenn nicht alle, frz. *h* in den früheren
und frühesten Sprachperioden gelautet haben — wenn auch wohl
nie mit gleicher Geräuschfülle wie die germanische Stimm-
bänderspirans —, dürfte ausser Zweifel sein. Dies näher zu
untersuchen, insbesondere die Periode der Verstummung im
Gemeinfranzösischen nachzuweisen, ist Aufgabe der historischen
Phonetik.

Nach einigen Phonetikern, wie Passy, Storm, Sweet,
Trautmann, Franke, soll der (geschwächte) *h*-Laut zuweilen
erscheinen in Wörtern wie *Baal (bá͑al), Bauer (bó͑ær), fléau (fḷléo)*
etc.; ferner auch in solchen Fällen, wo der auf *h* folgende
Vokal den Nachdruck hat: *là-haut = làho*. Dieses sporadische
Vorkommen des *h* wird von den meisten (nicht phonetisch
gebildeten) Franzosen geleugnet. Allerdings ist das Zeugnis
Passy's sehr gewichtig.

Anm. Vgl. Passy's interessante Ausführungen über das Vorkommen
des *h* im heutigen Französ. Sons du fr., § 42 ff., und Victor's Phon.
Stud., p. 31—32.

b) Stimmhafte: w ȍ; v; z ẕ; j.

48. **1.** Den obigen stimmlosen Reibelauten entspricht je
ein stimmhafter, genau an derselben Artikulationsstelle gebildeter. Der Stimmton tritt deutlich hervor und begleitet den
Laut durchaus. Auch hier ist, wie oben bei den stimmhaften
Verschlusslauten, die Geräuschintensität gemildert durch die
Hemmung des Ausatmungsstroms im Kehlkopf. Was ferner
oben über artikulatorische Abhängigkeit von den Nachbarlauten,
über Palatalisierung, Rundung etc. bemerkt wurde, gilt natürlich auch hier.

2. Die bilabialen Spiranten *w* und *ȍ* treten für *w̨* und *ẅ̨*
immer da ein, wo unsilbiges *u̯* und *ü̯* nach stimmhaften Lauten,

oder auch wo sie isoliert stehen. Beispiele: *buis (bü̆i), enduire (ād̄r̄i.r), luire (lü̆i.r), Duruy (dür̄ü̆i), ennuyeux(ānü̆ijö); Baudouin (bodu̇ä), cambouis (kābu̇i), Cornouaille (kɔrnu̇aj), huile (wi.l), oui (u̇i)* etc.

3. *v* und *z* sind — von feineren Unterschieden abgesehen — die entsprechenden engl. und nordd. Laute (nordd. *w, s* anlautend und zwischenvokalig). Mittel- und Süddeutsche haben sich vor Verwechselung mit ihrem *w* zu hüten, das doppellippiger, gewöhnlich kaum vernehmbar geräuschiger, oft selbst den Stimmton verlierender Spirant ist; französ. *v* ist dagegen zahnlippig (gebildet mit Unterlippe und Oberzähnen; s. oben bei *f*); und Reibegeräusch wie Stimmton sind deutlich wahrnehmbar (Beyer, Lautsyst., p. 18).

4. *ź* ist der Reibelaut in *jamais (źàmœ̀), jujube (źüźü(.)b), geôlier (źo(.)ljc), gageure (gàźü.r)*. Bei uns ist er landesdeutsch nicht zuhause. Von den Gebildeten wird er besonders in Norddeutschland — hier, scheint's, aber ganz gewöhnlich — gesprochen; doch eben nur als künstlicher, angenommener Laut. Für diejenigen, welche ihn zu bilden nicht gewöhnt sind, also wiederum Süd- und Mitteldeutsche, sei bemerkt, dass man ihn mit aller Sicherheit richtig erzeugt, wenn man *ś* spricht, diese Artikulation sorgfältig festhält und hierzu den Stimmton ertönen lässt. Die geringere Geräuschfülle, die *ź* eigen ist, tritt dann mit der Stimmbänderartikulation von selbst ein. Anfangs freilich ist der gleichzeitige Gebrauch von Geräusch und Stimme für Angehörige von Landesteilen mit nur stimmlosen Schluss- und Reibelauten nicht ohne Schwierigkeit; doch schwindet diese mit einiger Übung bald.

5. *j* ist der stimmhafte Korrespondent zu *j̊* und erscheint als Vertreter für unsilbiges *i̯* vor und nach allen Stimmlauten im An-, In- und Auslaute. Beisp.: *bien (bjä̀), mien (mjä̀), mangions (mã̀źjö̀), casier (kazje), évier (evje), Didier (didje), lien (ljä̀), rien (rjä̀); aber auch aïeul (àjœl), yeuse (jö.z), joyeux (źwàjö̀); endlich briller (bri(.)je), bataille (bàta.j), fille (fi.j)*: der „son mouillé". Das Reibegeräusch ist schwach, viel weniger hervortretend als bei *j̊*. Zuweilen wird auslautendes *j* am Ende devokalisiert, so dass es eigentlich ist *j+j̊* oder *jj̊*: *scintille = sä̀ti.jj̊*. Wahrscheinlich ist es richtiger, in diesem Falle nur von einem

stimmhaften Gleitlaut zu sprechen, der vom vorhergehenden
Vokal zu *j* übergeführt wird; *j* selbst ist dann völlig geflüstert,
indem unmittelbar nach Bildung des **g l i d e** die Stimmbänder
— dem Trägheitsgesetz folgend — sich erweitern, die Stimme
demnach zu tönen aufhört, **n o c h b e v o r** die Zunge von ihrer
konsonantischen Stellung zurückgezogen worden ist. Beispiel:
fille = *fi.[ʌ]j*. Der einfache physiologische Vorgang beruht,
wie gesagt, auf einer Nachlässigkeit oder Vereinfachung der
Artikulation. Das Quantum von Muskelkraft, das sonst auf
Geräusch - u n d Stimmbildung verwandt wird, beschränkt sich
auf erstere allein. Aus jenem *j* in *fille* hören ungeübte Ohren
das übelbekannte *fi.χ* heraus!

Anm. *ř ž ᶎ* werden von manchen Summlaute genannt.

3. Nasale: *m, n, ń.*

49. Über die Bildung der Nasale (Nasalkonsonanten)
vgl. oben 24. Die französ. Nasale sind w e s e n t l i c h **S t i m m-**
l a u t e; nur in gewissen Verbindungen erscheinen sie ganz
oder teilweise devokalisiert.

1. *m* ist der gemeindeutsche und engl. Laut. Der Lippen-
schluss ist der des *p b*, natürlich nicht der kräftige des *p*, da
ja die Luft infolge des gesenkten Gaumensegels im Mundkanal nicht komprimiert ist.

Stimmlose Varietäten kommen besonders vor im Auslaut
nach stimmloser Konsonanz; so in *spasme* (*spasm*), *prisme*
(*prism*, was häufig geradezu zu *pris* wird), *cataplasme*, *asthme*
(*asm*), während *m* in diesen Verbindungen wenn i n lautend
(auch nach lautbarer stimmloser Explosiva) nur halbstimmlos
ist: *asthmatique, asthmé, prismatique, atmosphère, mappemonde;*
m = *m̥m* (*mȧpmṁṑ.d* etc.). Desgleichen halbstimmloses *m* v o r
stimmloser Konsonanz in Verbindungen wie *aimes-tu* (*ᴇm̥tü*);
doch ist die Assimilation hier sehr ungewiss, und man spricht wohl
ebenso häufig *ᴇmtü*. Aus physiologischen Gründen sind eben
die Angleichungserscheinungen viel weniger ausgeprägt, wenn
der Sonor dem Stimmlosen voraufgeht, als wenn umgekehrt.
Nach **P a s s y** kommt *m* auch vor in den Interjektionen *hem* = *m̥m*,

chem = *mmm*, in welchem das Reibungsgeräusch deutlich hörbar sei. Diese Ausrufe finden sich übrigens auch bei uns, das zweite mit starker Stimmmodulation. Endlich erscheint auslautendes *m* zuweilen selbst nach Stimmhaften, wie z. B. in *dogme* (*dɔgm*), wo *m* nur schwach in die sinnliche Wahrnehmung tritt.

Anm. Eine interessante Bemerkung macht Passy in seinen „Sons français" 841, Anm.: „On emploie assez souvent *m* pour *np*; ainsi *une petite* se prononce *ünpɔtit*, *ünptit*, *ümtit* et *üntit*." Die physiologische Erklärung dieser originellen Assimilation siehe unten im zweiten Buch beim Kapitel Sandhi-Erscheinungen (104, 2). — Ferner verdient noch folgende Beobachtung des französ. Phonetikers hier erwähnt zu werden: „Une variété presque denti-labiale de *m* s'emploie souvent dans la prononciation vulgaire à la place de *r* devant *n*: *revenir* (*rəmni.r*). Cela se conçoit facilement, le voile du palais s'abaissant trop tôt comme pour *n*, tandis que les lèvres sont dans la position de *v*, et l'air passant alors plus facilement par le nez qu'à travers les dents."

2. Bei *n* ist die Verschlussstelle diejenige von *t d;* der Laut ist demnach ein wenig vorgeschobener als der deutsche, beträchtlich vorgeschobener als der englische. Bezüglich der Devokalisierung durch Angleichung gilt im Allgemeinen das oben bei *m* Bemerkte. Beispiele: *acné* (*ákṇne*), *attenant* (*átṇnã*; oder natürlich *átɔnã*), *knout* (*kṇnut*), *chenil* (*šṇni*) u. a. Auslautende *n* nach Stimmlosen dürften im Neufranzös. selten sein. Vor *i j* findet Annäherung der Artikulationsstelle des *n* an die von *i*, also leichte Palatalisierung statt.

3. Das Französ. hat nicht den Zungenwurzelnasal *ŋ* (sog. gutturales *n*) des Deutschen und Engl. in *lang, eng; sing, rang*. Seiner Neigung nach vorgeschobener Artikulation entsprechend, hat es dafür den Zungenrücken- oder Mittelgaumennasal *ń* (sog. palatales *n*) ausgebildet. Dieses *ń* ist der „son mouillé" in *montagne* (*mõtáń*), *vigne* (*riń*). Artikulation des Lautes: Die Zungenspitze liegt hinter den unteren Schneidezähnen, während die vordere Mittelzunge sich breitflächig emporwölbt bis zur Verschlussstelle, die nicht weiter zurückliegt, als an der Grenze zwischen hartem und weichem Gaumen. Vielleicht liegt dieselbe noch etwas weiter nach vorn. Keinesfalls aber hat dieser Laut mit dentalem *n* (oben sub 2) etwas gemein, besonders wenn dieses nicht palatalisiert erscheint. Man wird

kaum fehlgehen, wenn man den Nasal *n̆* und den Reibelaut *j*
für gleichortig erklärt, d. h. der offene Laut *j* entspricht,
der Artikulationsstelle nach, dem Halbschlusslaut *n̆*.
In einer grossen Anzahl in Deutschland erschienener
Grammatiken und Ausprachedarstellungen des Französ. wird
dieser „son mouillé" gewöhnlich dargestellt als *n* (d. h.
Zungenspitzen-*n*, rein dentales *n*) + *j* (d. h. vollgeräuschige stimmhafte
Palatalspirans), oder *n* + *i*, endlich auch *n*+*i* oder *n*+*ie*. Inwieweit diese Lautbezeichnungen bezw. -bestimmungen den
tatsächlichen Verhältnissen entsprechen, soll im Folgenden eingehend gezeigt werden. Da es sich aber um einen genauen
Einblick in den Mechanismus eines uns sonst fremden Lautes
handelt, so ist zur Förderung des Verständnisses zuvor auf eine
allgemeine Frage zurückzugehen.

49a. (Von den Gleitlauten; vgl. oben 29.)

Wenn ich den Zweilaut *ai* — am besten zunächst recht
langsam, dann rascher, und mit gleichmässiger Betonung beider
Vokale, aber ohne Pause zwischen beiden — spreche, so spreche
ich nicht allein den reinen *a*-Laut + reinen *i*-Laut; denn die
a-Zungenstellung gelangt nicht brüsk, nicht unvermittelt zur
i-Lage, sondern die Zunge muss — wenn auch nur während
eines geringen Zeitteils — vom tiefen *a* zum hohen *i* die
ganze Summe der möglichen Zwischenstellungen
durchlaufen. Wenn sie hierzu naturgemäss den kürzesten
Weg wählt, nach dem früher erwähnten Naturgesetz des
kleinsten Kraftmasses, so ändert dies nichts an der Tatsache,
dass sie diesen Weg zurücklegen muss. Da nun während
dieser Übergangs- oder Gleitbewegung der Zunge die
Stimme ununterbrochen forttönt, so ergibt sich eine unendliche
Reihe successiver Übergangs- oder Gleitlaute, die sich
von den beiden Endpunkten *a*—*i* dadurch unterscheiden, dass
sie keine fixierbaren oder fixierten Artikulationen darbieten,
da unterwegs nirgends verweilt wird. Auch die Summe dieser
Übergangslaute, oder der Gleitlaut schlechthin, weist keine
feststehende Konfiguration des Sprechorgans auf. Ein Gleitlaut ist demnach das Resultat einer Gleitbewegung der Sprechwerkzeuge, in erster Linie der Zunge. Anders ausgedrückt:

ein Gleitlaut ist ein lautliches Element, welches erzeugt wird während des Übergangs von einem Laut zu einem andern oder auslautend beim Rückgang zur Indifferenzlage, und welches keine fixierbare Artikulation darbietet. So existiert ein solches Element nicht nur zwischen *ai*, sondern auch zwischen *ia*, zwischen *al*, *ak*, *ki* und umgekehrt: ferner zwischen *pt*, *tk*, *ks* u. s. w., überhaupt zwischen den meisten Lautverbindungen. Hierbei gilt als Regel: je weiter die Artikulationen der zu verbindenden Laute auseinander liegen oder je mehr heterogan sie sind, desto deutlicher tritt der Gleitlaut in die sinnliche Wahrnehmung. Bei homorganen, d. h. an der gleichen Artikulationsstelle gebildeten Lautgruppen ist daher der Gleitlaut gleich Null. So besteht z. B. im französ. *hanneton* (*ántö*) zwischen *n-t* kein Gleitlaut. Ja, in vielen Sprachen wird schon bei nahe aneinanderliegenden Artikulationen der Gleitlaut gemieden; so im französ. *samedi* (*sámdi*) zwischen *m-d*, im engl. *captain* (*kæptən*) zwischen *p-t*, u. s. w. Je nach seiner Lautabhängigkeit ist der Gleitlaut entweder stimmhaft oder stimmlos. Das erstere wird der Fall sein, wenn zwei Stimmlaute (*al*), das letztere, wenn zwei Stimmlose (*kt*) zusammentreffen. Auch am Wortende erscheint dieses Element ganz gewöhnlich. So ist im Französ. *-ap* (z. B. *Gap* = *gáp[ˀ]*) das stimmlose Anhängsel des *p* dessen stimmloser, in *-ob* (z. B. *Jacob* = *žákɔb[ˀ]*) das stimmhafte Anhängsel des *b*, welches nichts als der absetzende Stimmton ist, dessen stimmhafter (End-) Gleitlaut. —

Dies sollte vorausgeschickt werden zum richtigen Verständnis des französ. *ń*.

49b. 1. Spreche ich nun z. B. das Wort *campagne* (*kãpáń*), so habe ich in der Endung *-agne* nicht nur *á* + *ń*, sondern zwischen beiden Lauten schiebt sich, wie oben bei *a-i*, die ganze Reihe kontinuierlicher Übergangslaute, m. a. W. der Gleitlaut von *á* zu *ń* ein; da aber dieser, um zum *ń*-Verschluss zu gelangen, durch die *i*-Stellung gehen muss, so wird er, wenn auch nur leicht, akustisch etwas vom *i*-Charakter annehmen. In der Tat hören aufmerksame, an feine Laut-

unterschiede gewöhnte Ohren den an *i* erinnernden Gleitlaut
zwischen *a* zu *n̓* in -*agne* sehr wohl heraus. Einen kürzeren
Weg macht, also noch weniger tritt hervor, der Gleitlaut in
-*ègne* (*œn̓; Compiègne*); theoretisch minimal, praktisch = Null
(s. oben) ist er in -*igne* (*in̓; vigne*). Freilich ergeben sich bei
natürlicher Sprechweise diese Gleitelemente von selbst;
immerhin ist mit ihnen zu rechnen, wie gleich ersichtlich
werden wird.

2. Wichtiger als die ebenerwähnten, weil deutlicher und
auch für weniger feine Ohren wahrnehmbar, ist der auf *n̓*
folgende Gleitlaut. Bei mittelgaumigen Verschluss- und Halb-
schlusslauten nämlich artikuliert in der Regel ein ziemlich
breiter Teil der Mittelzunge. Hierdurch kann der Verschluss
nicht ganz momentan gelöst werden, wird jedenfalls nie momentan
gelöst; so entsteht beim Abziehen der Zungenfläche vom
Gaumen, und da dieselbe zugleich durch die Reibungsenge des
j passieren mus, ganz von selbst eine Art leichter Affrikation
und damit ein tönendes, ganz schwach geräuschiges, dem *j*
ähnliches, aber auch notwendig momentanes Element: der
Ab- oder **Endgleitlaut** des *n̓*. Gleitlaut ist es deshalb,
weil es keine fixierbare Artikulation hat; daher ist es weder
i noch *j*, und daher ist es unrichtig, dasselbe als selbständiges
Lautindividuum zu betrachten und in der Transskription durch
ein besonderes Lautzeichen auszudrücken. Bei auslautendem
n̓ existieren zweierlei Aussprachsweisen: entweder nämlich erweitert sich die Stimmritze, die Stimme hört also auf zu tönen,
während die Zunge sich anschickt, von ihrer konsonantischen
Position zurückzugehen; dies ergibt ein *n̓* mit stimmlosem oder
geflüstertem, also an *j* erinnernden Gleitlaut. Oder aber die
Stimme begleitet den Laut durchaus, also bis die Zunge von
ihrer konsonantischen Stellung sich zurückgezogen hat; in
diesem Falle endigt *n̓* auf den Stimmgleitlaut. Natürlich hat
wegen forttönender Stimme inlautendes, insbesondere zwischen-
vokaliges *n̓* immer stimmhaften End- oder Abgleitlaut (engl.
off-glide).

3. Eins dürfte nach dem Ausgeführten feststehen: wir
haben es bei französ. *n̓* (*gn*) nicht mit einem *a* + *b* zu tun,
nicht mit einer Lautfolge, sondern mit einem einfachen

Laute, hervorgegangen aus einem einheitlichen Artikulations-
akt. Wie an jedem Laute, so haften auch an diesem als notwendige, die Einheit desselben nicht störende Attribute gewisse
momentane Lautelemente, die wegen ihres ausgeprägten
Charakters von unserem Ohr als gesonderte *i-* oder *j*-ähnliche
Erscheinungen aufgefasst zu werden pflegen. —

4. Die Einheit des *n*-Nasals hat schon Littré, der nicht
Phonetiker war, richtig erkannt. „Ce son", sagt er in seinem
Wörterbuch, „est le même (?) que pour le *gn* italien (*degno*,
ignoranza) et le *ñ* espagnol (*España, n* con tilde); bien qu'il
soit figuré par deux caractères, c'est pourtant *une articulation
simple* et qui pourrait être représentée par *un seul caractère.*"
Dass freilich *gn* nicht nur auf deutschem, sondern auch auf
französ. Boden zuweilen *nj* gesprochen wird, ist richtig. So sagt
schon 1849 der Franzose Jullien in seinem „Cours supérieur
de grammaire", p. 13 (Paris): „Le *gn* qu'on entend à la fin de
digne et qu'on appelle quelquefois *n mouillé*, n'est pas prononcé
par tout le monde avec facilité. Quelques personnes y sub-
stituent l'*n* suivie d'un *i* très rapide, et disent *indinié* pour
indigné, vinioble pour *vignoble.*" Übrigens glaube ich, dass, wo
in Frankreich *gn* = *n* + *j* gesprochen wird, das *n* nicht, wie
gewöhnlich bei uns, rein dental, sondern palatalisiert erscheint
(oben 49, sub 2 a. E.), so dass diese vikarierende Lautfolge
sich von gemeinem *n* nicht allzu weit entfernt. —

5. Als Resultat der voraufgegangenen Erörterungen ergibt
sich:

a) Französ. *gn* ist ein mittelgaumiger Nasal.

b) Es ist ein einfacher Laut, daher in Lautschrift auszudrücken durch ein einfaches Zeichen (z. B. *n*).

c) Die bei uns vielfach gebräuchliche Analyse und Bezeichnung
des Lauts als -*nj,* -*nie* etc., d. h. rein dentales *n* + *j* oder
i ist irrig.

6. Schliesslich verdient noch Folgendes erwähnt zu werden.
Eine aus träger, lässiger Artikulation hervorgegangene, neuerdings in Frankreich Aufnahme findende Spielart des *n* ist die,
bei welcher die Mittelzunge zwar kräftig nach dem Gaumen
emporgewölbt, jedoch kein Verschluss mit derselben gebildet wird, so dass wir zwar auch einen nasalierten Laut er-

halten, aber einen Engelaut, keinen Halbschlusslaut; mit andern
Worten: der Laut ist eine Art nasaliertes *j*. Bezeichnen
wir die Nasalierung wiederum mit der Tilde, so hätte man
demnach einen Laut *j̃*; *campagne* = *kãpãj̃*, *enseigne* (*ãsæj̃*), *Sologne*
(*sǫlǫj̃*) etc. Dieser Laut ist nicht nachzuahmen. Vgl. da zuauch
die Bemerkungen Lange's in seinem trefflichen Artikel
„Artikulationsgymnastik", Körting's Zs., VIII[1]. —
7. Der obige Paragraph (49—49b) lag in vorstehender
Fassung bereits vor, als mir Passy's neueste Arbeiten über
das französ. Lautsystem zugingen. Seine Ausführungen über
die Lautwerte von *gn* sind interessant und — überraschend,
so dass ich mir nicht versagen kann, eine grössere Stelle zu
zitieren. Er sagt (Phon. Stud. I, 37 ff.): „Das palatale *n̩*, in
der gewöhnlichen Orthographie *gn* geschrieben, hat verschiedene
Aussprachen. Ich habe die folgenden beobachtet: 1. Ziemlich
hinteres, an der Grenze des harten und weichen Gaumens gebildetes *n̩* (Sievers' *n̩*[2]), ohne deutlichen *j*-Nachschlag. —
2. Eigentlich palatales *n̩*, am harten Gaumen gebildet, dem
ital. *gn* und dem span. *ñ* gleich; folgt ein Selbstlaut, so kommt
stets ein *j* dazwischen, oft ist auch ein leiser *j*-Vorschlag zu
hören, im Auslaut hört man gewöhnlich auch leises *j*. —
3. Nasaliertes *j*. — 4) *nj*, mit schwach palatalisiertem *n*, wie
immer vor *j*. Also

1. *rǫn̩e, ãsæn̩mã, ræn̩*.
2. *rǫn̩je, ãsæn̩mã, ræn̩j*.
3. *rǫjⁿe, ãsæjⁿmã, ræjⁿ* (unser *j*).
4. *rǫnje, ãsænjmã, rænj*.

Von diesen Aussprachen ist 1. die von Storm beschriebene;
Sweet nimmt (Hdb. 124) 2. als Regel, erwähnt aber auch 3.;
4. ist die den Fremden gewöhnlichste Auffassung, wird aber
von den Phonetikern überhaupt als ganz unfranzösisch ver-
worfen. Nach meinen Beobachtungen ist 1. jetzt ziemlich
selten, wird nur beim Volk und hauptsächlich auf dem Lande
gehört; 2. ist wohl mustergiltig, wird aber mehr vom
Volk als von den Gebildeten gebraucht; 3. ist kaum
mehr als nachlässige Aussprache von 2., indem statt Mund-
verschluss nur Mundenge stattfindet; 4. ist vielleicht die
die den Gebildeten gebräuchlichste Aussprache,

obgleich sehr wenige es erkennen, dass sie z. B. keinen Unterschied zwischen *Magnier* und *manier* (beides = *mânje*) machen. Ich weiss, d i e s e B e h a u p t u n g w i r d d i e m e i s t e n P h o n e t i k e r b e f r e m d e n, i c h h a l t e s i e a b e r f ü r g a n z u n a n g r e i f b a r." Soweit Passy. Die gesperrt gedruckten Stellen sind von mir hervorgehoben worden, da sie wichtig sind. Das sind ja überraschende und allerdings teilweise befremdende Belehrungen für die Phonetiker! Nun, die fachliche Diskussion der nächsten Jahre dürfte aus diesem Widerstreit der Meinungen endlich das Unanfechtbare feststellen. Zunächst ist es sehr wichtig, endlich einmal die Ansicht eines gewiegten französ. Phonetikers über das vielberufene *ñ* zu hören.

4. L i q u i d e : *l, r.*

50. 1. Der französ. *l*-Laut ist wesentlich der gemeindeutsche. Die Artikulation geschieht in der Mittellinie des Mundes zwischen Zahnscheiden und Oberzähnen; vor und nach hinteren Vokalen, namentlich *u (lu—, —ul)*, scheint die Berührungsstelle an den Alveolen selbst zu liegen: a l v e o l a r e s *l.* In der Nachbarschaft gutturaler Vokale tritt für *l* ausserdem leichte Lippenrundung ein; vor Palatalen, besonders *i* und *j,* findet leichte Hebung der Mittelzunge nach dem Gaumendache hin, also Palatalisierung statt. Zur Bildung eines reinen Stimm-*l,* wie es das französ. in der Regel ist, müssen die beiden seitlichen Ausflussöffnungen weit genug sein, um dem Stimmstrom ungehinderten Austritt zu gestatten; daher sind die seitlichen Zungensäume von den inneren Backenwandungen genügend abzuziehen und der Zungenkörper massig zu verschmälern. Geschieht dies nicht, liegt vielmehr die Zunge flach und breit im Munde, sind also die Seitenkanäle verengt, so versetzt der Expirationsstrom diese dünnflächigen Lateralsäume leicht in Flatterbewegung, wodurch dem Laute ein Geräusch beigemischt, dessen reiner Stimmcharakter also getrübt wird.

2. Die gewöhnliche Bildung des *l,* auch des französ., ist, dass der Stimmstrom durch b e i d e Seitenöffnungen abfliesst: sog. b i l a t e r a l e s *l;* individuell, aber häufig genug, kommt jedoch

auch diejenige Bildung vor, bei welcher die eine Öffnung ganz
oder fast ganz verschlossen wird, so dass die Luft nur oder
fast nur durch die andere streicht: sog. u n i l a t e r a l e s *l.*
Die Differenz der beiden Bildungsweisen tritt akustisch kaum
merklich hervor; es dürfte daher gleichgiltig sein, welcher derselben man sich bedient.

3. Eine Abart des regulären *l* ist das sog. l a t e r a l e, welches
nur, oder in ausgeprägter Bildung nur, nach *t* vorkommt. Der
Verschluss wird hier, anstatt nach vorn oder nach hinten (velar),
s e i t l i c h (lateral) gelöst, wodurch natürlich auch das *l* seitlich
gebildet werden muss. Diese *l* werden unter dem Einfluss des
voraufgehenden *t* halb, wofern nicht ganz stimmlos und reibelautartig. Man könnte sie etwa als eine laterale Affrikation
des *t* bezeichnen (vgl. auch oben l a t e r a l e V e r s c h l u s s l a u t e),
anderseits wiederum als eine Art Agglutination, da beide Laute
(t + l) fast als e i n s betrachtet werden können, indem beiden
(ähnlich wie *t + n*) die Kontaktstelle gemeinsam ist. Beispiele
sind *atlas, atlantique* u. a. Devokalisiert wird *l* ganz gewöhnlich
im Auslaut: *cible (sibḷ), fable (fabḷ), scigle (sᵃgḷ), meuble (mœbḷ),
peuple (pœpḷ).* In der Umgangssprache fällt es in solchen
Fällen häufig fort, also *pœp, tăb, sᵃg, mœb, sib;* doch ist zu bemerken, dass die auslautende Media (*b g*) hier n i c h t, wie
sonst, mit s t i m m h a f t e m off-glide (final glide) absetzt, eine
Erscheinung, die sich erklärt durch rückwirkende Assimilation
des in Wegfall gekommenen (devokalisierten) *l̥*. Danach ist
z. B. *table* mit reduziertem *l* nicht *tăb[a]*, sondern vielmehr *tăb[ə]*.
Eine originelle Sandhi-Erscheinung, da das assimilierende *l̥* fortgefallen und die partielle Angleichung geblieben ist.

51. 1. Wie im Deutschen, so existieren auch im Französ.
zwei Haupttypen von *r*-Lauten, ein v o r d e r e r und ein h i n t e r e r,
ein Z u n g e n s p i t z e n - *r* und ein Z ä p f c h e n - *r*. Jenes wird oft
auch l i n g u a l e s, weil mit der Zunge (aktiv) gebildetes, oder
a l v e o l a r e s, weil an den Alveolen artikuliertes, oder endlich
auch *r¹* genannt; dieses wird auch als u v u l a r e s, weil mit
der u v u l a, dem Zäpfchen, gebildetes, nicht selten auch, aber
ungeeignet, als g u t t u r a l e s, weil mit der „Kehle" erzeugtes,
endlich als *r²* bezeichnet. A r t i k u l a t i o n v o n *r¹*: Die Zungen-

spitze liegt genau an der konvexen Wölbung der Zahnscheiden; die Zungensäume berühren die inneren Backenwandungen; Kieferwinkel von i, also kleinstes Mass; Lippen unbeteiligt; Stimme. Durch den Ausatmungsstrom wird die Zungenspitze von den Alveolen abgedrückt, kehrt aber vermöge ihrer Elastizität augenblicklich in ihre frühere Lage zurück. Dies wiederholt sich mehrmals, so dass regelmässige Schwingungen (Vibrationen) erzeugt werden, durch welche der Stimmton in regelmässigen Pausen gehemmt (intermittiert) erscheint. Diese Schwingungen also werden, vermöge des Expirationsstroms, aktiv erzeugt von der Zunge(nspitze); daher Zungen- oder Zungenspitzen-r. Artikulation von r^2: Die Vorderzunge liegt an der Innenfläche der Unterzähne. Zäpfchen und Zungenwurzel nähern sich einander. Diese letztere bildet in ihrer Mittellinie eine Längsrinne oder Furche, in welcher das Zäpfchen — vom Stimmstrom nach vorn gedrückt, vermöge seiner Elastizität aber immer wieder zur früheren Lage zurückkehrend — frei hin und her schwingt. Die Vibrationen werden also hier von der Zunge nur passiv unterstützt, aktiv aber vom Zäpfchen erzeugt, daher Zäpfchen-r. Dieser Laut ist nur eine substituierende Nachbildung* des echten (ursprünglichen) Zitterlautes, der allein r^1 ist. Die stimmhaften Vibrationen von r^2 werden nur selten von frikativer Beimischung rein hervorgebracht. Zur reinen Bildung gehört, dass die Längsfurche der Zungenwurzel ziemlich tief gebildet und das Gaumensegel nicht zu sehr gesenkt werde, damit das Zäpfchen frei und ungehindert schwinge. Geschieht dies nicht, nähern sich vielmehr Velum und Zunge einander zu sehr, so wird eine Enge gebildet, infolge deren das Zäpfchen nicht oder nur mangelhaft schwingen kann und ein Flatter- oder Kratzgeräusch entsteht, das mit der stimmlosen Gutturalspirans (dem deutschen *ach*-Laut) viel Ähnlichkeit hat.

    * **Anm.** Daher auch „Substitutionszitterlaut" (Sievers u. A.) genannt.

    2. In Frankreich werden, wie in Deutschland, beide r gesprochen, aber deren Geltungsgebiet ist verschieden. In alter Zeit bis spät ins Mittelalter hinein war r^1 wohl ausschliesslich im Gebrauch. Da brachten um die Mitte des

17. Jahrhunderts affektierte Neuerer, an ihrer Spitze die „Précieuses" in den Pariser Salons, den unschönen Rivalen in die Mode, der sich dort festsetzte und seitdem aus denselben nicht wieder verschwunden ist. Ja, er hat seine Herrschaft von der allmächtigen Metropole nach den willig sich fügenden Provinzen ausgedehnt. Heutzutage dürfte Zäpfchen-*r* in den besseren Pariser Kreisen als Standard-Laut gelten, und auch die grossen und kleinen Provinzialstädte — rechtsseitig der Loire wenigstens — scheinen es mehr und mehr anzunehmen. In dem Masse aber, als dieses an Geltungsgebiet erobert, weicht naturgemäss Zungenspitzen-*r*, das bisher sich immerhin noch einer gewissen Vitalität erfreute, zurück und sinkt allgemach zu einer blossen landschaftlichen Eigentümlichkeit oder zur Sondergewohnheit gewisser Individuen und Interessekreise herab. Dies ist gewiss zu bedauern; allein wir müssen mit den Tatsachen rechnen. Ähnlich liegen die Verhältnisse in Deutschland, wo *r*¹ ja auch beständig zurückgedrängt wird. Das allmähliche Verschwinden dieser für die Lautgeschichte so interessanten Artikulation aus der höheren und Kolloquialsprache ist für Frankreich und Deutschland nur noch eine Frage der Zeit.

Anm. Über die französ. *r*-Laute vgl. vor allem Passy's bemerkenswerte Ausführungen in Phon. Stud. I, 34 ff. — Über die *r*-Laute im allgemeinen s. Trautmann's schöne Untersuchung im 3. Bd. der Anglia. Dazu desselben Vortrag auf dem 1. Neuphilologentag zu Hannover 1886 (Verhandlungen etc., Hannover, Karl Meyer, p. 39 ff.), und Phon. Stud. I, p. 63.

3. Anlautendes und postvokales auslautendes *r* ist im Landesfranzös. stimmhaft und ziemlich kräftig gerollt. Vor und nach Stimmlosen wird besonders *r*² stimmlos und spirantisch affiziert, so dass *carte* fast wie *káx¹t* (mit dem *ach*-Laut), *pâtre* fast wie *pa.tx¹* lautet. Für die Fälle zu *carte* dürfte die Transskription *r̥t* (+ *p*, *k*, *š* etc.; *kár̥t*) genauer sein, für die Fälle zu *pâtre tr̥* (*p*, *k* etc; *pa.tr̥*) genügen. Auch nach stimmhafter Konsonanz verliert auslautendes *r* oft den Stimmton: *sabre* (*sábr̥*), *cuivre* (*küi.vr̥*), *plaindre* (*pllã.dr̥*). In der Vulgär-, ja schon in der gewöhnlichen Umgangssprache ist die lautliche Degenerierung von auslautendem *r* nach (besonders stimmloser) Konsonanz bereits auf der Schwundstufe angelangt. So allgemein *quatre* (*kát*), *filtre* (*fil̦t*), *nacre* (*nák*), *bougre* (*bugĝ*, mit stimmlosem End-Glide!) u. s. w. Intervokal im Taktgefüge wird natürlich dieses *r* wieder lautbar: *quatre hommes* = *kátrʒɔm*.

Auch auslautendes nachvokaliges *r* wird von manchen nicht rein stimmhaft, sondern reibelautartig gesprochen, ähnlich der stimmhaften Gutturalspirans in etwa Berlinisch *Tage*. Diese Aussprachsweise jedoch beruht nur auf lässiger Artikulation und ist nicht nachzuahmen, ist auch in Frankreich noch nicht anerkannt.

52. Nach den voraufgegangenen Ausführungen stellt sich der französ. Konsonantismus — auf einfachste Verhältnisse reduziert — etwa so dar.

Französische Konsonantentafel.

	Lippen	Lippen u. Zähne	Vorder- zunge	Zungen- rücken	Zungen- wurzel	Stimm- bänder
Verschluss- laute	*p b*		*t d*		*k g*	(ʼ — fester Vokal- einsatz)
Reibelaute	*w* *w̥*	*f v*	*s z, š ž*	*j*		(*h*)
Nasale	*m*		*n*	*ń*		
Liquide			*l r¹*		*r²*	

Anm. Alle stimmhaften Formen kommen, im Sandhi, auch stimmlos oder geflüstert vor, so z. B. *b̦ d̦ ĝ*, *w̥ ẅ̥*, *r̦*, *z̦ ž̦* u. s. w.

Drittes Kapitel:

Charakteristische Züge französischer Lautbildung.

a) Artikulationsbasis.

53. Oben (25; vgl. auch 9, b) wurde bemerkt, dass jede Sprache eine besondere Neigung, ein Streben habe, ihre Laute als Einzelerscheinungen sowohl wie auch im Sprechgefüge (von einem gewissen Punkte — Indifferenzpunkte — aus) nach einer gewissen Richtung hin zu artikulieren und bei der Lautbildung durchgängig auch einen grösseren oder geringeren Grad der Energie der Artikulation zu beobachten. Eine solche Tendenz muss sich demnach auch im Französ. konstatieren lassen. Wir wollen versuchen, aus dem Material der voraufgegangenen Erörterungen allgemeine Gesichtspunkte zu gewinnen.

1. Was zunächst die Vokale angeht, so ist bemerkenswert die vollständige Ausbildung der vorderen oder Palatalreihe (*i e œ; ü ö œ*). Dies deutet hin auf ein Streben der Zunge nach vorgeschobener und, so zu sagen, hoher oder gehobener Artikulation, also auf eine Neigung nach vorn und nach oben. Ferner sind sämtliche betont vorkommende Vokale ausgeprägt eng (nur die drei stets unbetont vorkommenden *o ɛ ə* sind halbweit), was eine straffe Spannung der bei ihrer Bildung tätigen Teile des Lautrohrs voraussetzt; daher das Fehlen weiter *u, i, ü* etc. Die Rundung der Vokale erscheint ziemlich vollkommen und wird noch unterstützt durch mässige Vorstülpung der Mundöffnung; aber auch die ungerundeten Varietäten sind ausgeprägt gebildet, infolge der energischen spaltförmigen Verbreiterung der Mundöffnung; auch die Lippen spielen daher, neben der Zunge, eine aktive Rolle. Endlich ist bei der französ. Vokalbildung noch der häufigen Senkung des Gaumensegels zu gedenken, wodurch die nasale Resonanz zu wirksamer Entfaltung kommt, indem sie der Rede Wohlklang, Harmonie verleiht.

2. Von den Konsonanten finden wir viele weiter vorn gebildet als die entsprechenden unsrigen oder die englischen; vergl. *t d, n, s ś, j ĵ* etc. Statt des deutsch. engl. gutturalen

Nasals besitzt das Französ. den palatalen: hier ist also wiederum ein Streben nach vorgeschobener Artikulation erkennbar. Die Lippen, wo sie beteiligt sind, zeigen auch hier die gleiche muskuläre Straffheit wie oben. Weiter ist die enge Bildung hier noch konsequenter durchgeführt als bei den Vokalen; denn alle französ. Konsonanten sind e n g, also straff artikuliert. Daraus erklärt sich denn auch, dass der Geräusch- bezw. stimmhafte Charakter derselben deutlich hervortritt.

3. Diese einzelnen hervorstechenden Züge ergeben als Summe eine deutlich erkennbare Basis, nach welcher im Gefolge der Tätigkeit des Lautrohrs a r t i k u l i e r t oder o p e r i e r t wird. Man spricht daher auch von einer A r t i k u l a t i o n s - oder O p e r a t i o n s b a s i s der französ. Sprache. Jener einzelnen Züge beim mündlichen Gebrauch des Französ. gedenken, sie bei der Sprechtätigkeit sorgfältig beobachten und festhalten, heisst die französ. Sprachlaute mit nationaler, idiomatischer, genuiner, m. a. W. f r a n z ö s i s c h e r Artikulationsbasis bilden.

54. Es muss hier eindringlich auf die Wichtigkeit der Beobachtung einer solchen Artikulationsbasis hingewiesen werden. Wir haben natürlich eine solche, wie schon oben bemerkt, bei jeder grösseren Sprachgenossenschaft, ja selbst bei jedem kleinen Dialekte. Ihre Bedeutung tritt erst deutlich hervor beim Vergleich verschiedener Idiome. Vergleichen wir beispielsweise mit der französ. die e n g l i s c h e. Hier ist nahezu alles dem Französ. direkt entgegengesetzt. Die verbreitete Zunge lässt deutlich ein Streben nach rückwärts erkennen. Daher liegen die Artikulationsstellen der Vorderzungen- und Zungenspitzenlaute und auch der Vokale gegenüber den entsprechenden französ. entschieden zurück. Mit den Zähnen kommt die Zunge nur selten in Berührung, ihr vorderer Teil wird oft schaufelförmig (konkav) gebogen, was sich bei *t d, s z, š ž* und besonders auffällig beim *l* zeigt. Die Konsonanten sind alle weit, die Vokale fast alle; die wenigen engen, deren Existenz ohnehin bestritten ist (the narrowness of the English vowels is very incertain. S w e e t), sind keineswegs so eng wie im Französ., zeigen also l a x e r e A r t i k u l a t i o n. Die Rundung wird nicht durch Vorstülpung der Lippen gebildet, sondern durch seitliche

Kompression der Wangenpassage und Einziehen der Mundwinkel. Starke Verschiebung der Lippen in der Richtung der Längsöffnung — starke Entfernung resp. Annäherung der Mundwinkel, wie bei französ. *i—u* — findet nicht statt, so dass die Lippenlage, besonders bei den ungerundeten Lauten, fast indifferent bleibt. Dazu kommt eine leichte Vorschiebung des Unterkiefers. Diese Artikulationsweise erzeugt in ihrer Gesamtwirkung jenen wohlbekannten, für unsere Ohren dumpfen, etwas unbestimmten und verdrossen erscheinenden Klangcharakter des Englischen, der jedem aufmerksamen Beobachter auffällt.

55. Demgegenüber hat das **Französische** einen **beträchtlich höheren, helleren** und gleichsam schneidigeren **Klang.** Die prägnante Artikulation erzeugt prägnante akustische Wirkungen, die Straffheit und Sauberkeit der mechanischen Lauterzeugung saubere Lautprodukte, die sich für geübte Ohren auch im raschen Fluss zusammenhängender Rede noch von einander abheben. Dieser Umstand in Verbindung mit der häufigen Verwendung nasaler Resonanzen verleiht der französ. Sprache eine Bestimmtheit und Harmonie zugleich, die man bei andern modernen Kultursprachen vergebens sucht und die wesentlich dazu beigetragen haben, sie beim gebildeten Europa beliebt zu machen.

56. Zwischen den beiden Extremen der französ. und der engl. Artikulationsbasis schiebt sich als Vermittelungsglied etwa die **norddeutsche** ein. Von einer **deutschen** schlechthin, von einer **landesdeutschen,** kann man leider nicht reden, da auf vaterländischem Boden nichts als eine Unzahl mehr oder weniger anerkannter Dialekte gesprochen werden, und da die Lautsprache, die man κατ᾽ ἐξοχήν mit „Deutsch" bezeichnet, **immer provinzielle Lautfärbung** trägt. So **viele Dialekte, so viele Artikulationsbasen.** Es kann demnach auf die deutsche Artikulationsbasis hier nicht näher eingegangen werden. Jede einzelne ist bei der Darstellung jedes einzelnen Dialekts zu behandeln.

57. Der Nutzen dieser Vergleiche ist von praktischer Wichtigkeit: wir wollen uns aus denselben um so sicherer der

Artikulationsbasis bewusst werden, die bei einem zu erlernenden fremden Idiome zu beachten ist. Es ist von selbst einleuchtend, dass z. B. ein Engländer oder Deutscher, welcher mit der Erlernung der französ. Sprache beginnt, alle auf Lautbildung bezüglichen Assoziationen zuerst seinem Erfahrungs- und Vorstellungskreise entlehnt, daher die fremden Laute zunächst und lediglich mit der seiner Muttersprache eigentümlichen Zungen etc. - Stellung bildet, so dass dieselben unfehlbar ein fremdartiges Gepräge erhalten müssen. Und so umgekehrt. Für einen solchen Angehörigen einer andern Sprachgenossenschaft gilt es also, vor allem die Operationsbasis des zu erlernenden Idioms zu finden und diese bei sämtlichen fremdlautlichen Evolutionen konsequent festzuhalten. Dann ergeben sich die fremden Laute, bei sonst normaler Bildung der Sprechwerkzeuge, gleichsam von selbst. Es ist zu wünschen, dass dieser wichtige Hinweis vom Lernenden nicht unterschätzt werde.

b) Praktische Beobachtungen und Winke.

58. Im Anschluss an diese Paragraphen und an früher Gesagtes wollen wir, teilweise wiederholend, für Nord-, Mittel- und Süddeutsche je einige Bemerkungen folgen lassen, an denen summarisch gezeigt werden soll, worauf bei der französ. Lautbildung besonders zu achten ist. Wie gesagt, machen diese rasch überblickenden Notizen auf Vollständigkeit keinen Anspruch; sie sollen nicht sowohl zur Belehrung dienen, als vielmehr zu weiterer Beobachtung anregen auf einem allerdings sehr ergiebigen Beobachtungsfelde.

1. a) Bezüglich der Vokale sind Nord- und Mitteldeutsche daran zu erinnern, dass ihre Längen gewöhnlich engen, ihre Kürzen weiten Formen entsprechen, was im Südd. und besonders im Französ. nicht der Fall ist. Hier also haben Süddeutsche einen Vorteil für sich, obwohl ihre engen Vokale, wie überhaupt alle deutschen, nicht so eng sind als die französ. Norddeutsche Anfänger werden bald bemerken, dass sie — dem Banne heimatlicher Gewöhnung

folgend — ziemliche Schwierigkeit haben, die enge Artikulation
eines Vokals auch bei der Kürze desselben sauber und energisch
festzuhalten. Sie mögen daher nicht versäumen, jeden beliebigen Vokal erst in enger, dann in weiter Form durch alle
überhaupt möglichen Quantitätsgrade — überlang, lang, mittelzeitig, kurz, unterkurz — bis zur völligen Geläufigkeit
durchzuüben. Dies ist eine recht nützliche Übung, die
Sicherheit und Gewandtheit verleiht.

b) Die im Französ. bei der Bildung gewisser Vokalgruppen
ziemlich ausgeprägte Lippenvorstülpung und jedenfalls ausgeprägte Rundung ist — von kleineren mundartlichen Gebieten
und individueller Gewöhnung abgesehen — im Landesdeutschen
nicht sehr entwickelt; besonders ist hier des Litteld.
zu erwähnen, das mit seiner ziemlich lässigen Lippenartikulation
und seiner Abneigung gegen Vokalrundung dem Englischen
ähnelt. Mitteldeutsche haben daher namhafte Schwierigkeiten,
es zu einer sauberen, ausgeprägten Lippenrundung im französ.
Sinne zu bringen und erlangen sie als sicheren Besitz gewöhnlich erst nach fleissiger, systematisch fortgesetzter Übung.
Was andererseits die starke Verbreiterung der Mundspalte
bei ungerundeten Palatalvokalen, besonders bei i, betrifft, so
existiert dieselbe wiederum nicht im Gemeindeutschen, ist also
von Nord und Süd gleichmässig zu beachten. — Von den
einzelnen Vokalen ist hier nur der Übung des $œ$ ($cœur$, $kœ.r$)
zu gedenken, das auf deutschem Boden — in rein französ.
Form wenigstens — nirgends heimisch ist.

c) Die Nasalvokale sind dem nord- und mitteldeutschen
Lautsystem fremd, im Süddeutschen existieren sie in aus-
gedehnten mundartlichen Gebieten; doch sind Süddeutsche auf
die tiefere Gaumensegelsenkung und die weiten Mundöffnungen
der französ. Formen aufmerksam zu machen. Mitteldeutsche,
namentlich Sachsen und Thüringer, verwechseln die französ.
Nasalvokale nur zu häufig mit dem Nasalkonsonanten y. Über
den Unterschied in der Bildung s. oben bei den Nasalvokalen.
Es ist also sorgfältig darauf zu achten, dass mit Velum und
Zungenrücken nicht ein Verschluss gebildet, sondern dieselben einander nur genähert werden.

d) Endlich ist für Nord und Süd des französ. leisen Vokaleinsatzes zu erwähnen — einer Kehlkopffunktion, die angesichts des bei uns im Anlaut vorzugsweise geltenden festen Vokaleinsatzes für Anfänger nicht ohne Schwierigkeit ist. Der Lernende muss daher von seinen beiden heimatlichen Einsätzen — dem festen (*Aal* = '*a.l*) und dem stark gehauchten (*Haar* = *ha.r* = '*ar* = *ɑar*) — abstrahieren und einen neuen üben: den leise gehauchten (*âme* = *a.m*).

2. Bezüglich der Konsonanten sind gegenüber den Norddeutschen Mittel- und Süddeutsche insofern im Nachteil, als sie keine stimmhaften Verschluss- und Reibelaute besitzen. In der am wenigsten günstigen Lage befinden sich wiederum die Mitteldeutschen (besonders Sachsen, Thüringer, Schlesier, teilweise Kurhessen), welche nicht allein den Stimmton zu *b d g*, *w* (*r*), *s* (*z*), *š* (*ž*) u. s. w. zu lernen, sondern auch den Grad-unterschied in der Expirationsstärke („fortes"—„lenes") zu machen, also *t* von *d*, *p* von *b*, *k* von *g* (diese letzteren wenigstens Provinz Sachsen und ein grosser Teil des Königreichs), *f* von *v* u. s. w. zu unterscheiden haben. Süddeutsche haben den Stimmton einzuüben und die Artikulationsenergie zu verschärfen, Norddeutsche die Aspiration bei *p t k* zu meiden. Zu beachten ist noch für Süd- und Mitteldeutsche die labiodentale Bildung des französ. *v*. Ein schwieriger Laut für alle ist das palatale *ɲ*, worüber s. oben 49, 3 u. ff. In einigen Gegenden Deutschlands, z. B. in Mecklenburg, in Westfalen, in Thüringen (Südwest-abhang des Thür. Waldes: Brotterode, Steinbach-Hallenberg, Liebenstein, Schmalkalden etc.) wird mundartlich ein dem Engl. ähnliches *l* gebildet mit schaufelförmig zurückgebogener Zungenspitze und leicht gehobener Zungenwurzel, wodurch dasselbe einen dumpfen, mehr vokalischen, etwas *r*-haltigen Klang erhält. Da man diesen Laut auch von Gebildeten sprechen hört, so ist auf denselben aufmerksam zu machen. Diese *l*-Varietät ist ganz unfranzösisch. Auch die Süd-deutschen haben ihr *l* nicht mit dem französ. zu verwechseln, da dieses alveolar, das südd. aber dorsal ist (gebildet mit vorderem Zungenrücken (Blatt) und Oberzähnen), worauf zuerst Breymann aufmerksam machte.

Das in Frankreich mehr und mehr in Aufnahme kommende Zäpfchen-r (r^2) finden Nord- und Mitteldeutschland in ihren Lautsystemen bereits vor. Berliner — auch gebildete! — und andere Norddeutsche sprechen jedoch diesen Laut im Wortinnern und -ende häufig mit ganz loser Annäherung von Zungenrücken und Zäpfchen, so dass derselbe nicht nur des Rollens gänzlich entbehrt, sondern auch fast vokalischen Charakter annimmt und nur ganz schwach an r^2 erinnert. *Berliner=bär'li.nər* lautet nach dieser Aussprache fast *bä'li.nä* oder *bä'li.nə* (ə=fast *e* in nordd. *Gabe*). Diese Bildungsweise ist im Französ. zu vermeiden. — Süddeutsche sprechen fast nur gerolltes Zungenspitzen-r (r^1), das sie (nach 51, 2) auch im Französ. verwerten können; es wird jedoch nützlich sein, wenn sie sich auch mit dem „Substitutionszitterlaut" (r^2) vertraut machen, was freilich vielen namhafte Schwierigkeiten bereitet. In Bayern (Oberbayern, Franken etc.) existiert er neben r^1, aber fast reduziert. So sprechen die Franken *Bamberg* fast $= bamba^{(i)}\chi$, *Forchheim* fast $= fo^{(i)}\chi aim$.

3. Bei der Bildung der französ. Laute haben Nord-, Mittel- und Süddeutsche ihr Hauptaugenmerk zu richten auf Straffheit, Energie, Sauberkeit der Artikulation. Im allgemeinen dürften — natürlich nicht infolge etwaiger besonderer „Veranlagung", sondern lediglich infolge gewisser günstigerer Vorbedingungen ihrer resp. Lautsysteme — zur Erlernung der französ. Aussprache Norddeutsche sich besser eignen als Süddeutsche und diese wiederum besser als Mitteldeutsche, besonders Sachsen und sächsische Thüringer. Der etwas schreiende Eindruck, den besonders das Sächsische macht und durch den es in diametralem Gegensatz steht zu dem für das Ohr angenehmen, durchaus sonoren Lautcharakter des Französ., kommt namentlich daher, dass dem Sächsischen fast völlig die Lippenrundung abgeht, dass der Mund beim Sprechen gewöhnlich stark geöffnet, der Laut mehr im Hintermunde gebildet, der Kehlkopf stark gehoben und dessen Tätigkeit überhaupt sehr in Anspruch genommen wird. Die häufigen brüsken Lauteinsätze mit geschlossener Stimmritze (man vgl. *ge.niχ* statt *kö.niχ*, *gälgopf* statt *kä.lkopf* — die *g* mit sehr festem Einsatz) tun dem musikalischen Klangcharakter der Mundart starken

Eintrag. Zudem scheint oft mit Kopf- anstatt mit Bruststimme gesprochen zu werden. Dagegen vergleiche man das Französ. mit seiner harmonischen Verwendung des Bruststimmtons, seiner aktiven (Zungen- und) Lippentätigkeit, seiner vorgeschobenen Artikulation, wodurch der Mundkanal verlängert, der Resonanzraum mehr geschlossen und vergrössert, der Kehlkopf entlastet, der sonore Charakter der Laute wesentlich gefördert wird. — Danach hat der Sachse — nicht allein er von den deutschen Stammesgenossen, aber er vorzugsweise — bei Erlernung der französ. Lautsprache namhafte Schwierigkeiten und solche ganz eigener Art zu überwinden.

4. Es ist nun gewiss eine unbequeme Sache, wenn einem in der eigenen Mundart, die uns auf Schritt und Tritt begleitet, ein so klettenhaftes Hindernis mit auf den Weg gegeben ist. Glücklicherweise, und zum Trost für alle Lerner fremder Sprachen, gibt es ein absolut sicheres Mittel, sich von diesen mundartlichen Zufälligkeiten, denen von Haus aus mehr oder weniger ja jeder unterworfen ist, frei zu machen und sich auf einen allgemeinen, weit unabhängigeren Standpunkt emporzuarbeiten. Dieses alleinige Mittel ist das Studium von der Natur und Bildungsweise der Sprachlaute, das Studium der allgemeinen Lautwissenschaft oder Phonetik. Für umfänglichere wissenschaftliche Zwecke ist ein tieferes Eingehen in dieses Studium unbedingt erforderlich; für die Zwecke, welche diese Schrift verfolgt, dürfte vorerst das in der Einleitung und später Gegebene genügen. Die Hauptsache bleibt immer, den hier mitgeteilten Stoff, der für manche neu sein mag, zu durchdenken, durchzuprüfen, an praktischen Beispielen zu üben, kurz gründlich durchzuarbeiten. In welcher Weise und inwieweit seine Müh' für später nutzbringend sich erweist, wird der Lernende dann bald erkennen.

Zweite Abteilung.

Synthese der französischen Laute.

Einleitendes.

59. Den Gegenstand unserer Untersuchung haben bisher im wesentlichen nur gebildet die französischen Sprachlaute als Einzelerscheinungen, als Artikulations- und Klangobjekte von fixierter, stationärer Bildungsweise. Nun ist von selbst einleuchtend, dass diese isolierten Lautelemente gleichsam nur die Bausteine sind, aus deren Zusammensetzung das Sprachgefüge besteht. Es ist daher weiter zu untersuchen, in welcher Weise dieselben Verbindungen mit einander eingehen und welche wesentlichen Erfordernisse bei diesen Verbindungen in Frage kommen, bezw. welche quantitative oder qualitative Veränderungen sich dabei der Beobachtung darbieten. Als natürlicher Gang der Untersuchung dürfte sich folgender ergeben. Die Sprachlaute sind einerseits Schallgebilde von sehr verschiedener Schallfülle, andrerseits Artikulationsgebilde, die mit Beziehung zu einander unter verschiedener Expirationsstärke hervorgebracht werden. Beide Momente zusammengenommen bilden die notwendige Grundlage der elementarsten Lautverbindung, die wir unter dem Namen der Silbe kennen lernen werden. Jede Silbe aber tritt längere oder kürzere Zeit in die sinnliche Wahrnehmung: dies führt zur Quantität oder Dauer der Laute. Weiter pflegen aufeinanderfolgende Silben, gleichwie aufeinanderfolgende Laute, nicht mit der gleichen, sondern mit verschiedener Expirationsenergie ausgesprochen zu werden, indem auf gewisse ein grösserer oder geringerer Nachdruck gelegt wird. Ferner pflegt wie in aller menschlichen Rede, so auch im Französ. die Stimme nicht einförmig fortzutönen, sondern, einer psychologischen Forderung entsprechend, fortwährend auf- und niederzuschweben und so eine Art musikalisch-rhythmischer Kadenz, eine Modulation, zu erzeugen. Endlich sind die einzelnen Laute bei ihrer Berührung und Verbindung insofern wechselseitig abhängig, als sie artikulatorisch und akustisch in der verschiedensten Weise aufeinander einwirken, was durch zahlreiche Agglutinations-, Assimilations- und Dissimilationserscheiuungen zum Ausdruck kommt. Diese aus der Berührung und Verknüpfung der Sprachlaute sich ergebenden Veränderungen derselben fassen wir zusammen unter dem Namen der Sandhierscheinungen.

Die Reihenfolge der zu behandelnden Fragen ist also diese: 1. Silbenbildung. 2. Quantität (Dauer). 3. Nachdruck. 4. Modulation (Tonhöhe, Tonfall). 5. Sandhi-Erscheinungen.

Erstes Kapitel: Silbenbildung.

a) Grundfragen: Schallstärke der Laute. Expirationsenergie. Lautintensität.

60. Die Vernehmbarkeit menschlicher Rede ist zunächst abhängig von der natürlichen Schallstärke der Laute in Verbindung mit dem Grad von Expirationsenergie, mit der sie vom Sprechorgan hervorgebracht werden. Wir bedürfen daher zum Bau der Silbe vor allem dieser beiden Faktoren, die einer näheren Betrachtung zu unterwerfen sind.

61. Die natürliche Lautbarkeit oder Schallstärke der Laute ist sehr verschieden. Sie wird bestimmt teils von der grösseren oder geringeren Erweiterung des vom Lautrohr gebildeten Schallraums, teils von der Mitwirkung bezw. dem Unterbleib des Stimmtons. Der letztere ist hier besonders wesentlich. Danach haben die grösste Schallfülle die stimmhaften Laute κατ' ἐξοχήν, die Vokale; die geringste die stimm-

losen Konsonanten. Unter den Vokalen wiederum sind die
wesentlichsten die mit grösster Mundöffnung, also die *a*-Laute,
während die Vokale mit kleinerer und kleinster Mundöffnung
bezw. grösster Verengung der Mundhöhle von ihrer Lautbarkeit
(Sonorität) entsprechend einbüssen. Auf die Vokale folgen
die vokalähnlichen Konsonanten (Nasale und Liquide), da diese
nicht nur gewöhnlich den Stimmton haben, sondern auch aus
einer den Mund nicht prägnant verengenden Artikulation hervorgehen. Hierauf folgen die noch übrigen Konsonanten, und
zwar erst die stimmhaften Reibe- und Verschlusslaute, dann
die stimmlosen. Nach Passy lässt sich für das Französische
bezüglich der Schallstärke der Laute folgende Reihe aufstellen;
1. Tiefe Vokale. 2. Mittlere. 3. Hohe. 4. Stimmhafte Nasale.
5. Stimmhafte Liquide. 6. Stimmhafte Reibelaute. 7. Stimmlose Reibelaute. 8. Stimmlose Liquide. 9. Stimmlose Nasale.
10. Stimmhafte Verschlusslaute. 11. Stimmlose Verschlusslaute.
12. *h* — eine Einteilung, die wesentlich der von Merkel
(Laletik) und Vietor aufgestellten entspricht.

Von den stimmlosen Spiranten zeichnen sich besonders
die Zischlaute wegen der Intensität ihres Reibgeräusches
aus. — Die natürliche Schallstärke eines Lautes kann durch
die Einwirkung verschiedener Faktoren (Druck, Tonhöhe, Tonsenkung, straffe oder laxe Artikulation u. s. w.) potenziert
bezw. reduziert werden, so dass auf diese Weise ein an sich
schallschwacher Laut die Schallkraft eines stärkeren erreichen
kann, und umgekehrt. Doch gehört dies nicht weiter hierher.

62. Bezüglich der Expirationsenergie ist Folgendes
zu bemerken. Mit diesem Namen bezeichnen wir den grösseren
oder geringeren Kraftaufwand der ausatmenden Lunge bei der
Erzeugung eines gewissen Lautes. Die Vernehmbarkeit eines
solchen steht zu dessen Expirationsenergie in geradem Verhältnis: je grösser diese, desto deutlicher der Laut.
Es würde nun der Verständlichkeit einer Sprache wenig zu
gute kommen, wollte man je mehrere aufeinanderfolgende
Laute oder Lautgruppen mit völlig gleicher Expirationsenergie
hervorbringen, abgesehen davon, dass dies unnatürlich wäre.
In der Tat zeigen denn auch alle kultivierten Lautsprachen

ein natürliches Bestreben, die Druckgrade der einzelnen Lautverbindungen in stetem Wechsel herabzumindern bezw. zu
steigern, wodurch die Rede akustisch mannigfaltig und phonetisch
teilbar gemacht wird. Sehr deutlich wahrnehmbar ist z. B.
diese gegensätzliche Verwendung des Expirationsdrucks in den germanischen Sprachen, wo derselbe gegen das Ende einer Lautgruppe merklich abzunehmen pflegt, während im Französ.
einerseits die Markierung der verschiedenen Druckgrade weit
weniger hervortritt, andrerseits die grössere Expirationsenergie
regelmässig dem Ende einer Lautgruppe zustrebt. Hier steht
also das Französ. in direktem Gegensatz zu den germanischen
Sprachen.

63. Erst aus der Vereinigung der beiden in den vorigen
Paragraphen erwähnten Faktoren ergibt sich die sog. Lautintensität, d. h. die Stärke, mit welcher ein gesprochener
Laut in die sinnliche Wahrnehmung tritt. Nun fragt es sich,
welches der wichtigere der beiden Faktoren sei: die natürliche
Schallstärke eines Lautes, oder die Stärke des Expirations-
grades, m. a. W. der Druck, mit welchem er artikuliert wird.

Dies näher zu untersuchen, wählen wir die beiden Lautgruppen *fi—* und *—if*. Bei *fi—* ruht die grössere Schallstärke
(nach 61) auf dem Vokal, aber auch der grössere Druck verschiebt sich von *f* nach *i* hin; bei *—if* repräsentiert *i* wiederum
die grössere Lautbarkeit und gleichzeitig ruht auch der grössere
Druck auf dem Vokal. Allerdings könnte ich auch den grösseren
Druck auf den Konsonanten legen und sagen *f͞i—i͞f;* allein dies
verlangt einen eignen Kraftimpuls und ist nicht natürlich.

Das gleiche Verhältnis findet statt bei Gruppen wie
ta—at, pa—ap, ha—ap, li—il, ru—ur, u. s. w. Man sieht:
Druck und grössere Lautbarkeit sind hier vergesellschaftet,
sie treffen in ein und demselben Element zusammen; anders
gesagt, die Druckstelle richtet sich nach dem lautbarsten
Element. Wir können demnach folgende für die Silbenbildung
wichtige Tatsache feststellen: da im Französ. bei Laut-
kombinationen der relativ stärkere Druck (die
grössere Expirationsenergie) gewöhnlich in Verbindung
mit dem schallkräftigeren Element auftritt, so ge-

nügt in der Regel die grössere Schallstärke, um die
relative Intensität zweier aufeinanderfolgender
Laute zu bestimmen.

64. 1. Die Schallstärke allein genügt jedoch nicht, wo
es sich darum handelt, einen und denselben Laut (Sonor) so
hervorzubringen, dass er vom Ohr als mehrfach aufgefasst
wird. Hier kommt nun subsidiär hinzu die Expirationsenergie,
die aber auch nur in ganz bestimmter Weise tätig sein muss.
Gesetzt, ich nehme den Vokal a. Hier sind zunächst fünf
Fälle möglich. Der Vokal wird hervorgebracht 1. mit allmählich wachsendem Druck: crescendo $= \acute{a}$: 2. mit allmählich
abnehmendem Druck: decrescendo (diminuendo)$=\grave{a}$; 3) crescendo
$+$diminuendo: $\hat{a}$; umgekehrt: $\check{a}$; 5) gleichmässig gehalten: $\bar{a}$.
Es wird angenommen, dass in allen fünf Fällen ich den Laut
aushalte, nicht dazwischen absetze; aber auch wenn ich a noch
so lange kontinuiere, habe ich doch immer den Eindruck der
Einheit: ich habe im wesentlichen langes a. Es ist jedoch
ein sechster Fall möglich, der nämlich, bei welchem der Druck
plötzlich geschwächt, herabgesetzt und ebenso plötzlich wieder
verstärkt wird, so dass man hat: $a = \overset{>}{a} = \overset{\frown}{a}\overset{\frown}{a} = aa$. Hier
macht der Vokal nicht mehr den Eindruck der Einheit,
sondern den der Zweiteilung bezw. der Vielheit überhaupt,
je nach der Wiederholung der plötzlichen Expirationshübe.
So kommt z. B. ein viermaliges a vor in dem Satze: Papa a
à aller à Paris (Beisp. nach Passy).

2. Man sieht: um einer Lautfolge oder einem einzelnen
Laute andern Lauten gegenüber den Charakter der Selbständigkeit, der relativen Abgeschlossenheit zu geben, bedarf
es einmal vorzugsweise der Schallstärke, das andere Mal der
Schallstärke verbunden mit einer gewissen Verwendung des
Drucks, insofern ein brüsker Wechsel, eine rasche Diskontinuität
der Expiration stattfinden soll. Dies führt notwendig zur Silbe.

b) Die Silbe.

65. Auf Grund der voraufgegangenen Erörterungen können
wir daher die Silbe erklären als einen schallkräftigen
Laut oder eine einen schallkräftigen Laut ent-

haltende Lautgruppe, die mit einem einzigen Atem-
hube ausgesprochen und von ihren Nachbarlauten
durch einen plötzlichen Druckwechsel getrennt wird.

66. 1. Wie wir früher sahen, bilden schallstarke Laute
ein wesentliches Erfordernis deutlicher Silbenbildung. Da nun
die Vokale zu den schallstärksten gehören, so werden sie
anzusehen sein als natürliche Repräsentanten, gleichsam als
Stützpunkte der Silbe, welche den Zweck haben, etwaige den
Vokal umgebende Laute geringerer Schallfülle zu tragen.
Man nennt sie daher auch silbige Laute, Silbenlaute
schlechthin, oder geradezu Silbenträger. Silbenstruktur
und Verständlichkeit einer Sprache sind daher
wesentlich abhängig von deren Vokalen. Die schallärmeren Konsonanten dienen nur dazu, die Sonorität der
Vokale noch mehr hervorzuheben und akustischen Wechsel
zu erzeugen. Das Ideal der Deutlichkeit wird in derjenigen
Sprache zu finden sein, in welcher — mit Sweet zu reden —
„je ein Konsonant von dem nächsten durch einen Vokal
getrennt ist", wie dies ja im Französ. annähernd erreicht
wird, da bekanntlich gerade diese Sprache, als Lautsprache
wenigstens, Konsonantenhäufungen möglichst vermeidet.

2. An den Silbenträger hängt sich von schallärmeren
Lauten, was derselbe zu tragen vermag. In mehrsilbigen
Verbindungen erscheint jener teils allein, teils nur von einem,
seltener mehreren Konsonanten begleitet, die ihm dann in
der Regel voraufgehen. Beisp: *mᵉ—zō, sä—sü, kä—drä,
mæ—zǫ—nᵉt, kä—tä—lä, ᵉ̈—sä—si—bi—li—te*, u. a. In einsilbigen Wörtern erscheint der Silbenträger entweder allein,
oder mit voraufgehender oder nachfolgender Konsonanz, endlich von einfacher oder mehrfacher Konsonanz flankiert.
Beisp: *a.!* (Interj.); *ka (cas), mæ (mais), lü (lu); il, el, a.m*
(âme), äpt (apte), ᵉrs (erse), krrü (cru), pḷlä (plains) etc.; *kätᵣ*
(phonetisch einsilbig), *krribḷ, sibḷ, tmmæ.ᵣ, śisṃ, ptæ.t(r)* [in
der Volksaussprache], *læ.pr (lèpre)*, u. s. w. Die französ.
Sprache schiebt aber, ihrer Tendenz nach Vermeidung zu
grosser Silbenschwere folgend, sogleich dem folgenden Silbenträger einen Teil des konsonantischen Ballastes zu, sobald

5*

das Wort zweisilbig wird. So *kátę,* aber *kä—trræ.r;* so *læ.pr̨,*
aber *lę—prö;* so *krribl,* aber *kyri—blā.*

3. Eine Änderung in der Zahl der Silbenträger zieht
daher auch eine Verschiebung der Druckverhältnisse nach sich;
denn in *læ.pr̨* z. B. steigt der Druck von *l* nach *œ,* dem Silbenträger, empor, fällt aber hinter demselben jäh ab, indem die
schallschwache Gruppe —*pr̨* gleichsam wie ein Anhängsel
folgt: etwa *l͡æ.pr̨;* in *lę—prö* dagegen steigt der Druck von
l zu *ę* und fällt unmittelbar hinter demselben rasch ab, aber
nur, um bei —*pr̨r—* einen neuen Hub zu beginnen, der sich
zu *ö,* dem folgenden Silbenträger hin, beträchtlich verstärkt:
etwa *lę͡—pr͡rö.* Und so bei allen ähnlichen Fällen. Noch
deutlicher tritt die Verschiebung der Konsonanz und der
damit in Verbindung stehenden Intensitätsverhältnisse, je nach
der Silbenzugehörigkeit, hervor bei Wörtern mit kurzem
Stammvokal. In *læ.pr̨* ist die Zugehörigkeit von —*p(r̨)* zum
vorhergehenden Vokal immerhin noch lose; in *kâp (cape; rire
sous—)* dagegen ist *p* dem Silbenträger ganz eng angefügt,
so zu sagen agglutiniert *(k͡âp);* gleichwohl verschiebt sich *p*
samt dem Druck in *kâ—pɔt* sofort zum folgenden Vokal
(k͡â—p͡ɔt).

67. **1.** Nach dem oben Ausgeführten sind die natürlichsten
und besten Silbenträger die Laute grösster Schallfülle, d. s.
die Vokale. Aber auch die vokalähnlichen Konsonanten
(*m n, l r*) reichen in den Sprachen, in denen sie noch vollstimmhaft sind, wohl hin, eine Silbenstütze abzugeben; aber
ihre mehr untergeordnete Stellung zeigt sich doch bereits
darin, dass sie in der Regel nicht in Hauptsilben erscheinen. So sind beispielsweise im Kolloqu.-Englisch die
l, n der Wörter *able, steeple, mutton,* oder in bair. Eigennamen
wie *Riedl, Prächtl,* oder im Landesd. *Hafen (á.—fn̨)* silbenbildend. Im Französ. hingegen kommen silbige *m n* nicht
vor (höchstens etwa in dem Fluche *[sa]cré nom d'une pipe =
krrmmpip,* also in einer sprachlichen Korruption, und in
ähnlichen Ausdrücken); nur *l r* werden dahin gerechnet. Aber
auch diese haben, phonetisch gesprochen, nur einen gewissen
Anschein selbständiger silbischer Geltung; denn in *cible (sibl̨)*

z. B. ist die sorgfältige, mehr theoretische Aussprache allerdings *sibl*, mit stimmhaftem *l;* doch ruht auf demselben kein eigner Druck, so dass dem Laute das einem Silbenträger notwendig zukommende Intensitätsmass fehlt. In der rein theoretischen, phonetisch wertlosen, Buchstabieraussprache *si—blə* aber hat *l* bereits unsilbigen Charakter, indem die Stütze der Sekundärsilbe dem unbetonten *ə* zufällt. Die gebräuchliche, zur lautlichen Tatsache gewordene Aussprache von *cible* ist eben *sibl*, d. h. mit geflüstertem (stimmlosem), folglich schalldürftigem *l,* das sich mit *b* dem weit schallkräftigeren Silbenträger leicht anfügt. Daher ist *cible* nur nach den Gesetzen der graphischen Silbenteilung zweisilbig, phonetisch dagegen einsilbig; und selbstredend ist uns hier die phonetische Teilung allein massgebend. Das Gleiche gilt von der grossen Zahl analoger Fälle, auch von *r*, z. B. in *ka(.)dr (cadre)*. Folgen *l r* in ähnlichen Verbindungen auf Stimmlose, so tritt natürlich die Einsilbigkeit noch weit entschiedener hervor; vergl. *peuple (pœpl)*, *quatre (kátr)* u. a., die ja bereits ganz gewöhnlich *pœp, kát* lauten.

2. Einen ähnlichen Schein der Fähigkeit zur Silbenbildung, wie oben auslautende *l r*, erwecken im Französ. auch auslautende *b d g* infolge ihres gewöhnlich stimmhaften End-glide [ə]. Dass dies aber wiederum nur ein Schein ist, sieht man daraus, dass graphisch einsilbige Wörter mit End-*b d g* (also ohne geschriebenes *e*) ebenso auslauten wie graphisch zweisilbige mit wortschliessendem *b d g*+„stummem" *e*. Vgl. *bague (bá.g[ə])* und *grog (grɔg[ə])*, *globe (glɔb[ə])* und *Job (žɔb[ə])*, u. v. a. m.

68. Von dem Satze, dass in einer silbigen Lautverbindung der schallkräftigste Laut den Silbenträger bildet, gibt es nur dann eine gewisse Ausnahme, wenn wir den Begriff „schallkräftigster Laut" = Vokal setzen; denn in der Tat können völlig selbständige, begrifflich fixierte Lautverbindungen von silbiger Äquivalenz vorkommen, die keinen Vokal aufweisen. Freilich sind diese Verbindungen, wie überhaupt, so auch im Französ., selten. Es sei hier nur an die auch bei uns gebräuchlichen Interjektionen *pst, št, pf* etc., oder an das oben (67, 1) bereits erwähnte *(sa)cré nom d'une pipe = krnṃpip*, oder an *brr* u. dgl. erinnert. Übrigens zeigt, wie Sweet ganz richtig bemerkt, infolge des Mangels an

Vokalität in Verbindungen wie *pst, št, pf,* sich das Ohr nicht recht geneigt, den silbischen Wert dieser Konsonanten anzuerkennen. Zu beachten ist auch, dass in diesen Fällen die Silbenstütze dem **Dauerlaute** zufällt, der quantitativ, bezw. durch intensive Geräuschfülle, das Fehlen der schallkräftigen Stimme einigermassen zu ersetzen sucht; denn gewöhnlich werden die *s š f* von *pst, št, pf* sehr eng gebildet und ziemlich ausgehalten: *ps...t, š..t, pf..* (der Punkt bedeutet Länge).

69. So bleibt es für das Französ. doch bei dem Satze: Silbenträger *κατ' ἐξοχήν* ist der Vokal. Es fragt sich nun: können in einer Silbe nicht auch mehrere Vokale Verwendung finden? Die Antwort ist bejahend für das Deutsche, für das Englische, Griechische, Lateinische und für eine ganze Reihe anderer Sprachen; denn in diesen können zwei Vokale so miteinander verbunden werden, dass sie nur **einen** Expirationshub, also nur **eine** Silbe ausmachen: die **Diphthonge.** In der Regel büsst dabei der eine der beiden Komponenten von seinem vollvokalischen Werte nur insofern ein, als die Intensität mehr auf dem einen, gewöhnlich ersten, ruht und der zweite lässiger, flüchtiger gebildet wird, doch aber **Vokal bleibt.** Vgl. deutsch *Saum,* engl. *house,* griech. *καῦμα,* lat. *aurum,* ital. *aurora,* span. *cautivo,* etc. Diese (echten) Diphthonge gibt es im Französ. nicht (wenn man von gelegentlichen Verbindungen wie *à outrance = au-trrā.s* absieht); **überhaupt gibt es in dieser Sprache keine Diphthonge,** auch keine solchen, bei denen der Druck auf dem zweiten Vokalkomponenten ruht, also sog. **unechte;** wenigstens wird man von solchen nicht sprechen können, wenn man — mit den besten französischen Phonetikern — die unsilbig gebrauchten *i u ü* als wirkliche Konsonanten betrachtet. Vgl. hierüber das oben (43) näher Ausgeführte, worauf hier verwiesen wird, und Havet's ausdrückliche Erklärung: „Le français normal tel qu'on le prononce aujourd'hui à Paris ne possède *absolument aucune diphtongue.*"

Hieraus ergibt sich also für die Silbenteilung der französ. Lautsprache dieser einfache, aber wichtige Satz: die Silbenzahl steht zur Zahl der Vokale einer Lautgruppe im gleichen Verhältnis: m. a. W.: **so viel Vokale, so viel Silben.**

70. Da nun der Silbenträger der Vokal ist und auf
diesem die grösste Lautintensität ruht, so wird unmittelbar
hinter demselben eine Schwächung eintreten, die um so brüsker
sein muss, je geringer die Schallfülle des folgenden Lautes ist.
Hier also beginnt in einer Lautgruppe von mehreren Silben-
vokalen eine Wiederverstärkung des Drucks; hier liegt der
Anfang eines neuen Expirationshubes, folglich hier, unmittelbar
hinter dem Vokal, der Punkt schwächster Intensität, d. h. die
Silbengrenze. Daher pflegt in mehrsilbigen Wörtern oder
in Taktverbindungen der auf einen Silbenvokal folgende Konsonant, ja bis zu einem gewissen Grade die Konsonanten, zum
folgenden Vokal gezogen zu werden. Beisp.: *patin (pa—tä̃),
patarafe (pa̍ - ta̍—raf), majorité (ma̍—ʒɔ—ri̍—te), polarisation
(pɔ—la̍—ri̍—za—sʃö); écrire (ç—krri.r), espérer (ɛ—spç—re),
astreindre (a—strræ̃.dɽ); tremplin (trrã—pllä̃), amener (a—mne),
cadenas (ka̍—dna), nous avons appris (nu—za̍—vö—za̍—pɽri),
des hommes avides (dɽ—zɔm—za̍—vid), quel âge avez-vous?
(kæ—la.—ʒa̍—ve—vu), une âme élevée (ü—na.—mɽ—lre),* u. s. w.
Auf dieser Tendenz, der Anlehnung eines vorhergehenden (gewöhnlich konsonantischen) Lautes an den
folgenden Silbenvokal in Verbindung mit dem
offenen oder leisen Vokaleinsatz, beruht im Französischen das Satz- oder Taktsprechen, das ein viel
weiterer, phonetisch korrekterer Begriff ist als die
sog. Bindung einiger „Endbuchstaben". Beim Taktsprechen kommen oft auch gewisse Wortdoppelformen zur
Geltung, indem hier die ältere, ursprüngliche Aussprachsweise
mit noch lautbarem Endkonsonanten ihr Recht bewahrt hat
gegenüber der jüngeren Form, bei welcher der Konsonant ver-
stummt ist. Vgl. *grand (grã), méchant (mɛ̃sã);* aber *grand homme
(grã—tɔm), méchant enfant (mɽ—sã—tã—fã).* Siehe auch einige
der weiter oben angeführten Beispiele.

Beim Taktsprechen hat sich endlich auch das ursprünglich
lautende *n* der Schriftgruppe Vokal + *n* = jetzigem Nasalvokal
erhalten, das auch hier zur folgenden Silbe gezogen wird; so
sagt man: *ŏ—na̍—na̍—vü (on en a vu), æ̃—nɔrdɽ (un ordre),
sŏ—na.m (son âme), bŏ—na̍mi (bon ami);* übrigens ist zu bemerken, dass der Nasalvokal in diesen Fällen sehr abgeschwächt,

ja bei vielen sogar in den reinen Mundvokal übergeführt wird,
so dass obige Beispiele geradezu lauten: *lɔ—nɑ́mi, sɔ—na.m,*
ü – nɔrdr etc., wofern — wie öfters in der Volkssprache —
nicht etwa der Nasalvokal gebunden wird: *on* a = *ü͜ á.*

71. Wie oben gezeigt wurde, liegt die Silbengrenze inlautend bei mehrsilbiger Lautverbindung unmittelbar hinter
dem Silbenvokal: die Silbe lautet also hier aus, aber sie
bleibt gleichsam offen, ungedeckt: gedeckt, geschlossen
wird sie nur, wenn auf den silbigen Vokal ein Konsonant folgt,
der zum Silbenträger gehört, wie besonders in einsilbigen
Lautverbindungen. In jenem Falle spricht man daher von
offener, ungedeckter; in diesem von geschlossener, ge-
deckter Silbe. So sind die Teilungen von *raison* (*rɛ(.)—zõ*), *bâton*
(*ba(.)—tõ, beaucoup* (*bo(.)—ku*) offene Silben, wogegen *patte (pat),*
sac (*sak*), *coupe* (*kup*), *mince* (*mæ̃.s*) geschlossene sind. Natürlich sind diese Unterschiede phonetisch gemeint. Da im
Französ. die Silben grösstenteils vokalisch ausgehen, so sind
die offenen Silben die Regel. Nach Passy findet sich
der Vokal *e* nur in offener Silbe: *été* (*e—te*). Daher sagt man:
j'ai (*ʒe*), aber *ai—je* (*æ.ʒ*). Offenbar aus demselben Grunde
proférer (*prrɔ—fe—re* oder *prrɔ—fɛ—re*), aber *profère* (*prrɔ—fæ.r*).
abréger (*a—bre—ʒe*), aber *abrège* (*a—bræ.ʒ*), u. a. m. Daher ist
auch die Schreibung *cortège* (*kɔrr—tæ.ʒ*), *manège* (*mánæ.ʒ*) etc.
richtiger, weil phonetischer, als die früher selbst von der
Akademie gutgeheissene „—*ége*".

72. 1. Zum Kapitel von der Silbenbildung gehört endlich
noch die Lehre von der sog. Gemination der Konsonanten. Unter Gemination verstehen wir diejenige Art
der Lautbildung, bei welcher eine Herabsetzung
und Wiederverstärkung des Drucks (>—<), jedenfalls
also eine „Diskontinuität der Expiration", stattfindet, so
dass der Laut (Konsonant) den Eindruck einer Spaltung
in zwei Teile hervorruft, demnach doppelsilbigen Effekt
hat, ähnlich wie wir dies bereits oben bei $\overset{\approx}{a}$ = *aa* sahen. Bei
Dauerlauten lässt sich dieser Eindruck der Doppelbildung
leicht erzeugen, und zwar nicht sowohl dadurch, dass der
Konsonant eine längere Zeit als der einfache gehalten, sondern

indem vielmehr, wie in der Definition erwähnt, der Druck herabgesetzt und wieder verstärkt wird. Bei den Momentanlauten hingegen kann diese Abstufung der Expirationsenergie während des Verschlusses kaum stattfinden. Hier kann die Gemination nur in einem längeren Verweilen bei dem Laute bezw. in einer derartigen Verteilung des Verschlussprozesses bestehen, dass die Verschluss b i l d u n g dem v o r h e r g e h e n d e n Laute (Vokale), die Verschlussöffnung dem folgenden Laute deutlich zugehört. Die zwischen beiden liegende Verschluss s t e l l u n g ist bei stimmlosen Explosiven gleich einer schallfreien Pause, bei stimmhaften ausgefüllt durch das Ertönen des Blählautes. Physiologisch bedeutet die Verschlussstellung der Gemination bei stimmlosen Verschlusslauten Ansammlung des d e v o k a l i s i e r t e n, bei stimmhaften des v o k a l i s i e r t e n Luftstroms in der Mundhöhle.

2. Im Französ. kommt Gemination fast nur noch vor bei wenigen gelehrten Wörtern, die kaum jemals in der eigentlichen Volkssprache gebraucht werden; ausserdem beim Zusammentreffen gleicher Konsonanz verschiedener Wörter, also im Taktgefüge. Beispiele: *innê (in—ne)*, *illégal (il–legál)*, *illustre (il—lüstr)*, *illettré (il—lcetrré)*, *illisible (il—lizibl)*, *irrational (ir – rasjonál)*, *erreur (ar—ra.r)*; *il l'a dit (il—ládi)*, *il le loue (il.—lu)*, *fier Romain (fja.r—romä)*, *maître Rousseau (mae.tyr—ruso*, ganz verschieden von *me tyruso)*, *je ne frappe pas (fráp—pa)* u. s. w. Wegen der völligen Gleichheit der geminierten Laute wird ein *glide* zwischen beiden nicht gebildet, also die Artikulation nicht wiederholt; demnach ist — was hier ausdrücklich bemerkt werden mag — G e m i n a t i o n n i c h t g l e i c h D o p p e l k o n s o n a n z i n d e m S i n n e e i n e r z w e i m a l i g e n v o l l s t ä n d i g e n A r t i k u l a t i o n d e s s e l b e n L a u t e s, obschon die Gemination d o p p e l s i l b i g e n E f f e k t hat, was hier zu erörtern vor allem wesentlich erschien. Physiologisch ist die Gemination eine Sandhi-Erscheinung, indem eine zwei unmittelbar aufeinanderfolgenden Lauten gemeinsame Artikulation nur e i n m a l ausgeführt wird.

3. Schliesslich soll noch die Ansicht S w e e t's über den allgemeinen Unterschied zwischen Gemination und langem Konsonanten hier Platz finden, ein Unterschied, der natürlich

in gleicher Weise für das Französ. gilt. „The distinction
between long and double consonants, sagt er Handb. 261, is
purely syllabic. In ·at.a, ·al.a, the consonant positions are
simply held with uniformly diminishing force until the *a* is
reached, on which a new impulse begins. In *atta, alla,* the
consonants are held as long as in the former cases, but the
new force-impulse begins in the second half of the held
consonants, without waiting till the vowel is reached, which,
of course, breaks the sense of continuity."

Zweites Kapitel: Dauer.

73. **1.** Bei Besprechung der Qualität und des Mechanismus
der französ. Laute (oben zweite Abteilung) sind wir nennens-
werten Schwierigkeiten nicht begegnet; hier galt es, eine gewisse Anzahl im ganzen fester Klangwerte und Artikulations-
stellungen zu bestimmen, bezüglich derer die Ansichten der
Theoretiker nicht wesentlich auseinandergehen. Grössere
Schwierigkeiten bietet dagegen die Bestimmung der Dauer,
der Quantität, die eine mehr oder weniger bestrittene Lehre
bildet bis zum heutigen Tage. Weder diesseits der Vogesen,
noch auch jenseits herrscht Einigung in diesem Punkte. Es
wäre leicht, eine ziemliche Reihe geschätzter Orthoepisten
aufzuzählen, deren Vokalquantitäten oft nicht unerheblich von
einander abweichen. Manche berufen sich dabei auf bedeutende
Kanzelredner, Bühnendarsteller, Rhapsoden; andere erklären
ausdrücklich, mit dem reinsten Pariser Salon-Französisch völlig
vertraut zu sein und dieses Standard genau wiederzugeben;
u. s. f. Trotz dieser Vorsicht gehen dann die Angaben nicht
selten dergestalt auseinander, dass die einen als offenbare
Länge angesehen, was die andern als ausgesprochene Kürze
betrachten. Die Dauerbestimmungen und Notationen eines
Wailly, eines Nap. Landais, eines d'Olivet, Turgot,
Domergue, Malvin-Cazal, Feline, Colin, Éman Martin,
Cauvet, Lemare, Steffenhagen, Sachs, Littré,

Thurot, Trautmann, Vietor und, last not least, eines
Passy, eines französ. Phonetikers, d. h. eines hier in erster
Linie zuständigen Beurteilers, sind wohl sämtlich von zweifel-
haftem Werte gewesen; denn nun kommt ein französ. Ortho-
epiker, Anselme Ricard, und versichert uns in seinem
Système de la quantité syllabique, dass all diese Männer mehr
oder weniger schwer geirrt haben, indem er seinerseits ver-
sucht, die Resultate seiner Forschungen als die allein unanfecht-
baren zu akkreditieren. Angesichts solcher schier unvereinbar
scheinender Widersprüche darf man nicht zu streng urteilen,
wenn schon Quicherat in seinem Traité de versification franç.
sich den Quantitätsunterscheidungen der Orthoepisten gegenüber
überhaupt skeptisch verhalten, ja bereits im Jahre 1836 Sophie
Dupuis (Traité de prononciation ou Nouvelle prosodie française,
Paris) wohl gar über dieselben spötteln konnte. Übrigens
datiert dieses Schwanken in der Dauerbestimmung französ.
Vokale Jahrhunderte zurück. Nach Trautmann weisen bereits
Du Gardin (1620) und andere darauf hin, dass die Unterschiede der Dauer im Französ. nicht so gross seien wie im
Lateinischen, und Matthieu (1559), sowie Lartigaut (1669)
behaupten, das Französ. kenne einen „Unterschied zwischen
langen und kurzen Vokalen überhaupt nicht", ein Ausspruch, der die Ansicht der Dupuis nur rechtfertigen würde.
Auch Lemare sagt ja, dass „la distinction des syllabes en
longues et en *brèves* est peu importante . . . Celui qui ne sait
pas un mot de prosodie ne choque jamais l'oreille, s'il a soin,
lorsqu'il doute, de *tenir un certain milieu entre la longueur et
la brièveté"* (also im Zweifel alle Vokale mittelzeitig sprechen!).
2. Mag dem sein, wie ihm wolle — eins dürfen wir mit
Sicherheit aus dem eben Ausgeführten schliessen: wenn die
französische Vokalquantität Jahrhunderte lang zu solch wider-
sprechenden, einander oft schnurstracks entgegengesetzten
Urteilen Veranlassung gegeben hat und noch gibt, so kann sie
keinesfalls scharf ausgeprägt sein, sicherlich nicht so
scharf wie in den germanischen Sprachen, beispielsweise im
Deutschen und Englischen. Dieser Schluss entspricht denn
auch den tatsächlichen Verhältnissen. Dauerunterschiede
sind ohne jeden Zweifel vorhanden — das muss die

phonetische Untersuchung der französ. Vokale ein für allemal
konstatieren: aber freilich wird die Prägnanz dieser Unterschiede
besonders im Zusammenhang der Rede stark beeinträchtigt
durch die Wirksamkeit verschiedener Faktoren, durch Nachdruck, Stimmmodulation, Stellung, gegensätzliche Verwendung
in Verbindung mit gewissen Rücksichten der Satzlogik, u. s. w.
So haben wir die eigentümliche Erscheinung, dass
der franz. Vokal, der mit entschiedener Artikulation
erzeugt, ein qualitativ sauberes Klangbild darbietet, quantitativ mehr oder minder verschwom-
men, oder doch nicht scharf ausgeprägt erscheint.

3. Eine einigermassen scharfe Unterscheidung zwischen
Länge und Kürze existiert wohl nur für den betonten Vokal
des isoliert gesprochenen oder des taktschliessenden Wortes,
während inmitten des gesprochenen Taktes (Satzes) die unbetonten Längen oft zu Mittellängen reduziert, die betonten
Kürzen (obwohl seltener) zu solchen potenziert werden. Von
diesem Standpunkte aus hat die Ansicht, dass das Französ.
einen Unterschied zwischen langen und kurzen Vokalen überhaupt nicht kenne, einen gewissen Anschein von Berechtigung.

74. 1. Im Französ. pflegen von manchen Orthoepisten
(so auch neuerdings wieder von Ricard, der gewissenhaft
daran festhält und in der ungenügenden Sonderung der Gradunterschiede der Dauer vorzugsweise die Ursache der früheren
Irrtümer erblickt) drei Dauergrade unterschieden zu werden:
Länge, Mittellänge — auch Halblänge, Unterlänge,
Mittelzeit oder Überkürze genannt —, Kürze. Die entsprechende Bezeichnung würde sein: *a. a aͧ.* Zwei weitere
Grade: Überlänge (*a..*) und Unterkürze (*aͧͧ*) kommen im
Französ. kaum oder nur selten vor und sind für die Zwecke
einer praktisch veranschaulichenden Transskription völlig entbehrlich. Aber auch die beiden Stufen Halblänge und Kürze,
die allerdings zuweilen vorkommen, werden aus praktischen
Gründen zur Kürze vereinfacht, und nur bei besonders
markanten Fällen wird es sich empfehlen, auch die Mittellänge
zur graphischen Veranschaulichung zu bringen. Sonach bleiben
nur die zwei Stufen Länge und Kürze. Bezeichnung: für die

Länge ein rechts an der Basis des Lautzeichens gesetzter Punkt; Kürze bleibt unbezeichnet (*a. a*). Was diese vereinfachte Quantitätsbestimmung an minutiöser Genauigkeit etwa einbüsst, gewinnt sie reichlich an Klarheit der Lautschrift. Ohnehin ist der Unterschied zwischen „mittelzeitig" und „kurz" sehr gering, kaum wahrnehmbar und in den meisten Fällen wohl nur das Produkt individueller Auffassung.

2. Die Dauer der einzelnen Laute ist eingehend zu untersuchen in einer wissenschaftlichen Orthoepie; hier kann es sich nur um allgemeinere Gesichtspunkte, um Gruppen oder Kollektivfälle handeln, bezüglich derer die Quantität im ganzen feststeht.

3. Wirklich lang erscheinen die französ. Vokale fast nur in der Drucksilbe, obwohl selbst hier unter der Einwirkung starker Stimmmodulation zu Gunsten einer Nachbarsilbe leichte Dauerminderung eintritt. Im einzelnen gilt Folgendes. Die betonten Vokale sind lang:

a) vor stimmhaften Reibelauten: *mélèze* (*mɛlœ.z*), *mise* (*mi.z*), *base* (*ba.z*), *chose* (*šo.z*), *ruse* (*rü.z*), *Meuse* (*mö.z*); *plage* (*pˡlä.ž*), *collège* (*kɔlœ.ž*), *déluge* (*dˡlü.ž*), *ai-je* (*œ.ž*), *portai-je* (*pɔrtœ.ž*); *cave* (*kä.v*), *achève* (*ašœ.v*), *étuve* (*ɛtü.v*); *bataille* (*bätä.j*), *soleil* (*sɔlœ.j*), *brille* (*bri.j*). Doch werden an sich kurze oder mittelzeitige Vokale vor taktlautendem *s* (*x*) nicht gelängt; *nous avons* = *nuzävõ*, nicht *nu.z—*; *beaux habits* (*bozäbi*), *il n'est pas à plaindre* (*pazä—*).

b) vor *r*: *phare* (*fä.r*), *lard* (*lä.r*), *mère* (*mœ.r*), *perds* (*pœ.r*), *lierre* (*ljœ.r*), *store* (*stɔ.r*), *tort* (*tɔ.r*), *cure* (*kü.r*), *meurt* (*mœ.r*).

c) als Nasalvokale vor selbständig lautbarer, nicht erst im Takt lautbar werdender Konsonanz: *joindre* (*žwä̃.dˡr*), *rendre* (*rä̃.dˡr*), *sonde* (*sõ.dˡ*), *semble* (*sä̃.bˡl*), *ponte* (*põ.t*), *fiente* (*fjä̃.t*), *mince* (*mä̃.s*), *transe* (*trä̃.s*), *ils vinrent* (*vä̃.r*), *avalanche* (*ävälä̃.š*), *singe* (*sä̃.ž*). Also *põ.t* (*ponte*), aber *põtämusõ* (*Pont à Mousson*); *sä̃.t* (*sainte*), aber *sä̃tɔm* (*saint homme*), *grä̃.d* (*grande*), aber *grä̃täbärä* (*grand embarras*).

d) wenn mit Circumflex geschrieben: *île* (*i.l*), *âme* (*ä.m*), *portâtes* (*pɔrtä.t*), *flûte* (*flü.t*), *fête* (*fœ.t*), *jeûne* (*žö.n*); *hêtre* (*œ.tˡr*), *épître (epi.tr)*, *marâtre (mára.tr)*. Doch scheint neuerdings die Sprache hier eine Neigung zur Quantitätsminderung erkennen zu lassen. Dies zeigt sich besonders bei den Konjunktivformen des Imperfekts. Aber auch einzelne Wörter erscheinen schon nicht mehr lang, so dass die „Sosiété de réforme ortografique" dieselben bereits ohne Circumflex schreibt; so z. B. *gite = ḥit*. (Vgl. hierüber unten die Anm.)

e) gewöhnlich in Fremdwörtern vor lautbarer Endkonsonanz; *blocus (blǫkü.s)*, *myosotis (miɔzǫti.s)*, *cens (sã.s)*, *rasistas (razista.s)*, *kermès* oder *kermesse (kærmæ(.)s)*, *Minos (mino(.)s)*.

4. Die betonten Vokale sind **kurz**:

a) im direkten Auslaut, und zwar auch die Nasalvokale. Beisp.: *parti (pàrṭti)*, *fi, midi, loue (lu). seau (so)*, *mais (mæ)*, *dada (dàdà); vin, vingt, rins, vain = vɛ̃, ton (tõ), à jeun (àžæ̃), faon (fã), vends, vent, van = vã. allons (àlɔ̃)*.

b) im Auslaut, wenn gefolgt von stimmlosem Verschluss- oder Reibelaut: *cap, cape (kàp), cep (sæp). dot (dɔt), fat (fàt), sac (sàk), sec (sæk); œuf (œf), if, glace (glàs), atroce (àtṛɔs), cache (kàš), poche (pɔš)*. Bezüglich der stimmhaften Verschluss-laute ist die Quantität in den Endungen: Vokal $+ b\ d\ g$ sehr bestritten. Vgl. *fade, ambassade, bastide*, u. a. Es dürfte sich empfehlen, diese Endungen **mittelzeitig** zu sprechen.

c) gewöhnlich vor *l: salle, salc (sàl), sel (sæl), col, colle (kɔl), vil(e), scul (sœl), épagneul (epàñœl)*.

5. Für die **unbetonten** Vokale gilt dieses. Rückt der lange betonte Vokal in die unbetonte Silbe, so sinkt er in der Regel zur **Mittellänge**, zuweilen sogar zur Kürze herab. Vgl. *traîne (tṛræ.n), traînard (tṛrænà.r), brûle (brü.l), brûlant (brülà), grâce (gra.s), grâcieuse (graṣjö.z), hôt (o.t), hôtel (otæl), hôpital (ɔ͜pitàl;* mit entschieden kurzem *ɔ)*. Doch bleiben natürliche Längen, besonders in Verbindung mit Tonhöhe, nicht selten auch in unbetonter Silbe: *baron (ba(.)rõ), bâton (ba(.)tõ), château (ša(.)to), saison (sa(.)zõ)* u. a. Die drei nur unbetont vorkommenden Vokale: *ǫ ç ə* sind immer kurz, zuweilen sogar unterkurz, wenigstens *ǫ*, und sicher *ə*, nämlich in dem Falle, dass sie bis zur Grenze des einfachen Stimmgleitlautes reduziert werden. Beisp.: *préfère (pṛrefæ.r), aimer (eme), régner (reñe);*

potcau (poto), comment (kɔmū, kɔʊʊmū, kɔmū bis zu *k[a]mū),
relever (rɔlve), opiniâtreté (ɔpiniɑ(.)tʲrɔʊʊte),* u. a.

6. Allgemein ist schliesslich zu bemerken, dass die
Quantität der Vokale in unbetonten Silben sich noch weniger
bestimmt feststellen lässt als in betonten.

Anm. Vgl. oben zu 3, d. Bezüglich *gite* schreibt mir Passy:
„*Gite* sprechen wir auf dem Lande *(le gite d'un lièvre)* immer kurz; in
der Stadt erinnere ich mich nicht, das Wort gehört zu haben. Auf der
Bühne spricht man's lang; aber das ist wohl gekünstelt, wie *rî.* statt
vi. Ich weiss noch, wie Havet mir sagte: ‚Les accents circonflexes
sur *î* et *û* ne servent presque jamais: *abîme* est long, mais *gite* rime
avec *pommes de terre frites.*‘ So ist auch meine Aussprache für beide
Wörter.“

75. Es sind hier nur wenige Kollektivfälle aufgezählt
worden und möglichst nur solche, bezüglich deren die
Quantitätsfrage mit einiger Bestimmtheit beantwortet werden
kann. Die Erörterung der Einzelheiten gehört, wie gesagt,
in eine wissenschaftliche, also auf phonetische Forschungen
gegründete, Orthoepie. Natürlich weisen selbst diese wenigen
Gruppen Ausnahmen auf. Der französ. Vokal ist eben ein
leichtes, flüssiges Element, das im Munde des lebendigen
Franzosen sich an die Dauer nicht allzu ängstlich kehrt und
kaum je eine streng abgemessene Zeit in der sinnlichen
Wahrnehmung verweilt. Im Fluss der Rede verflüchtigt sich
dieses Element nur gar zu rasch, um dem hastig nachdrängenden
Lautgefolge Platz zu machen. Hieraus entsteht das Bedürfnis
nach quantitativer Minderung auch der natürlichen Längen,
und in der Tat zeigt das Neufranzös. deutlich die Tendenz,
seine Vokalquantitäten mehr und mehr zu kürzen. Sicherlich
existiert in dieser Beziehung bereits ein bemerkbarer Unterschied zwischen dem heutigen gesprochenen Französ. und dem
des vorigen Jahrhunderts. Hieraus erklären sich dann auch
viele der einander widerstreitenden Quantitätsbestimmungen
der Orthoepisten jener Zeit und derer unserer Tage. So
lehrt — um nur ein Beispiel anzuführen — der Abbé d'Olivet,
dass im Singular kurze Vokale im Plural lang seien, z. B.
sac = săk, sacs = sa.. Für die Zeit des alten Abbé mag
diese Bemerkung richtig gewesen sein, um so mehr, als auch

eine Reihe anderer Orthoepisten vor und nach ihm das Gleiche lehren; heute dagegen gilt für beide Formen nur eine Quantität: die Kürze. Übrigens muss auch darauf hingewiesen werden, dass kurze betonte Vokale mit silbendeckendem *p t k* einen prägnanteren Eindruck der Kürze machen, als offensilbige Vokale *(säk, sa.)*, da in jenem Falle durch die brüske Hemmung der Expiration das Zeitmass der Silbe viel schärfer abgegrenzt wird.

76. 1. Gewöhnlich wird nur die Quantität der Vokale in Betracht gezogen; doch sind auch die Konsonanten, je nach ihrer Verwendung, von verschiedener Dauer. Als Regel kann für das Französ. gelten, dass auslautende Stimmlose, gleichviel ob in der Schrift einfach oder doppelt erscheinend oder von stummem *e* gefolgt, nach kurzem Vokal an Dauer zunehmen. Beisp.: *cap, cape* = *käp(.), mappe (mäp[.]), dot, patte (pät[.]), sac, cric, rif, face, tache.* Andrerseits tritt nach langem Vokal eine Dauerminderung ein: *râpe, côte, fête, grâce, tâche* — mit kurzen oder halblangen *p t s š.* Die Sprache braucht eben zur Expiration einer Silbe ein gewisses Durchschnittszeitmass; was sie daher einem Vokal an Dauer nimmt, schiebt sie dem folgenden Konsonanten zu, und umgekehrt. Übrigens muss doch ausdrücklich bemerkt werden, dass die Quantitätsgrade der französ. Konsonanz keineswegs so deutlich in die sinnliche Wahrnehmung treten wie z. B. diejenigen der englischen, weshalb sie bei der Transskription füglich unberücksichtigt bleiben können.

2. Auslautende Stimmhafte scheinen auf den vorhergehenden kurzen Vokal so einzuwirken, dass sie ihren Stimmton einen Zeitbruchteil mit dem Vokale verbinden, wodurch dieser etwas gelängt, der Konsonant gekürzt erscheint, so dass vielleicht jeder halblang anzusetzen ist. Besonders ist dies der Fall in den Endungen —*ade*, — *ide*, —*ède*, —*abe*, —*ibe*, —*ibe*, —*obe* etc., sowie —*ane*, zuweilen —*ame*. Beisp.: *fade, boutade, placide, Suède, Souabe, crabe, glèbe, gobe, globe, profane, cane, madame.*

Andere Kollektivfälle lassen sich mit einiger Sicherheit nicht feststellen, weshalb sie hier von der Untersuchung ausgeschlossen bleiben.

3. Auch bei den Konsonanten stösst die genaue Fixierung der Quantität auf Schwierigkeiten, besonders wo es sich um Dauerlaute handelt. Diese bereits beim isolierten Wort bestehenden Schwierigkeiten vergrössern sich noch im Fluss der Rede, wo infolge der einander rasch ablösenden Artikulationen manche Quantitätsverschiebung und -minderung mit einhergeht. Eins ist unverkennbar: das heutige gesprochene Französisch mit seiner gleichmässig und rasch dahinschwebenden, rhythmischen Silben- und Taktbewegung drängt immermehr zu einem weitgehenden Ausgleich der Quantitätsdifferenzen. Der Kürze werden — für Vokale und Konsonanten — dabei starke Konzessionen gemacht.

4. Wegen des Unterschieds von langem Konsonant und Gemination s. oben 72.

Anm. Einige Phonetiker, wie Sweet, Victor, Franke, ja auch Passy, sehen alle franzö̈s. Konsonanten für kurz an. Nach einer sorgfältigen Prüfung der Frage möchte ich Bedenken tragen, dieser Ansicht beizutreten. — Die Angelegenheit ist vorzugsweise von wissenschaftlichem Interesse, praktisch kaum von Belang.

77. Zur Quantitätslehre ist schliesslich noch die wichtige Zusatzbemerkung zu machen, dass im Franzö̈s. Dauer und Klang unabhängig von einander sind, mit anderen Worten, dass die Qualität eines Lautes (Vokals) von Quantitätsunterschieden nicht beeinflusst wird. Die Einstellung und Verwendung der Artikulationsorgane ist bei Länge und Kürze die gleiche, straffe; daher ist z. B. *i u* gleich eng wie das lange *i. u.* — entgegengesetzt dem Norddeutschen und Englischen, wo die Artikulation bei der Kürze laxer, der Vokal also weit wird. (Vgl. oben 27 a. E.) Die beiden franzö̈s. *a*-Laute sind keine Ausnahmen von der Regel, da es schon an sich zwei qualitativ verschiedene Vokale sind, die beide straff gebildet werden. Zu *a.* in *pâte* kann es eine kurze, zu *à* in *sac* eine lange Form völlig gleicher Artikulation geben. In der Tat haben wir in der neuesten Sprache bereits ein langes *à*, z. B. in *part* (*pà.r*), *rare* (*rà.r*), *cage* (*kà.ž*).

Drittes Kapitel: Nachdruck.

78. Unter Nachdruck — Treff (Trautm.), Betonung, Ton, Accent, expirator. oder emphat. Accent, stress, emphasis — verstehen wir diejenige Verwendung der Expirationsstärke, vermöge welcher einzelne Laute, Silben oder grössere Lautgruppen beim Sprechen hervorgehoben und so der begrifflichen Charakterisierung des Satzes dienstbar gemacht werden. Diese Hervorhebung geschieht so, dass der Expirationsdruck entweder von einem grösseren zu einem geringeren Masse sich herabmindert (⇒), oder von einem geringeren zu einem höheren anschwillt (⇐). Die erstere Art der Nachdrucksverwendung ist besonders dem Deutschen und Englischen, die letztere dem Französ. eigen. Das crescendo- bezw. decrescendo-Verhältnis des Nachdrucks bedingt verschiedene Stärkegrade, deren gewöhnlich drei unterschieden werden: stark, mittelstark, schwach. Bezw. Bezeichnung: ˙a ⫶a -a. So ist z. B. im deutschen *Bedürfnis* die Silbe *be* schwach, *dürf* stark und *nis* mittelstark betont: *-be˙dürf⫶nis;* in *cwiglich e.* stark, *wi(g)* schwach, *(g)lich* mittelstark: *˙e.-wi⫶gliχ,* u. s. w. Ebenso im Engl. *˙fou-tə⫶græf* (*photographe*), ⫶*si-vi-lai˙zei-šən* (*civilisation*); im Franz. ⫶*mɛ-˙zõ,* *-ȧ⫶tā˙sjõ* (*attention*).

Die deutsche und die englische Sprache sind in der Differenzierung der Druckverhältnisse ziemlich mannigfaltig; gleichwohl genügt für praktische Zwecke in der Regel die blosse Angabe des starken Druckgrades, und selbst dieser wird für gewisse Kollektivfälle entbehrlich.* Ob und inwieweit dies auch für das Französ. gilt, ist im Folgenden zu zeigen.

> * **Anm.** Vgl. Sweet, Elementarb. des gespr. Engl., p. 19.

79. 1. Die Lehre vom Nachdruck ist im Französ. nicht minder, wenn nicht noch mehr, bestritten als die Quantitätslehre. „Man hat", sagt F. Franke, „wie man aus dem gleichmässigen Schlage des Uhrpendels die verschiedenartigsten Rhythmen heraushören kann, auch den französ. Wortaccent nach und nach nun schon auf nahezu allen denkbaren Silben

gehört". Namentlich stehen sich drei Ansichten einander
gegenüber:

a) Der „Wortaccent" (accent tonique) existiert im Französ.
nicht; alle Silben sind gleichmässig „betont";
b) er ruht auf dem Anlaut;
c) er ruht auf dem volltönenden Auslaut.

2. Die erste Ansicht wurde besonders in Frankreich, und
zwar von Nisard vertreten. Die zweite wurde in Deutschland
bereits im Jahre 1836 von Friedr. Rapp verteidigt und hat
erst neuerdings wieder einen beredten Fürsprecher gefunden
in T. Merkel, neuesten Datums bis zu einem gewissen Grade
auch in Wilh. Duschinski; in England wurde sie seit lange
vertreten durch einen naturalisierten Franzosen, Prof. Cassal,
und die ganze neuere Schule der engl. Phonetiker scheint sie
zu der ihrigen gemacht zu haben. Die dritte Theorie ist die
jetzt ziemlich allgemein als giltig angenommene und wird gestützt von Autoritäten wie Littré, Gaston Paris, Brachet,
Quicherat, Egger, Diez, Storm, Passy u. a. Diez sagt
z. B., dass die Stelle des Wortaccents nirgends leichter anzugeben
sei als im Französischen. „Die Wörter mit männlicher
Endung (wie plaisant) haben ihn auf der letzten, die mit
weiblicher Endung (plaisante) auf der vorletzten Silbe.
Das ist unläugbar, denn wir sehen die Dichter auf dieses Princip
ihre Verse bauen . . . Da das weibliche e allmählich zur Verstummung herabgesunken ist, so lässt sich die Regel noch einfacher fassen: im Französ. hat jedes zwei- oder mehr-
silbige Wort den Accent auf der letzten Silbe"
(Gramm. d. rom. Spr. I³, 508). Ähnlich äussert sich Gaston
Paris (Accent latin, 13): L'accent tonique est toujours en
français . . . sur la dernière syllabe sonore. Und ibid. p. 28:
L'accent latin persiste dans la langue française, c'est-à-dire que
la syllabe des mots français sur laquelle porte l'accent principal,
autrement dit la dernière syllabe sonore, est la même que celle
qui a l'aigu en latin. Im gleichen Sinne äussern sich Littré
in seinem Dictionnaire s. v. „Accent"; Quicherat, Traité de
versification fr., p. 14; Egger, Not. élément. de gramm. com-
parée, p. 16, u. v. a. Besonders eindringlich erinnert Auguste
Brachet in seiner „Grammaire historique", sowie in seinem

„Dict. étymologique" immer und immer wieder an die charakteristische „persistance de l'accent latin en français". Endlich spricht ein beachtenswertes Wort ein französischer Phonetiker. Quant à présent, sagt Paul Passy (Sons du franç., p. 41), *il n'est pas douteux que l'accent tonique tombe encore sur la dernière syllabe.* Gegenüber diesem Urteil eines in erster Linie berufenen Fachmannes müssen, was zunächst die Beantwortung der Grundfrage angeht, alle Zweifel schwinden. 3. Dieses Beharren des muttersprachlichen Accents in der französ. Tochtersprache steht also noch heute fest und lässt sich trotz gegenteiliger Ansichten, die auf rein individuelle Auffassung, auf nationale Gewöhnung, auf Verwechselung von Accent und Quantität und andere Umstände zurückzuführen sind, nicht hinwegbuchstabieren. Es ist bezeichnend, dass neben dem Französ. ja auch die andern romanischen Schwestern dem Gebot der lateinischen Mutter sich fügen. Zur Veranschaulichung mögen nur einige Formen wie die folgenden hier Platz finden:

Lat.	Ital.	Span.	Französ.
ratiónem	razióne	razón	raisón
cúbitum	cúbito	códo	coúde
pórticum	pórtico	pórtico	pórche
regálem	regále	reál	royál
cantórem	cantóre	cantór	chanteúr
matúrum	matúro	madúro	múr (ält. maü'r, meü'r)
amáre	amáre	amár	aimér*
majestátem	maestá	magestád	majesté
táb(ü)la	távola	tábla	táble.

* **Anm.** S. die treffliche kleine Schrift "On French Accent" von A. H. Keane, Prof. am University College, London, p. 3. Vgl. auch Egger, Gramm. comp.. p. 16.

80. 1. Wenn es nun eine unumstössliche Tatsache ist, dass der Nachdruck im französ. Worte auf der letzten volllautenden Silbe ruht, so liegt die Frage nahe, warum dies nicht von allen gleichmässig zugestanden, sondern von so vielen — und selbst von Franzosen — bestritten worden ist? Die Antwort ist vorzugsweise zu suchen in der Nachdrucksenergie. In der Tat ist diese Energie im Französ. weit schwächer,

also akustisch weit weniger hervortretend, als in den germanischen Sprachen, und es ist ein bekannter, sicherlich
berechtigter Tadel der Franzosen, dass wir ihre Sprache in
der Regel viel zu stark accentuieren. Tausende von uns
haben in der Jugend durch das leidige Konjugieren isolierter
Verbalformen gelernt und behalten gewöhnlich im späteren
Leben bei: *nuzä·lö, vuzä·le, il·rö; por·ta.m, por·ta.t, por·ta·r,*
u. s. w., d. h. die erste(n) Silbe(n) mit schwachem, die letzte(n)
mit mindestens starkem, oft überstarkem (··) Nachdruck gesprochen. Drängt sich nun der französ. Accent bereits im
isolierten Worte wenig hervor, um wie viel weniger im satzverbundenen! Hier tritt derselbe fast ganz — doch nicht
gänzlich — zurück, indem er teils der Tendenz des Französ.,
im Redefluss rasch und gleichmässig über die einzelnen Silben
hinwegzugleiten, zum Opfer fällt, teils sich der begrifflichen
Verwendung des Wortes im Satz anbequemen bezw. unterordnen
muss. So hat z. B. in *že-ásle im-bæl-me·zö (j'ai acheté une belle
maison)* die Silbe *·zö* den relativ stärksten Druck, während in
*ž-le-räkötɟre dä-lä-mezö d-mä·tä.t (je l'ai rencontré dans la
maison de ma tante)* die gleiche Silbe (*zö*) einen geringeren,
kaum wahrnehmbaren Nachdruck hat. Dieses Beispiel zeigt
zugleich das Wirken des Nachdrucks im Satz — Satzaccent —,
der dem Wort- und Silbenaccent analog ist; denn in der
mehrvokaligen Silbeneinheit ist der letzte Komponent betont
(vgl. die sog. Diphthonge, welche sämtlich „steigend" sind), im
mehrsilbigen Worte die letzte volle Silbe, im mehrwortigen
Satze oder Takte die letzte vollautende Silbe des letzten
Wortes.

2. Was die Bezeichnung des Nachdrucks im Französ.
betrifft, so ist dieselbe füglich nur erforderlich, wo es sich um
die ausdrückliche Veranschaulichung bezw. Gegen-
überstellung der Gradunterschiede desselben
handelt: im übrigen kann sie infolge der relativ schwachen
Druckenergie ganz unterbleiben. Stillschweigende Bedingung
bleibt nur dabei, dass man das französ. Accentuierungsgesetz
immer im Gedächtnis behalte.

81. 1. In älterer Zeit ist der Nachdruck im Französ.
stärker gewesen, und teilweise hat sich dieser ursprüngliche

Accentuierungsmodus noch erhalten in den Provinzen und Dialekten. Die strikte Durchführung des historischen Wortaccentgesetzes aber, d. h. das gleich kräftige Hervorheben aller des Nachdrucks fähigen Silben, würde am Ende eine unerträgliche rhythmische Einförmigkeit erzeugen, und diese suchte besonders die Sprache der Gebildeten zu meiden und die Strenge der Regel zu umgehen — wie G. Paris sich ausdrückt, *„par un parler rapide et par des inflexions de voix variées“*. Von diesem ‚parler rapide' wurde bereits oben gesprochen als einem charakteristischen Zeichen französ. Redeweise; unter den ‚inflexions de voix variées' sind zu verstehen die Stimmmittel in ihrer Verwendung zu modulatorischen, rhythmischen und logischen Zwecken. Durch diese wichtigen Faktoren, deren Einwirkungen die gebildete Sprache sich sehr geneigt zeigte, ist die Herrschaft des früher, scheint es, unter allen Umständen zur Geltung gebrachten Wortaccents gebrochen und den Erfordernissen des Satz- bezw. Taktaccents fast gänzlich untergeordnet worden.

2. Von den Wirkungen der Modulation (Intonation, Ton, musikal. Ton, Tonhöhe etc.) in der Rede und deren Einfluss auf den Wort- und Satznachdruck handelt der sog. oratorische oder rhetorische Accent, von welchem im folgenden Kapitel näher die Rede sein wird.

82. Einen logischen bezw. antithetischen Nachdruck gibt es im Französ. ebensowohl wie im Deutschen und Englischen. Beispiele: *geben* und *vergeben*, to *give* and *forgive*, *donner* et *pardonner*; nicht *sie*, sondern *er*, not *you*, but *he*, pas *vous*, mais *lui*; *pagina* n'est pas *le*, mais *la* page en français, u. a. m. Oft trifft dieser logische, meist zu gegensätzlicher Verwendung kommende Nachdruck mit dem modulatorischen und emphatischen Nachdruck zusammen, wie dies z. B., je nach der Intention des Sprechenden, in dem Satze geschehen kann: *s-nnɑ̃-paz ün-sɑ̃pll-me̜·zō͞ ╱, ün-me̜zō kɔm-ün-·o.tr ╱, mæz ün-mɑ̃úifik me̜zō-d̦-kā-·pɑ̃ú ╲* (Ce n'est pas une simple maison [que j'ai achetée], une maison comme une autre, mais une magnifique maison de campagne: die hervorgehobene Silbe bedeutet den log. oder antithet. Accent, ╱ aufsteigende ╲ absteigende Stimme, · Satznachdruck).

Weitere Beispiele logischer Accentuierung im Französ.
sind: Quoi! tandis que *Néron* s'abandonne au somm*eil*, Faut
il que *vous* veniez attendre son réveil? (Britannicus I, 1). Desgl.
im Britann.: Las de se faire *aimer*, il veut se faire cr*ai*ndre,
weil hier die begriffliche Fülle des Stammes anti-
thetisch hervorgehoben wird. Ebenso in: C'est assez
pl*eu*ré comme un enfant; venez r*é*gner (Worte, mit welchen
nach Pauls I. Ermordung Graf Orloff den weinenden Sohn des
Kaisers, den jungen Alexander I., anredet). Ferner: il faut
se s*ou*mettre ou se *dé*mettre (Gambetta bei Storm, Engl.
Phil. 78). Un *tiens* vaut mieux que deux *tu l'auras*, wo der
rein emphatische Accent wohl nur auf *tiens* und (tu l'au-)*ras*
liegt, mit leichtem Nebendruck auf *un—deux*. Bien des gens
préfèrent souvent un épigramme bien tourné à une sèche
vérité, wo ähnliche Verhältnisse stattfinden. Fällt der logische
Nachdruck mit dem regulären Satznachdruck zusammen, so
erleidet der letztere natürlich keinerlei Einbusse, ja er gewinnt
eher noch durch diese Koïnzidenz; treten jedoch beide in unmittelbarer Nachbarschaft auf, so bildet der logische ein
Gegengewicht gegen den emphatischen Accent, so dass dieser
notwendig eine Schwächung erfährt. Dies lässt sich leicht
konstatieren, wenn man die Lautgruppe flüstert.

83. In das Wirkungsgebiet des Wort- und Satznachdrucks
spielen auch Verhältnisse herein, die auf der Rhythmik der
Sprache beruhen. Es ist hier keineswegs nur von der Poesie
die Rede, sondern auch von der Prosa; denn wie ein
guter Vers die künstlerische Verwendung der rhythmischen
Forderungen, so verlangt auch ein guter gesprochener Prosa-
satz bis zu einem gewissen Grade eine gewisse Berücksichtigung
der dem Genie einer Sprache entsprechenden, natürlichen
Taktbewegung, einen gewissen Ausgleich, ein Abwägen schwerer
und leichter Taktteile, eine gewisse Abrundung der rhythmischen
Kadenz. Diese bis in die kleinsten Schwebungen aus der
fremden Rede heraushören, zu analysieren und den Nachweis
zu liefern, inwieweit die rhythmischen Ikten mit dem Taktdruck
konkurrieren bezw. denselben verschieben, wird dem Ausländer — in diesem Falle Nichtfranzosen — kaum in genügender

Weise gelingen. Man wird die Lösung dieser Aufgabe besser dem fachlich gebildeten Nationalen überlassen. Zuweilen dürfte es übrigens schwierig sein, selbst die von französ. Autoritäten angezogenen Beispiele rhythmischer Accentuierung völlig zu verstehen; denn für die Rhythmik der Prosa kann eine allgemein giltige Vorschrift, ein Kanon kaum gegeben — sie muss, sozusagen, mit dem muttersprachlichen Instinkt des gebildeten Nationalen gefühlt werden. Warum man — um nur ein Beispiel anzuführen — wie der namhafte französ. Sprachforscher Stanislas Guyard will, zu sprechen hat: *že-pàr(·)le à-là-rœ(.)n* (j'ai parlé à la reine), aber *že-(·)pàrle o-rwà* (j'ai parlé au roi), mit rhythmischer Hervorhebung der Silbe *par* — im zweiten Beispiel, dürfte sich mancher nichtfranzös. Fachmann nicht mit Unrecht fragen. Guyard gibt uns, nach Duschinski, folgende Erklärung. Das Wesen des Rhythmus besteht darin, dass die Zeitdauer in regelmässig wechselnde Folgen von starken und schwachen Takten zerfällt. Die stark betonten Silben vertreten im natürlichen Rhythmus der Sprache den guten Taktteil und füllen für sich einen ganzen Takt, während mehrere unbetonte Silben nötig sind, um den schlechten Taktteil vollzumachen, da sie durch ihre Tonlosigkeit selbst eine Hinneigung zur Kürze haben und dergestalt selbständig nicht die gleiche Zeitdauer wie die betonte Silbe erreichen können. In dem Satze: „j'ai parlé à la *reine*" tragen die Silben — *lé* und *rei* — den Hauptton; sie bilden also den guten Taktteil; die jeweilig vorausgehenden zwei tonlosen Silben: „j'ai par—", ferner „à la", machen den schlechten Taktteil aus. Der Rhythmus ist gewahrt und die Zeit harmonisch verteilt. Wie aber, wenn die starken Takte nicht durch zwei gleichwertige schwache Silben auseinandergehalten werden? Man bemühe sich, sagt Guyard, den Satz „j'ai parlé au *roi*" auszusprechen; denn es kostet Mühe, ihn hervorzubringen. Der Nachdruck fällt logischerweise auf die Silben „—*lé*" und „*roi*". Diese aber sind nur durch eine unbetonte Silbe, nämlich „*au*" geschieden. Man wird also, um den Rhythmus herzustellen, den fehlenden halben Taktteil durch eine Pause ausfüllen müssen: j'ai parlé.. au roi. Indess widerstrebt dieses Verfahren den französ. Aussprachegewohnheiten,

und man nimmt zu einem andern Mittel Zuflucht. Die Ton-
stärke wird von „*lé*" auf „*par*" übertragen: j'ai *parlé*
au *roi*: und nun ist das Gleichgewicht zwischen gutem und
schlechtem Taktteil wieder hergestellt worden.*)

Das Resultat der Erörterung mit Beziehung auf unsern
Zweck ist also dieses: in j'ai parl*é* à la *reine* fallen die (ety-
mologischen) Taktaccente und die rhythmischen zusammen: in
j'ai *parlé* au *roi* erfordert die Satzrhythmik eine teilweise
Verschiebung des Nachdrucks.

Man sieht, diese Fragen sind schwieriger Art und bedürfen
zur völligen Klärung noch sehr eingehender Studien.

* **Anm.** Vgl. Wilh. Duschinski, Zur Lautlehre des Französ..
1886, p. 27. Stanislas Guyard, Une particularité de l'accentuation
française in Mém. de la Soc. de Ling., IV, 30 ff. Storm, Engl. Phil.
p. 82.

84. Eine beachtenswerte Intensitätsminderung erfährt der Nachdruck ferner durch gewisse Quantitäts-
einflüsse. Oben wurde bemerkt, dass bei zwei- oder mehrsilbigen Wörtern die dem Nachdruck unmittelbar vorhergehende,
von Natur lange Silbe völlig oder fast zur Mittellänge ab-
gestuft wird. Diese Abstufung geschieht jedoch nicht, ohne
auf jener quantitativ vollen Silbe einen merklichen Nebenaccent zurückzulassen und dadurch den Hauptaccent zu
schwächen. „Der normale Hauptaccent ist hier gewissermassen
nicht imstande, die schwere Nebensilbe zu tragen" (Vietor).
So erscheint z. B. *baron* nicht als *-ba·rŏ*, sondern mindestens
als *:ba·rŏ*. Es scheint aber, dass dieser Nebenaccent unter gewissen Voraussetzungen — und nicht allein bei satzverbundenen
Formen — sich zuweilen zum starken Druck potenziert, in
welchem Falle der Wortaccent sich gleichmässiger verteilt und
eine Art *level stress* entsteht, so dass z. B. *baron* als *·ba·'rŏ*,
d. h. mit Nachdruck auf *ba·* und *rŏ*, und *a* lang erscheint. Ja,
in Verbindung mit hohem Ton (Stimmton: siehe das folgende
Kapitel) kann hier leicht der Eindruck entstehen, als habe
nur die erste Silbe den starken Accent: *baron* = *·ba.rŏ*. Es
wird jedoch, wie Trautmann ganz richtig bemerkt, im
Französ. manches für ‚Treff‘ (Nachdruck) gehalten, was ‚Ton‘
(musikal. Ton, Stimmmodulation) ist, ein Umstand, der in

Dingen des französ. Accents falschen Auffassungen reichlich
Vorschub geleistet hat. Es empfiehlt sich in solchen Fällen,
wie überhaupt bei Untersuchungen über den Nachdruck, die
zu prüfenden Formen zu flüstern, um des störenden
Stimmtonelements ledig zu sein. (Siehe auch im folgenden
Kapitel, 96, 4.) Beispiele für die in diesem Paragraphen
erörterte Frage: *baron, charron, bâton, mâtin* (Interjekt.), *château,
passer, caser, blason, raison;* zuweilen erscheinen diese Verhältnisse auch in Wörtern auf —*āgion* (*'a.žjō*), —*āsion* (*'azjō*),
—*ātion* (*'a.sjō*), —*āssion* und —*īsion* (*'i.zjō*).

85. 1. Unbeeinflusst von Tonhöhe, Quantität und andern
Verhältnissen hat der Accent, namentlich der Takt- oder Satzaccent, insofern eine grosse Bedeutung für die gesprochene
Rede erlangt, als er gewisse Silben oder deren quantitative Werte genötigt hat, sich seiner Herrschaft
unterzuordnen, ihren Silbenträger, den Vokal, bis
zur Schwundstufe zu reduzieren und sich mit dem
konsonantischen Elemement pro- oder enklitisch
an benachbarte Laute anzulehnen. Man kann geradezu
von einer Agglutination reden und hat hier eine der
interessantesten Sandhi-Erscheinungen der französ. Lautsprache
vor sich. Es wäre steif, pedantisch, in der heutigen natürlichen
Umgangssprache einen Satz wie etwa diesen: „*je vous remercie
de la leçon, monsieur*" auszusprechen: *žə vu rəmœrsi də la ləsō
mosjö*; denn die gebräuchliche Form der ungezwungenen Rede
ist: *ž-vu-rmœrsi d-la-l·sō msjö*, oder strenger phonetisch,
d. h. mit Hinweglassung der die Wortteilung andeutenden
Bindestriche: *žrurmœrsi dlal·sō \ msjö (msjö)*. Hier haben
unter dem Einfluss des Takt- bezw. Satzaccents, der in dieser
Verbindung ausschliesslich dominiert, die Vokale von *je, re—,
de, le—*, ja selbst der vollere von *mon—* vollständig weichen
und die übrigbleibenden Konsonanten mit den benachbarten,
schallkräftigeren Silbenträgern sich verbinden müssen. Man
sieht, hier wird der grammatische und logische Wert dieser
reduzierten Silbenstützen geopfert der zerstörenden Wirkung
einer phonetischen Triebkraft. Natürlich ist dies Zerstörungs-
werk das Resultat von Jahrhunderten; aber doch bleibt der

Accent das bedeutsame Agens. Interessant ist die Form *m̥sjö*, die allmählich zerbröckelt ist von *mõsjœ.r* durch *mosjœ.r*, *mosjö*, *mosjö*, *məsjö*, *m[a]sjö* (mit einfachem Stimmgleitlaut von *m* zu *s*) zu *msjö*, ja die infolge einer weiteren Angleichung gar noch den Stimmton eingebüsst hat; wenigstens kommt die Form *m̥sjö* bereits oft genug in der Umgangssprache vor. (Vgl. auch oben bei den unbetonten Vokalen, 39, 7.)

Ein andres Beispiel ist: *si vous avez besoin de quelque chose, vous n'avez qu'à le dire franchement* = *si vuzàve bzwæ̃ dkœllkšo.z* ╱, *vunàve kàldi.r frrãšm'mã* ╲. Ein drittes: *vous ne savez donc pas ce qui se passe chez nous? Eh bien, je (m'en) vais vous le dire* = *vunsàvedõkpa skispa.s še'nu* ╱? *ebjæ̃* ╱, *žvœ̃vul'di.r* ╲; u. a. m. Von dieser Reduktion werden demnach nur unbetonte Vokale betroffen und zwar vorzugsweise die *o ə* vor- oder nachtoniger (d. h. nicht im Nachdruck stehender) Silben und das *ə* einsilbiger unbetonter Wörter oder mehrsilbiger mit unbetontem *ə* (*me*, *te*, *se*, *que*, *le*, *lever*, *appeler*, *acheter*, *calepin*, *fade* etc.); doch kommt in der Volkssprache auch völlig reduziertes *ö* vor, wie beispielsweise die Reihe *pötœ.tr̥*, *pöˌtœ.tr*, *pətœ.tr̥*, *p[ə]tœ.tr̥*, *p[ʿ]tœ.tr*, *ptœ.tr̥* lehrt. Ferner werden von der Reduktion betroffen unbetonte *wà* (*ẅà*), *e*, *œ*. Beisp.: *vlà* für *vwàlà* (*voilà*), *dža* für *deža* (*déjà*), das auch bei Gebildeten zuweilen vorkommt, *stàne* für *satane* (*cette année*). Charakteristisch genug erscheint für die reduzierte Form *st* = *sat* (*cette*) noch eine andre, vor Konsonanz stehende, bei welcher der längst stumme Endvokal (*ə*) zur Vermeidung konsonantischer Härten, gleichsam als vermittelnder *glide*, wieder lautbar wird. So sind im Orléanais, auf dem Lande, Formen wie z. B. *stə'fàm* (*cette femme*), *stəbu'tœ.j* ganz gewöhnlich.

Selbst einzelne konsonantische Artikulationen schwinden, wenn vom Druck vernachlässigt. So ist z. B. *kœs tü fœ** für *kœs ktü fœ* (*qu'est-ce que tu fais?*) eine Form, die sehr häufig und — nach einer brieflichen Mitteilung Passy's — auch bei Gebildeten in ganz freier Rede vorkommt: so ist eine ganz gewöhnliche Reduktion *i* = *il* (*il*) vor Konsonanz: *ivö* = *ilvö* (*il veut*), *isrrà* = *ilsrrà* (*il sera*). Ja, vor Palatalen kann auch noch dieses *i* fallen: *il n'y a pas de quoi*, das bei vielen Gebildeten zu *nápadkwà*, und nur zu *jápadkwà* wird, wo *ne* nicht mehr als Verneinung gilt.

* Anm. Bei Landleuten habe ich auch die originelle Form *kæktüfæ* gehört, die wie *kæstüfæ* eine Vermeidung konsonantischer Härten (*skt*) bedeutet.

2. Diese lautliche Degenerierung bezw. das gänzliche Schwinden gewisser schallschwacher, vom Accent nicht geschützter Silbenträger ist in der herrschenden Schreibung vorerst nur für ə, und auch hier nicht durchgängig, zum Ausdruck gekommen. Die Schrift nämlich bedient sich eines Hilfszeichens, des Apostrophs, um anzudeuten, dass die Sprache, zur Vermeidung hiatischer Härten, den Vokal (ə) des unbetonten Wortes reduziert hat. Beisp.: *l'áme, l'habit, il n'a pas, il m'a dit, elle s'est trompée.* Wo jedoch das unbetonte ə vor Konsonanz auftritt, wie in *tout ce qui se passe* (*tuskispa.s*), *cela me va très bien* (*sámrà tɣræbjæ*) u. a. ist das traditionelle Schriftbild noch hinter der lautlichen Entwickelung der Sprache zurückgeblieben, wie ja überhaupt unsere Orthographie vom phonetischen, d. h. wirklich historischen Standpunkte aus, sehr viel zu wünschen übrig lässt. Die Transskription der Umgangssprache, wie sie z. B. die Witzblätter zu bringen pflegen, ist da weit genauer, weit mehr dem wirklichen Stande der modernen Lautsprache entsprechend, und in der Tat ist das Studium dieser Volkssprache, auch der phonetischen, ein trefflichess Mittel, in das lautliche Verständnis eines modernen Idioms einzudringen. Die Volkssprache ist wesentlich fortschrittlich und von ewig schöpferischer Kraft, von lebensfähigster Entwickelung; die Schriftsprache ist wesentlich konservativ und von mehr steriler Natur. Sie muss sich daher stetig nach der Volkssprache hinbewegen, um die alten absterbenden Formen durch die von dieser neugeschaffenen zu ersetzen. Leider werden diese guten neuen Formen durch eine archaistische, ganz unzureichende Schreibung zum Ausdruck gebracht.

Anm. Vgl. auch. was Passy (Franç. parlé. XI) über das Studium der franz. Volkspoesie sagt: L'étudiant . . . s'apercevra bientôt qu'en français comme dans les autres langues, l'étude de la poésie populaire est un des meilleurs moyens *de pénétrer le mécanisme d'une langue et de s'en approprier le génie.* —

86. 1. Wir kehren zu unserm Gegenstande zurück. Aus der voraufgegangenen Erörterung ergiebt sich, dass — rein phonetisch gesprochen — das einzelne Wort nicht minder als die einzelne Silbe vor der innern Apperzeption im Sprachbewusstsein, also vor der psychischen Erfassung, äusserlich, rein sinnlich perzipiert, vorerst nur als integrierender Bestandteil akustisch zusammengehöriger Lautkomplexe aufgefasst wird. Die begriffliche Zerlegung folgt dann unmittelbar als innere Arbeit des logischen Gliederungsvermögens nach. So fassen wir die beiden Gruppen (Takte) *et le vent (soufflu ...*) und *élevant* phonetisch zunächst gleichmässig als *elvã* auf; nun aber kommt sogleich das begriffliche Gliederungsvermögen des Sprachbewusstseins, der „Sprachseele", hinterher und apperzipiert, je nach der Forderung der Satzlogik, entweder das eine *(e lә vã ...*) oder das andere *(elvã)*. Ein ähnliches Verhältnis findet statt bei Parallelen wie *un groupe d'os* (von manchen allerdings *o.s* gesprochen) *rangés = un groupe d'orangers* (*ãgrup dorãže); deux l = deux ailes (dözœ.l)* — Antwort auf die Scherzfrage: *En quoi les demoiselles Aux anges ressemblent-elles?* (*Elles ont aussi deux l*); u. a. m.

Hierauf beruht übrigens das Wesen der gerade im Französ. so ausgebildeten Wortspiele (jeux de mots, *calembours*); denn der echte Calembour ist nichts weiter als eine witzige Parallelisierung zweier begrifflich ganz verschiedener Lautgruppen, die aber phonetisch — in der sinnlichen Wahrnehmung — zunächst gleich erscheinen. Dieser Gleichklang in Verbindung mit der unmittelbar nachfolgenden begrifflichen Sonderung bildet den überraschenden Effekt.

2. Man sieht, das gesprochene Wort als logischer Inhalt, als begrifflicher Lautkomplex tritt zunächst zurück hinter der akustischen Erscheinungsform, in welcher es sich der Sinneswahrnehmung darbietet; denn hier inhäriert es einem grösseren Lautkomplex oft dergestalt, dass es seine Eigenschaft als selbständiges Wortindividuum ganz aufgibt, dass es mit dem Komplex völlig eins bildet, dass es in ihm aufgeht und von ihm nicht getrennt werden kann. Hieraus sieht man ferner, wie unvollkommen, ja irreführend das traditionelle

Schriftbild eines Wortes ist gegenüber der lautlichen Erscheinungsform desselben und wie durchaus notwendig es für die tiefere, wissenschaftliche Erfassung einer gesprochenen Sprache ist, die graphische Versinnbildlichung der lautlichen Gruppen auf streng phonetische Prinzipien zu basieren. Es ist eine der gangbarsten Ansichten, die uns von der alten Assoziation zwischen konventioneller Schreibung und gesprochenem Laut anhaften, dass wir glauben, weil wir hinter jedem geschriebenen oder gedruckten Wort ein Spatium sehen, dementsprechend auch in der natürlichen Rede eine — wenn auch noch so kleine — Pause gemacht werde. Nichts ist irriger. Das isolierte Wort ist freilich ein begriffliches Individuum, das stationär bleibt, dessen Anfang und Ende sich fixieren lässt; im ewig wechselnden Strom der Rede aber ist es weit seltener ein selbständiges Ding, es ist vielmehr ein Teil eines grösseren Ganzen, und dieser Teil lässt sich in den wenigsten Fällen scharf gegen seine Umgebung abgrenzen, sondern sitzt in festerem organischem Gefüge. Wie es in diesem Gefüge erscheint, soll im folgenden Paragraphen gezeigt werden.

87. 1. Silbe und Wort erscheinen im Redefluss in ähnlichem Verhältnis wie Ton und Accord in einem Musikstück. Isoliert genommen, von individuellem Gepräge, verlieren sie dasselbe grossenteils im organischen Zusammenhang und ordnen sich der akustischen Gesamtwirkung unter. Diese Wirkung nun würde die der Monotonie sein, flössen Rede und Musik streng gleichmässig dahin; daher haben beide neben der Stimmmodulation, die hier nicht zu erörtern ist, kleinere Abschnitte, Gruppen aus dem Strom des Ganzen herausmarkiert, vermöge derer die sinnliche Auffassung erleichtert und so das Verständnis wesentlich gefördert wird. In beiden Fällen geschieht dies durch eine periodisch wiederkehrende Accentuierung der Muskeltätigkeit, durch Hervorhebung gewisser Lautgruppen vermöge des Nachdrucks. Diese Ab- oder Ausschnitte nennen wir Takte. Wir sprechen also, phonetisch ausgedrückt, nicht in Silben, Worten, Sätzen, sondern in gewissen, vom Nachdruck zusammengehaltenen und eine akustische

Einheit bildenden Lautkomplexen, in Takten, die in ihrer Gesamtheit das ergeben, was wir Satz und bezw. Rede nennen. Ein Satz kann aus einem einzigen Takt bestehen, wie z. B. *šnvöpa = š-n-vö-pa* (*je ne veux pas*), und jedenfalls ist jeder Satz ein — wenn oft auch komplexer — Takt; aber jeder Takt ist nicht ein Satz. Takt ist zunächst ein phonetischer Begriff, Satz zunächst ein logischer. Beide können zusammenfallen und fallen nicht selten zusammen; aber sie müssen nicht notwendig eins sein.

2. Der oben versuchte flüchtige Vergleich der Sprache mit der Musik ist cum grano salis zu verstehen. Wir suchen in der natürlich gesprochenen Sprache vergebens jene scharf abgegrenzten, wohl kadenzierten Takte, wie es die musikalischen sind. Der Takt der Rede, der Sprechtakt, ist viel freier, viel weniger streng an ein gewisses Zeitmass und an die Gesetze der Rhythmik gebunden. Oft besteht er aus einer umfangreichen Gruppe von Lauten oder Lautkomplexen, oft nur aus einem Wort oder gar nur aus einer Silbe (einem Vokal).

3. Der Umfang, eines Sprechtakts steht in gleichem Verhältnis zu dem Quantum von Luft, welches zur Hervorbringung einer gewissen Lautgruppe einheitlich verwendet wird; natürlich kommt noch hinzu das Korrektiv des Accents, welches die Gruppe zusammenhält. Man kann daher auch einen Sprechtakt definieren als eine phonetisch einheitliche, mit einer kontinuierlichen Expiration erzeugte und vom Accent zusammengehaltene Lautfolge. Innerhalb einer solchen ist keinerlei Pause. Beispiele von Sprechtakten. **Engl.:** *-whenai :træːlbai reilwei, -ai laiktǝhævǝ kæːridž ǝltǝmai self* (*when I travel by railway, I like to have a carriage all to myself*). **Deutsch** (kolloquial, mitteld.): *das braüχstǝjä niχtsü sa.gn; das wirtjäfǝn dirniχ(t)fǝr lay(k)t* (*das brauchst du ja nicht zu sagen; das wird ja von dir nicht verlangt*). **Französ.:** *pàrdömsjö, žnvuzǝpa ·rẙkǝnü; žsẙi(ž)àsemälœ·rö dàrwà.r làrüːba.s* (*pardon, monsieur, je ne vous ai pas reconnu; je suis assez malheureux d'avoir la rue basse*). Man sieht, zuweilen fällt die Taktbegrenzung mit dem Wortanfang oder -ausgang zusammen, keineswegs aber immer, und weit eher zufällig als notwendig. Dies zeigt wiederum, dass

hier in erster Linie ein phonetisches Prinzip wirksam ist,
nicht ein logisches.

88. Die Sprechtakte lassen sich in den verschiedenen
Idiomen nicht mit gleicher Leichtigkeit aus dem Redefluss
herausheben. Am besten gelingt dies in Sprachen, bei denen
die emphatische Accentuierung deutlich zur sinnlichen Wahrnehmung und in der Rede mannigfaltig zum Ausdruck gelangt,
wie z. B. in den germanischen. Hier lassen sich die Gruppen
unschwer von einander abgrenzen. So liegt in dem engl. Satze
"Thank you for the trouble you have taken" das Taktverhältnis
ganz klar: *þæykjufədə ·trabl -juwv teïkn.* Ebenso in dem deutschen
„Willst du denn nicht gehorchen?" = *wilstüdén ·niχ(t)gə 'ɔrχn?*
Weit schwieriger ist dagegen die Abgrenzung in
Sprachen, bei denen der Nachdruck nicht sehr
hervortritt, wie im Französischen. Hier hat sich, wie
bereits oben gezeigt wurde, der Wortaccent dem ohnehin
schwachen Satzaccent fast gänzlich untergeordnet, weshalb
emphatische Einschnitte in der gewöhnlichen Rede kaum wahr-
zunehmen sind. Der Accentuierungsmodus ist mehr eben
(*level stress* der Engl.), mehr ausgleichend. Diese nivellierende
Tendenz, verbunden mit dem offenen Vokaleinsatz und der
Stimmhaftigkeit der Gleitlaute auslautender Sonore, bewirkt
ein sehr enges Aneinanderschliessen der Laute, gleichsam ein
Zusammenfliessen der Rede, weshalb es im Französ. fast unmöglich wird, individuell und scharf abgegrenzte Lautgruppen,
sauber ausgeprägte Taktbilder aus derselben hervorzuheben,
obschon natürlich Takte überhaupt vorhanden sein müssen;
denn es ist, mit Sweet zu reden, unmöglich, eine gewisse
Anzahl aufeinanderfolgender Laute hervorzubringen, ohne die
Expiration zu erneuern. Nur würden im Französ. diese Takte
ziemlich umfangreich ausfallen müssen, d. h. mit kleineren Sätzen
sich ganz decken, während die grösseren nur wenig zu teilen
wären. So transskribiert z. B. Sweet (Hdb. 129) den Satz
„Ces gens ne sont pas venus au spectacle pour vous entendre"
in nur zwei Takte (breath-groups), nämlich mit Pause (Einschnitt) nach *„spectacle"*; dabei erklärt er (p. 128), dass "the
sentences — die von ihm transskribierten französ. Specimina —

are divided *into as short groups as possible"*. Weiter sind ihm
Sätze wie „qu'est-ce que c'est que cela?"; „Vous vous y prenez
fort gauchement"; „On a parlé de la pluie et du beau temps",
u. a. m. je nur ein Takt. Da es nun keinem Zweifel unterliegt, dass solch umfangreiche Komplexe in phonetischer
Schreibung mehr hindern als fördern würden, so fragt sich,
ob es unter solchen Umständen nicht überhaupt besser wäre,
auf die Wiedergabe der Sprechtakte ganz zu verzichten und
die Laute zwar phonetisch, aber mit Beibehaltung der kon-
ventionellen Wort- und Silbentrennung zu geben. Dies muss
entschieden verneint werden. Stellt man doch einmal eine
Sprache phonetisch dar, dann muss dies konsequent geschehen;
und streng wissenschaftlich kann in dieser Hinsicht nur eine
Darstellung genannt werden, welche in der graphischen Versinnbildlichung des Gesprochenen sich möglichst treu an die
lebende Sprache anlehnt. In willkürlich auseinander gerissenen
Brocken spiegelt sich der glatte Fluss der Rede nicht wieder,
und die starke Konzession, die man mit solch einer Transskriptionsweise der hergebrachten Worttrennung macht, entbehrt
lautwissenschaftlich aller Begründung.

89. 1. Da es also unerlässlich ist, die Taktteilung auch
im Französ. durchzuführen, so wird man suchen müssen, dies
in andrer Weise zu erreichen. Man wird nicht reine, die
grammatische Zusammengehörigkeit oft durchkreuzende breath-
groups, sondern eher Gruppen aus der Rede ausscheiden,
welche dem Sinne nach verbunden sind und in engem
grammatischen Verhältnis zu einander stehen, dabei
jedoch auch der zusammenhaltenden Kraft des Accents nicht
entbehren. Solche Gruppen, die also weniger das expiratorische
Moment der Sprachbildung, wie die Sprechtakte, sondern
mehr das psychische hervorheben, nennen wir **Sprachtakte.**

2. Dieselben bestehen im einzelnen aus:
a) **Subjekt, Prädikat und Ergänzung,** wenn der Satz
nicht zu lang ist;
b) **den einzelnen Teilen der Verbalform und den
kleineren Wörtern, welche sich an dieselbe anlehnen:** *il ne me l'a pas dit (il-n-mə-là-pa-di);*

c) Präposition, Artikel, Adjektiv und Substantiv:
dans le même temps (dā-l-mœm-tā);

d) Adverb und Adjektiv, wenn ersteres nähere Bestimmung zu letzterem ist: *très bien (tyræ-bjǟ).*

Nach stärker betonten Wörtern treten gewöhnlich kleine
Pausen ein, welche den Zusammenhang unterbrechen. Solche
Unterbrechungen hängen oft vom Affekt des Sprechenden und
vom Gegenstand der Rede ab (Kühn, Französ. Schulgramm.,
1885, § 28).

89. Ob man den reinen Sprechtakt oder den reinen
Sprachtakt oder eine Kreuzung beider zu transskribieren
habe, ist — wie unsere Kenntnis der franz. Takttheorie jetzt noch
steht — Frage des jeweiligen Falles und muss der phonetischen
Einsicht des Einzelnen überlassen bleiben. Wie dem auch sei,
empfehlen dürfte sich jedenfalls, die Takte nicht allzugross zu
machen, um dem Lernenden das Verständnis der Lautschrift
zu erleichtern. In dieser Hinsicht hat Passy in seinem
„Français parlé" das richtige Mass eingehalten, das Nach-
ahmung verdient. So, um nur ein Beispiel anzuführen, ist
der Satz „*ils se déterminèrent à porter des plaintes au commandant*"
streng genommen nur ein Takt, ein breath-group, mit dem
Nachdruck auf der Silbe —*dant;* denn das wieder lautbare *t*
von „*déterminèrent*" und das *s* von „*plaintes*" bilden mit dem
nachfolgenden Vokal phonetisch eins, ohne jede Pause und
ohne merklichere Accentuierung. Wer aber von den Lernenden,
und sei er noch so strebsam, wird sich — nur um der reinen
Wissenschaft willen — mit lautschriftlichen Monstren befreunden
können wie *ilsədetærmina·rtápory̆tedapḷḷæ.tsokɔmä·dä!* Passy
teilt daher ganz richtig den Satz in vier Sprachtakte und
schreibt: *il—sə—detærminæ.rt à—pɔrte dæ—pḷæ.ts o—kɔmädä,*
indem er durch diese Vereinfachung in praktischer Weise das
wissenschaftliche Verständnis fördert. Freilich müssen dann
auch vier Taktaccente angenommen werden, deren drei erste
allerdings ganz sekundär sind, und deren relativ stärkster
allein der letzte (auf der Silbe —*dä*) ist.

90. Man sieht, die Frage nach der Taktteilung im Französ.
ist nicht leicht zu beantworten. Sie sollte hier keineswegs

endgiltig gelöst, sondern nur weiter angeregt werden. Zu einer vollgenügenden Beantwortung derselben bedarf es noch jahrelanger, in ernster Arbeit gesammelter Erfahrung, deren eine so junge Wissenschaft, wie es die französ. Phonetik ist, noch auf manch anderm Gebiete nicht wird entraten können.

Viertes Kapitel: Ton (Stimmmodulation).

91. Neben der Differenzierung der Dauer und des Nachdrucks haben die Kultursprachen — teils zum Zwecke begrifflicher Ausprägung, teils zur Unterscheidung der verschiedenen Satzarten, teils zum Ausdruck psychischer Vorgänge, sowie um der Rede gleichsam mehr Färbung, mehr Kolorit zu verleihen — sich des Mittels der menschlichen Stimmmodulation bedient, indem die Stimme nicht längere Zeit auf einem gewissen Tone (einer „Note") beharrt, sondern innerhalb eines gewissen Umfangs fast beständig auf und ab schwebt. Einer solchen Modulation sind natürlich nur die mit der Stimme behafteten Laute, also die Stimm(ton)laute, in erster Linie die Vokale, fähig, die demnach immer eine gewisse Tonhöhe — auch Intonation oder Ton schlechthin genannt — haben müssen. Diese Intonationsart kann nun sein entweder eben oder gleitend, d. h. auf und nieder sich bewegend; demgemäss unterscheiden wir ebenen Ton (Bezeichnung „—", die regelmässig unterbleibt), steigenden (╱) und fallenden Ton (╲). Diese nennt man die einfachen Töne. Aus der Verbindung der beiden letzten entstehen die sog. zusammengesetzten Töne, nämlich der steigend-fallende (╱╲) und der fallendsteigende (╲╱). Auch eine Verbindung einfacher und zusammengesetzter Töne kann stattfinden und kommt z. B. in mitteldeutschen Mundarten (Thüringen, Sachsen) tatsächlich vor.

92. Das Französ. macht von der Stimmmodulation einen ausgiebigen Gebrauch.

1. Steigender Ton (Tonhebung) drückt das Unabgeschlossene, das Unfertige aus, z. B. am Ende des nicht vollendeten Satzes,

namentlich wenn dieser das erste Glied einer zweigliedrigen
Verbindung ist. Beispiel: En cas que vous le trouviez chez
lui ╱ (, vous lui direz etc.). Ferner drückt der steigende
Ton Frage, Erstaunen, Erwartung, Zweifel aus. Beisp.: Faut-
il que je vienne à l'instant même ╱? '— Tiens, tiens, c'est
vous ╱?! — Vraiment ╱? (Erstaunend, in dem Sinne von etwa:
Wie! Glauben Sie das wirklich?) — Eh bien ╱? (Erwartend,
in dem Sinne von: Nun, wird's denn bald?) — Croyez-vous
tout de bon qu'il soit bon garçon ╱? (Zweifel: Sollten Sie das
wirklich glauben?) — Elle bonne ménagère ╱? (Allons donc!).

2. Der fallende Ton (Tonsenkung) ist bejahend, behauptend,
dogmatisch abschliessend; er kann Befehl ausdrücken, kann
ruhige, gemessene, pointierte Rede schliessen. Beisp.: Voyons╲,
ma résolution est prise╲. — La nature est admirable dans
tout ce qu'elle fait╲. — Jean, sortez-moi donc ces bottes╲.
— Ne vous évertuez pas, mon cher, à me faire des leçons de
morale╲; croyez m'en, tout ce que vous débitez-là, je l'aurai
oublié demain ╲ (mit leichter sekundärer Hebung auf
(*évertu*)*ez pas* und leichter Senkung auf *m'en* und vielleicht *là*,
weil der Satz völlig affektfrei gesprochen gedacht wird).

3. In zweigliedrigen Satz- und Wortverbindungen wird
ganz gewöhnlich der erste Teil mit steigendem, der zweite mit
fallendem Ton gesprochen. Beisp.: Je vais faire un petit tour
de promenade ╱, à moins qu'il ne pleuve╲. — Si vous préférez
du vin ╱, vous n'avez qu'à le dire╲. — La bourse ╱ ou la
vie╲! — Bonjour, messieurs ╱ et dames╲ (fam.).

4. Die zusammengesetzten Töne dienen vorzugsweise zum
Ausdruck gesteigerter oder reduzierter psychischer Tätigkeit
und kommen daher in der affektreichen französ. Rede, namentlich innerhalb kürzerer Takte, häufig zur Verwendung. Gewöhnlich ist „der zweite Bestandteil massgebend für die Bedeutung des Ganzen, und der erste tritt nur modifizierend
hinzu". Der fallend-steigende drückt Zweifel aus, Einwand,
Warnung, Gegensatz, Vorsicht; der steigend-fallende ist abweisend, missachtend, verdrossen, widerspänstig, sarkastisch,
verwundernd. Dementsprechend ändert sich beispielsweise die
Bedeutung von „mais non" ganz wesentlich, je nachdem ich
es ∨ oder ∧ spreche. „Mais non" mit fallendem *mais*,

steigendem *non* ist rasch einwendend, gegensätzlich, und kann, wenn *non* sich jäh hebt, von accentuiertem Affekt sein; „mais non" umgekehrt intoniert, vielleicht mit etwas längerem Verweilen auf *mais,* und mit dem Zusatz: „laissez-moi tranquille, à la fin" (fichez-moi la paix!), ist entschieden abweisend, verdrossen, kann auch, wenn von entsprechender Geste begleitet, missachtend sein; u. s. w.

93. Die im vorigen Paragraphen kurz skizzierten Intonationsprinzipien der französ. Sprache sind keineswegs unter allen Umständen giltig, sind nicht von starrer Wirksamkeit, sondern werden häufig durchkreuzt von Ausnahmen und Modifikationen; denn man begreift, dass je nach der Absicht des Redners ein und derselbe Satz mit ganz verschiedener Intonation gesprochen werden kann.

1. So findet sich z. B. im einfachen Aussagesatze, wo sonst fallender Ton die Regel ist, häufig auch der steigende. Es heisst schlechthin: il est à Paris ⟍; aber: A. Je suis à peu près sûr ⟋ qu'il est à Marseille ⟍. B. Pardon, il est à Paris ⟋ (glauben Sie mir's nur, ich weiss es ganz gewiss), wo es allerdings, je nach der Absicht des Sprechenden, auch ... à Paris ⟍ heissen kann. Anderes Beispiel: Pourquoi ne mangez-vous donc pas ⟋ (auch ⟍)? Mais ce potage est très bon à manger ⟋ (mit Senkung auf *bon* und Hebung auf —*ger*), wo der steigende Ton etwa Verwunderung darüber ausdrückt, dass der Angeredete diese Suppe zu verschmähen scheint. Übrigens senkt sich in solchen und ähnlichen Fällen das vortonige längere oder doch schallkräftigere Wort eigens unter die Mittellage der Stimme, um der Rede mehr Ausdruck zu verleihen. Das obige Beispiel könnte freilich auch lauten .... très bon ⟋ à manger ⟍, was den Sinn wieder in etwas anderer Weise nüancieren würde. Man sieht, der französ. Ton ist ein überaus bewegliches Element, 'das sich der Absicht des Sprechenden, sowie dem leisesten Affekt willig anbequemt. Oft drückt der steigende Ton in Aussagesätzen, mit feiner psychologischer Verwendung, gemilderten Einwand, Widerspruch, Verwunderung gegenüber vorhergegangener Frage etc., aus. Tenez, il est si ⟋ bien

tiré (photogr.), n'est-pas ↘! Oui ∧, il n'est pas mal ↗ („hm, nicht übel". Der Antwortende möchte lieber etwas anderes sagen!). — A. Vous venez assez tard ↘, monsieur ↗ (oder . . . tard ↗, monsieur ↘). B. Pardon, il n'est pas tard du tout ↗; il n'est que huit heures ↗ (wo man auch „puisque il n'est que huit heures ↘!" sagen könnte). Endlich kann der steigende Ton auch Warnung, väterlich ermahnende Aufforderung u. s. w. ausdrücken. Allons, bon voyage, portez-vous bien ↗, mon fils, et surtout . . pas d'escapades ↗ à l'étranger . . .!— wo sich vielleicht eine warnende Fingergeste hinzudenken lässt. (Bei (esca)pades hebt sich die Stimme und auch „à l'étranger" wird noch mit Hochton gesprochen.) Der steigende Ton kommt hier praktisch dem fallend-steigenden gleich, und es gilt daher das oben über die Charakterisierung desselben Gesagte.

2. Was hier von den Aussagesätzen gesagt ist, gilt auch für die Imperativsätze.

3. Tritt andererseits in Fragesätzen für den hier die Regel bildenden steigenden Ton der fallende ein, so drückt dieser Unwillen, Ungeduld, Befehl, Missachtung, Widerspenstigkeit etc. aus. Beisp.: Eh bien, êtes-vous prêt ↗ à la fin ↘! — Comment se fait-il donc que vous ne soyez pas venus ↘?! (mit im Anfang rasch steigendem, dann stetig abfallendem Ton. Sinn: strafende Frage, Unwille = Ihr hättet wohl kommen können, habt keinerlei Entschuldigung). — A. Vous obéirez ↗, n'est-ce pas ↗! B. A qui ↗ donc ↘? A. Eh bien, à moi ↘. B. A ↗ vous ↘?! Hier wird „vous" mit schroff abfallendem Tone gesprochen und kann nach Umständen sein abweisend, missachtend, maliziös, verwundernd. Wer mit dem Geiste des kolloquialen Französ. näher vertraut ist, denkt sich hier eine in solchen Fällen häufig gebrauchte, charakteristische Achselbewegung hinzu und etwa den Zusatz: allons donc! (vous vous moquez du monde!). — Anderes Beispiel: A. Dis donc, mon vieux, qu'est-ce qu'il t'a voulu ↘! (Erwartung des Fragenden). B. Eh b(i)en, . . . il m'a causé tout le temps de toi ↗. A. De ↗ moi ↘?? (Verwunderung, Neugier, Unwille etc.) Diese letztere Intonationsweise — der jäh emporsteigende und rasch wieder abfallende Ton in kurzen

Fragen — ist in der französischen Rede viel gebraucht und charakteristisch für dieselbe.

4. Wie bei Aussagesätzen mit steigendem Ton das vortonige starke Element, um des sprachlichen Kolorits willen, sich senkt, so hebt sich dasselbe bei Fragesätzen mit fallendem Ton, so dass dieser praktisch dem steigend-fallenden gleichkommt.

94. Für die Frage der Stimmmodulation sind wichtig die Grösse und zeitliche Folge der Intervalle. Hier gilt als Regel: je intensiver der die Rede beeinflussende Affekt, desto grösser und rascher aufeinanderfolgend die Extreme des Intervalls. Für den ruhig gesprochenen Aussage- (Imperativ-) bezw. Fragesatz nimmt man als Senkung unter, bezw. Hebung über den Mittelton — die mittlere Stimmlage — gewöhnlich die Terz (kleine oder grosse), wenn nicht Quart, an. Man sieht jedoch ohne weiteres ein, dass diese Verhältnisse unter dem Einfluss des jeweils prädominierenden Affekts sich wesentlich ändern müssen, indem nicht allein im Aussage- und Fragesatz der fallende bezw. steigende Ton sich ins Gegenteil verwandeln (s. 93), sondern auch das Intervall sich bedeutend vergrössern kann. So wird der Satz: „N'allez pas vous imaginer, monsieur, que je suis votre dupe ↘", wenn vollkommen ruhig, leidenschaftslos, etwa mit leicht abweisender Handbewegung gesprochen, aber auch wenn pointiert, wenn leicht sarkastisch — in der Weise intoniert werden, dass bei (imagi)ner, m. die Stimme sich leicht hebt, bei dupe sich um eine Quart senkt; wird der Satz dagegen leidenschaftlich erregt, indigniert gesprochen, so senkt sich die Stimme für die ganze Reihe: „n'allez pas vous imaginer que je suis votre" (vielleicht mit etwas gesenktem Kopfe gesprochen) — und bei dupe steigt sie jäh empor, um durch den brüsken Gegensatz die Lebhaftigkeit und Stärke der psychischen Erregung zum Ausdruck zu bringen. (Vielleicht wird mit dupe gleichzeitig auch der Kopf gehoben. Deutsches Äquivalent des Satzes etwa: Herr, was bilden Sie sich ein! für wen halten Sie mich, u. ähnliche). Hier kann die musikal. Differenz des Stimmtons, je nachdem, eine Septime, bis None oder Dezime, wenn nicht noch mehr, betragen. So bringt ferner ein mit Oktaven- oder Dezimenwechsel gesprochenes „mais \ non /", bezw. „mais / non \" die Intentionen des Sprechenden ganz anders zu wirksamer Veranschaulichung und verleiht denselben eine ganz andere Energie, als wenn das Intervall nur eine Terz oder Quart betrüge. Hierher gehört auch folgendes Beispiel — peint d'après nature!

Der Pariser Mietsbewohner kehrt abends aus dem Café heim und ruft vor seiner Wohnung angekommen dem schläfrigen Concierge in die Zelle hinein, dass er die Kordel ziehen, d. h. die Thür öffnen solle („[le]cordon, s'il vous plait"). Erst gleichgültig, gelangweilt:

...don,   plait.

Keine Antwort. Der Mieter ruft auffordernd wiederum:

...rdon,   plait!

Keine Antwort. Der Mieter fängt an, ungeduldig zu werden, und ruft dem Schläfer schon zu ein ärgerliches, mehr gebietendes:

(k)rrrrdon, plait!

Noch immer keine Antwort. Da verliert der Wartende die Geduld, und erregt herrscht er in die Portierzelle hinein:

le corrrdon, s'il vous plait! (kɏrenõ dɶsjɶ̃!)

oder:

95. Es ist bisher vorzugsweise vom Satzton die Rede gewesen; doch auch in Wortgruppen und im isolierten Worte, ja selbst in der Silbe, im einfachen Vokal kommt derselbe vor, wie ja recht eigentlich der Vokal die Intonation zum Ausdruck bringt. Im isolierten, beziehungslos auftretenden Worte oder in Wortgruppen erfährt gewöhnlich die letzte volle Silbe eine Tonerhöhung bezw. -senkung, fällt also mit der Nachdruckstelle zusammen, z. B. susceptibilité͜\; le vendra-t-il╱? il le vendra\. Treten jedoch diese Wörter in der Satzverbindung auf, so behalten dieselben die Tonmarkierung nur, wenn sie zugleich vom Satznachdruck getroffen, gleichsam geschützt sind; die übrigen verlieren ihren Ton, gehen also ganz ähnlich im Satze auf oder ordnen sich dem höheren Gebote der Satzintonation unter, wie die Nachdrucksilbe satzverbundener Wörter und Wortgruppen. Stehen diese oder ähnliche isolierte Wörter elliptisch für ganze Sätze, so treten natürlich die Forderungen der Satzintonation in Kraft, so dass für solche Formen das oben Ausgeführte gilt. Auch das aus einem einzigen Vokale oder aus einer Silbe bestehende — oft als Satz fungierende — Wort kann seine eigene Intonation haben, hat sie jedenfalls immer, wenn es als Satz fungiert. In der Regel sind dies sog. Interjektionen, besser Empfindungswörter, lautliche Elemente also, die irgend einem psychischen Vorgange — Schmerz, Erstaunen, Freude, Abscheu, Verdruss etc. — zum Ausdruck dienen. Sie können den einfachen und den zusammengesetzten Ton, oder gar beide kombiniert, haben.

Anm. Diese Verhältnisse sind aller Sprache gemeinsam, finden also nicht nur im Französ. statt. In mitteld. Mundarten, z. B. im Saalthüringischen, existiert ein langgezogenes, circumflektiert oder besser ╱\╱, d. h. steigend-fallend-steigend, gesprochenes „so?", das in ausdrucksvoller Weise Verwunderung, Erstaunen bedeutet. Es scheint auch in anderen Dialekten zuhause zu sein.

96. 1. Eine beachtenswerte Erscheinung ist, dass die Tonmarkierung häufig mit der Drucksilbe zusammenfällt (vgl. auch 95). Die Erscheinung ist beachtenswert deshalb, weil sie Veranlassung gegeben hat zu der irrigen Ansicht, Ton und Druck seien identische Dinge ("convertible terms",

wie die Engländer sagen), eine Ansicht, die in die Lehre von
den Nachdrucksverhältnissen im Französ. viel Verwirrung gebracht hat. Es ist charakteristisch, dass, wenn der französ.
Wortaccent auf der ersten Silbe gehört wurde, dies· in der
Regel von Germanen (Deutschen und Engländern), weit seltener
von Romanen geschah; denn im German. treffen Nachdruck
und Ton in den weitaus meisten Fällen zusammen, so dass
uns diese Assoziation von klein auf geläufig ist; dazu kommt
die Verschiedenheit des Prinzips romanischer und germanischer
Accentuierung. Tritt nun beispielsweise der französ. Ton auf
eine andere als die Nachdruckssilbe, was immerhin nicht selten
geschieht, so wird dieser ein starkes Gegengewicht geschaffen,
und es resultiert aus diesem Widerstreit von Ton und Druck
eine Art *level stress*, der von Engländern und Deutschen, wenn
ihnen die unbefangene Auffassung durch muttersprachliche
Gewohnheiten getrübt ist, leicht als germanische Druckweise
empfunden werden kann. Aus diesen irreführenden Einzelfällen hat man gleich ein Prinzip gefolgert und dasselbe auf
die ganze Sprache angewandt.

2. Demgegenüber ist ausdrücklich darauf aufmerksam zu
machen, dass, wenn im Französ. Druck und Ton — besonders
Tonerhöhung — häufig zusammen treffen, sie keineswegs
notwendig zu einander gehören, dass vielmehr Drucksilben
häufig tonfrei (oder mit Tonsenkung), druckledige Silben dagegen mit starker Tonmarkierung (Tonhebung und -senkung)
auftreten können. Es muss hier an Sweet's treffendes Wort
(Hdb. 97) erinnert werden: "Just as on the piano the lowest
note in the bass can be struck with the same force as the
highest one in the treble, so in language it often happens
that strong stress is combined with low pitch, and vice-versa."

3. Die Silben, in denen jene Koïnzidenz von Ton und
Druck stattfindet, sind gewöhnlich vor letzterem stehende und
quantitativ volle, wenn auch nicht immer. Beisp.: A. Eh bien,
mon cher, j'espère que le gouvernement reconnaîtra tes bons
services ⸝ en te faisant baron ⸜. B. Baron ⋀! . . . je me
fiche pas mal du baronnage, tu sais! Hier wird das zweite
„baron" halb verwundert, halb missachtend gesprochen; dementsprechend hebt sich bei *ba.—* der Ton, um bei *—rŏ* sich

rasch wieder zu senken (steigend-fallend). Anderes Beispiel: Mâ\tin⁄! c'est qu'il n'y va pas de main morte⁄, ce gaillard-là! (Sinn: Donnerwetter! [potztausend!] der Kerl etc.) Hier senkt sich der Ton auf der Silbe *ma*. breit und schwer nieder, um bei *tä* rasch in die Höhe zu steigen. Anderes Beispiel: Oh, jamais, ja⁄mais\ (o. *šámœ*, (·)*šámœ*). Hoher Ton auf *šá*. U. a. m. In diesen Beispielen wird allerdings die vor dem Druck stehende Silbe besonders ausgezeichnet durch starken Ton und quantitative Fülle; was Wunder, wenn sie auch noch den Druck teilweise attrahiert. Wenn aber auch der eigentliche Nachdruck in Mitleidenschaft gezogen worden, so tritt doch nur eine Schwächung desselben ein, keinesfalls wird er ganz gestört, d. h. zur vorhergehenden Silbe gezogen. Schwächung des Haupt-, Potenzierung des Nebendrucks aber (·*ba·rö*=*ba·rö* oder ·*ba·rö*) gibt *level stress*.

4. Solche und ähnliche für die Untersuchung der Wechselbeziehung von Ton (Dauer) und Druck recht lehrreiche Beispiele muss man, wie bereits früher (84) bemerkt, **flüstern**, um zur Klarheit zu gelangen; denn beim Flüstern fällt das störende Stimmelement weg, der Druck aber bleibt und lässt sich daher weit genauer als in lauter Rede fixieren.

97. In naher Beziehung zu dem eben Ausgeführten steht, wenn der Franzose gewisse vor dem Druck stehende Wörter, bes. qualifizierende Pronomina, negative, restriktive Adverbien etc. aus besonderer Veranlassung durch starke Tonerhöhung hervorhebt, in welchem Falle auch der normale Nachdruck — wie oben bei mâtin, baron — von seiner Energie an das hochtonige Element abgeben muss,* besonders wenn er diesem unmittelbar folgt, so dass *level stress* entsteht. Beisp.: Quel⁄ fat\! Dieses *quel* z. B. sehr deutlich in dem popul. *qué*⁄ malheur \! — Ah, écoutez, c'était guère⁄ poli\, ça! — Il est très⁄ bien\ (ce jeune homme-là). — Tu en a men⁄ti\, toi; tiens, c'est pas⁄ vrai\.

* **Anm.** Den Anhängern der Theorie vom german. Accentprinzip im Französ. muss zugestanden werden, dass die Sprache — wahrscheinlich infolge stetig wirkender Toneinflüsse und vielleicht weil das Gefühl des Stammes sich mehr geltend macht — innerhalb der letzten Jahrhunderte ihre Nachdrucksenergie sehr abgeschwächt hat. eine

Tendenz, die offenbar noch jetzt wirksam ist. Es ist daher gar nicht unwahrscheinlich, dass, wie S w e e t (Sound Not. 58) sagt: "probably the French accentuation is in a period of transition: the tradition of the older end-stress still exists, but a general levelling of stress has taken place, so that the normal pronunciation of such a word as *Paris* is probably ·*pa·ri*, which is heard as :*pa·ri*." —

98. 1. Neben den verschiedenen in den vorhergehenden Paragraphen erörterten „Tönen" gehört in die Lehre von der Stimmmodulation endlich noch, dass ein jeder Satz oder eine Satzgruppe (eine Satzkategorie) aus einer gewissen nur ihm oder ihr zukommenden S t i m m l a g e (engl. *pitch* od. *key*, französ. *clef, clef musicale*) heraus gesprochen wird. Dieser Stimmlagen gibt es theoretisch natürlich eine grosse Zahl; jedenfalls bildet ihre Summe die chromatische Stufenleiter des menschlichen Sprechregisters und — der menschlichen Empfindung. Man unterscheidet in der Regel drei Hauptlagen: die h o h e (⌐), die mittlere, und die niedere (⌊). Die Höhelage ist allen heftigen Gemütsbewegungen eigen, namentlich solchen freudiger Art; die niedere dagegen trauriger oder feierlicher Stimmung. ,,Wechsel der Stimmlage hat oft rein logische Bedeutung. So werden naturgemäss Fragen in höherer Lage gesprochen als Antworten, und parenthetische Sätze in tieferer Lage als solche, welche die Haupttatsachen mitteilen. Iu jeder natürlichen Rede findet unaufhörlicher Wechsel der Stimmlage statt —" (S w e e t).

2. Der Stimmlagenwechsel geschieht entweder sprungweise oder chromatisch, als crescendo oder descrescendo, ganz ähnlich wie in der Musik. Crescendo und descrescendo können angedeutet werden, indem man dem Stimmlagezeichen dasjenige für steigenden bezw. fallenden Ton vorsetzt. So bedeutet ⟋⌐ progressives, zur Klimax anschwellendes Wachsen der Leidenschaft, ⟍⌊ die ruhiger werdende, des Affekts sich entledigende Rede.

99. Die innige Wechselwirkung von Intonations- und Stimmlageverhältnissen ergibt das, was in der Überschrift dieses Kapitels mit dem allgemeineren Namen der S t i m m m o d u l a t i o n bezeichnet wurde. Dieses ungemein ausgiebige und wirksame sprachlich-musikalische Mittel ist für die logische und psychologische Charakterisierung wie einer jeden, so besonders der französ. Sprache von grösster Wichtigkeit. Dasselbe hilft mächtig dazu, ihr Leben, Bewegung, Rhythmus, Anschaulichkeit, Ausdruck, mit einem Worte, K o l o r i t zu verleihen. Modulation der Stimme in Verbindung mit dem Nachdruck bilden zusammen gleichsam den Herzschlag, die Seele der französ. Rede.

Fünftes Kapitel: Sandhi-Erscheinungen.

100. 1. Unter diesem dem Sanskrit entlehnten Namen des S a n d h i versteht man gewöhnlich diejenigen Veränderungen, welche aus der Berührung und Verbindung der Sprachlaute hervorgehen. Von feststehendem Klang- und Artikulationswert ist ja in der Regel nur das i s o l i e r t e L a u t g e b i l d e; erscheint dasselbe in zusammenhängender Rede, im Sprechgefüge, also in unmittelbarer Nachbarschaft anderer Laute, so erheischt das organische Zusammenpassen oft — nicht immer — eine teilweise Preisgabe der vollen isolierten Geltung, also eine Modifikation derselben. Die Laute müssen gleichsam sich gegenseitig aneinander bequemen; daher werden gewisse Artikulationen notwendig aufeinander einwirken und hierdurch veränderte akustische Effekte erzeugen. Es ist z. B. ohne weiteres klar, dass das *i* in v*i*e (*vi*) nicht derselbe Laut ist wie dasjenige in p*i*ed (*pje*); ferner dass *r* in mire (*mi.r*) nicht das gleiche ist wie in mitre (*mi.tr̥*); dass *v* in val (*val*) nicht das gleiche wie in cheval (*šg̥val* oder *šr̥al*); dass die *n* nicht dieselben in tie*n*ne (*tjæn*) und te*n*ir (wenn *t̬ṇi.r* nicht *tᵊni.r* gesprochen), u. s. w. Wie man sieht, handelt es sich hier vorzugsweise um A s s i m i l a t i o n s e r s c h e i n u n g e n. Im Interesse jedoch einer weiterreichenden Zusammenfassung der Änderungen, welche die lautliche Kombination im Sprechgefüge ergibt, scheint es geboten, den Begriff der Sandhi-Erscheinungen zu erweitern, und mit W i n t e l e r auch auf solche Fälle anzuwenden, in denen die N a c h d r u c k s v e r h ä l t n i s s e gewisse qualitative und quantitative Lautänderungen mit sich bringen. Viele dieser Erscheinungen sind zwar bereits oben bei der Lautanalyse

und später gelegentlich zur Erwähnung gekommen: doch
handelt es sich hier um eine eingehende Untersuchung derselben
auf Grund wissenschaftlicher Gruppierung. 2. Dem Studierenden wird dieses an phonetischem Interesse
so reiche Kapitel ganz besonderer Beachtung empfohlen. Es
wird ihm aus demselben klar werden, wie matt, wie offenbar
unzureichend, ja irreführend in den weitaus meisten Fällen das
traditionelle Schriftbild gegenüber dem wirklich gesprochenen
Worte ist; er wird einsehen lernen, was es denn eigentlich
heisse, eine Lautsprache reden, schreiben, analysieren; es wird
ihm anschaulich werden, „wie vieles an Lautqualität und Laut-
quantität, was wir uns als fest und unwandelbar vorzustellen
pflegen, tatsächlich in jedem Augenblicke die verschiedenartigsten Gestalten annimmt, und dass die wirkliche Sprache
im Unterschiede zur eingebildeten, aber in Übereinstimmung
mit allem Existierenden, eigentlich nie ist, sondern ewig wird."

Es soll also in Folgendem zunächst gehandelt werden von
den Einwirkungen der Artikulationen aufeinander, sodann
von den Einwirkungen des Nachdrucks auf den Lautkörper.

a) Gegenseitige Beeinflussungen der Artikulationen.

101. Vor allem ist hier eines weitwirkenden, zuerst von
Winteler klar formulierten Sandhi-Gesetzes zu erwähnen,
welches so lautet: „Die unmittelbare Wiederholung
einer bestimmten Artikulation (gleichviel ob sie durch
die zusammenstossenden Artikulationen direkt oder erst auf
Grund vorhergegangener Assimilation verlangt werde) wird
vermieden; die Artikulation wird bloss einmal ausgeführt (erhält aber die Geltung sämtlicher in ihr
vereinigten Elemente)". So wird z. B. in dem Satze „le
club paya ses dettes", —b p— lautlich $= \underset{\circ}{b} p = pp = \bar{\bar{p}}$ (mit
Schwächung und Wiederverstärkung), m. a. W.: da b, welches
übrigens seinen Stimmton verliert, mit p gleichortig ist, so
wird der beiden gemeinsame Verschluss in einen verwandelt,
was nur dadurch erreicht werden kann, dass der Verschluss
des ersten Lautes nicht ausgelöst wird. Noch anders aus-

gedrückt: der Prozess der Verschlussbildung, -Stellung und
-Lösung, der zweimal unmittelbar hintereinander vor sich gehen
sollte, geschieht nur einmal. Das Gleiche findet natürlich
statt in einem Satze wie „le pape public en ce moment...",
—p(e) p— = pp = p̄, d. h. mit Herabsetzung und Wiederverstärkung des Expirationsdrucks. Weitere Beispiele sind:
le jeune fat tourna la tête; là-dedans=láddā=là d̲ā; fade tournée,
—d(e) t— = d̲t = tt = t̲; un zizay curieux, etc. Man sieht,
dieses Gesetz ist seiner Natur nach ein Trägheitsgesetz oder,
wenn man will, es ist die im Haushalte der Natur, in aller
natürlichen Entwickelung erkennbare Tendenz der Kraft-
ersparnis, das Prinzip des kleinsten Kraftaufwandes, das hier
wirksam ist. Wie man aus obigen Beispielen weiter erkennt,
stossen hier völlig homorgane, d. h. an gleicher Artikulationsstelle gebildete Laute zusammen, und da der resultierende
Einheitslaut nicht allein lang ist, sondern auch mit Schwächung
und Wiederverstärkung des Expirationsdrucks (>-<) gebildet
wird, so beruht auf obigem Sandhi-Gesetz zugleich das Wesen
der Gemination.

102. Natürlich gilt das Gleiche auch für andere völlig
homorgane Lautfolgen, so für m + m, n + n, l + l, r + r,
f + f (v), s + s (z), š + š (ž) oder v + f, u. s. w.; ferner für
n + d, n + t, m + b, m + p, u. a. m. In allen diesen Fällen
kann man, phonetisch durchaus korrekt, auch sagen, dass diese
Kombinationen ohne vermittelnde Gleitlaute, vielmehr durch
unmittelbare feste Aneinanderfügung, gleichsam durch Agglutination gebildet werden. Eine solche Anleimung ist
deutlich zu beobachten bei der nasalen Degeneration der
Verschlusslaute, den sog. velaren Verschlusslauten,
welche entstehen in der Verbindung: Explosiva + homorg.
Nasal: bm, pm; dn, tn u. a. Vgl. oben 45. Bei vollständiger
Lautbildung sollte hier vor Einsatz des Nasals erst der Verschluss der Explosiva gelöst werden. Dies geschieht aber
nicht, vielmehr wird bei pm, tn der Lippen- bezw. Zungen-
schluss für beide Laute mit einer Artikulation gebildet. Die
Grenzscheide beider liegt in der Abhebung der Gaumenklappe
von der hinteren Rachenwand, wodurch das Ende des Ver-

schlusses angedeutet und der Nasal eingesetzt wird. Die *p* (*b*),
t (*d*) sind also hier nicht die gewöhnlichen, regelmässigen
Laute, sondern sind Sandhi-Formen; sie werden ohne das
Medium von Gleitlautbildungen erzeugt und gehen mit dem
nachfolgenden Nasal die denkbar engste organische Verbindung
ein. — Auch die laterale Explosiva *t*(*l*) gehört hierher.
Beisp.: atlas, atteler (*ätlle*), prête *l*a main, tou*t*e *l*a somme,
und in der familiären Umgangssprache in Fällen wie les
au*t*res *l*apins (*lçzo.tḷlápǣ*), u. a. m.

Als im Sandhi befindlich sind endlich noch *n* + *l* zu erwähnen, indem beide Laute den Zungenspitzenkontakt gemeinsam haben. Beisp.: canneler (*känle*), Fénelon (*fenlŏ*), fami*n*e
*l*amentable, étrennes luxurieuses, u. s. w.

103. Weiter findet dieses Sandhi-Gesetz Anwendung beim
Übergang von einem Engelaut zu homorganem Verschlusslaut
oder Nasal, und umgekehrt. So bei Lautfolgen wie *f* (*v*)+*b*, *p*, *m*;
s (*z*), *š* (*ž*), *r*, *l*+*t* (*d*), *n*; oder umgekehrt *m*+*f*, *v*; oder bei
den Affrikationen *pf* (Cape*f*igue, ta*p*e *f*ort), *ts*, *tš*, u. a. m.
Hier sollte eigentlich nach vollständiger Bildung des ersten
Lautes das Sprechorgan erst wieder in die (relative) Ruhelage
zurückkehren, bevor zum zweiten eingesetzt wird; statt dessen
werden die beiden Lauten gemeinsamen oder die einander
naheliegenden Artikulationen zum Zwecke vereinfachter Bildung
möglichst ausgenützt. Bei *fp* z. B. schreitet die Verengung
sogleich zum Verschluss weiter; bei *pf* wird *f* gleichsam unterwegs bei der Rückkehr zur Indifferenzlage gebildet. Übrigens
findet bei dieser Gruppe noch eine weitere Assimilation statt,
indem sich die beiden immerhin etwas verschiedenortigen
Artikulationen (bilabial, labiodental) dergestalt auszugleichen
suchen, dass sie sich einander auf halbem Wege entgegen-
kommen, so zwar, dass *f* etwas vom bilabialen, *p* etwas vom
labiodentalen Charakter annimmt. Man könnte dies einen
potenzierten Sandhi nennen.

104. 1. Oft findet das Gesetz auch Anwendung auf Lautfolgen, welche, ohne völlig homorgan zu sein, es doch nahezu
oder wesentlich sind. So gleicht sich leicht ein *n*, *t* (*d*), *s* (*z*)
an *š* oder *ž* an, insofern die Artikulationsstellen einander

genähert werden, so dass sie verschiedene spezifische Arti-
kulationsbewegungen gemeinsam haben, welche den Anlass zur
Assimilation geben; so gehen ferner im Französ.

die Dentalen
(*t d, n, s z*) vor palataler Spirans (*j ĵ*) ganz gewöhnlich einen
Kompromiss ein, indem die „Orte" etwas aneinander rücken,
besonders der dentale nach dem palatalen hin, und indem eine
teilweise palatale Zungenhebung voraufgenommen wird, so dass
man von einer Palatalisierung des *t d n* etc. spricht. Aus
der Palatalisierung des *n* in etwa *manier* (*mánje*) erklärt sich
z. B. die neuerdings auch in Frankreich landläufige Verwechselung mit wirklichem palatalem *ń*, etwa in *Magnier* (*máńe*).

2. Lehrreich ist eine hierher gehörige Angleichung des *n*
an *p* im kolloquialen, mehr volkstümlichen „*une petite (maison)*"
= *ümptit* (ohne Gleitlaut), *ümtit, üntit.* Lehrreich, weil man
auch in diesen durch mehrfache Angleichung hindurchgegangenen
Bildungen potenzierte Sandhi-Formen vor sich hat. Zunächst
ist *ümptit* entstanden durch regressive Assimilation der Lippenstellung an *n = m*, und offenbar ist jene hervorgerufen durch
eine Voraufnahme der Artikulation, infolge des Wirkens eines
Trägheits- oder Bequemlichkeitsmoments — eine (Lippen-)
Artikulation für zwei Laute. Aus *ümptit* wird dann in weiterer
Assimilation *ümtit*, einerseits weil das Französ. Häufung von
Konsonanz möglichst vermeidet, andrerseits weil der störende
Gaumenklappenverschluss des *p* fortfällt — wieder ein Träg-
heitsmoment. Endlich gleicht sich die Artikulationsstelle
des *m* der des *t* an, d. h. *m* wird wiederum *n*: *üntit.*

105. 1. Eine interessante Sandhi-Erscheinung ist die Vorausnahme spezifischer Artikulationen bei gewissen Lautfolgen,
indem die Lippen- bezw. Zungenstellung eines folgenden Lautes
(gewöhnl. Vokals) bereits beim vorhergehenden (gewöhnl. Kons.)
eingenommen oder doch der Anfang dazu gemacht wird. So sind
französ. *lu—, lü—* und *li—* schon allein bezüglich des *l* verschiedene Dinge, indem bei *l(u)—* die Lippen, wenn auch leicht,
gerundet werden, die Zunge aber sich nach der *u*-Lage zurück-
zieht; bei *l(ü)—* findet die gleiche Lippenrundung, aber ein
mehr palataler Ansatz der Zunge statt; bei dem *l* von *li—*
endlich ist die gleiche Zungenstellung wie bei *l(ü)—* bemerkbar,

dafür aber tritt nicht Lippenrundung, sondern eine, wenn auch leichte, spaltförmige Erweiterung der Lippen ein. Das Gleiche gilt von *n, r, s, z* $+$ *u, ü, i*. Man kann demnach geradezu sagen, dass im Sprechgefüge *l n r s z* gar keine eigene, feststehende Lippen- (bezw. Zungen-)Artikulation haben, sondern dass dieselbe in der Regel sich nach dem folgenden bezw. dem vorhergehenden Laute (Vokale) richtet. Wir haben hier eine regelrechte wechselseitige Abhängigkeit der Artikulationen, also eine echte Sandhi-Erscheinung vor uns.

2. In einem Falle kommt es oft gar nicht zur Bildung des folgenden Vokals: hier tritt vielmehr die Lippenartikulation desselben vikarierend für den ganzen Laut ein; dies findet statt bei dem unbetonten *ə*, besonders nach *l* und *r*. In *le rent* (*lv̥ã*) z. B. ist der Vokal (*ə*) als eigenes artikulatorisches Lautgebilde völlig geschwunden: er wird jedoch repräsentiert teils von dem Stimmton des *l*, teils und vorzugsweise von der leichten Lippenrundung desselben, die man eine Ersatz-rundung nennen könnte. Das Gleiche gilt von dem *r* in „*et revint*" (*eⱼrⱼvɛ̃*; die kleinen Klammern hier bei *r* und oben bei *l* mögen die Rundung andeuten). Übrigens scheint in solchen Fällen *r* und *l* auch um die ursprüngliche zeitliche Dauer des nun reduzierten Vokals vermehrt zu werden.

106. **1.** Das Sandhi-Gesetz in der in 101 definierten Geltung ist wesentlich ein Trägheitsgesetz, ein Gesetz der Beharrung. Dieses Trägheitsgesetz spielt im Französ. eine aktive Rolle, nicht nur bei den Artikulationen im engern Sinne, sondern auch bei der Kehlkopftätigkeit. Das Französ. zeigt eine unverkennbare Tendenz, die einmal zum Tönen eingesetzten Stimmbänder so wenig als möglich zu stören. Aus diesem Streben erklärt sich die vokalreiche Entwickelung der französ. Rede; ferner das bereits weit vorgeschrittene Verstummen konsonantischer, besonders stimmlos konsonantischer, also den Stimmton unterbrechender Endungen; ferner der leise (offene) Vokaleinsatz, der inlautend die Tätigkeit der Glottis nicht stört; weiter die vollständige Ausbildung stimmhafter Konsonanten: endlich die fast ausschliessliche Stimmhaftigkeit „gebundener", d. h. taktlautender (End-)Konsonanz. Ja selbst

der konsonantische Kontakt bei Stimmlauten wird so viel als
möglich gemieden. Übrigens zeigt auch die historische Entwickelung der Sprache das Wirken dieses Gesetzes deutlich
genug. Dafür sprechen schon die unzähligen Fälle, bei
welchen die inlautende Tenuis zur Media sich erweicht hat
und dann, durch zu leisen Kontakt der Artikulationsstelle
allmählich degenerierend, fortgefallen ist, wofern sie nicht
Assimilation mit dem Nachbarlaute einging. So wird *patrem*
zu *padre* und (durch **pædre, *pädre, *pärre*) zu *père*; so *maturum*
zu *maduro*, und durch **madür, maür, meür, meur* zu *mûr;* so
securus durch **seguro* (vgl. span.), **segur* (vgl. provenz.), *seür,*
seur zu *sûr;* so *fac(é)re = fakre* durch **fagre, fajre* zu *faire;*
so *sup(e)rcilium* durch **subrcilio* zu *sourcil.* Fand sich die
Media schon in der lat. Form vor, so ist diese, besonders wenn
inlautend, in Wegfall gekommen; *obedire (obéir), medulla (moelle),*
crudelis (cruel), pigmentum (piment), dub(i)tum (doute). Wo
die sprachliche Entwickelung das stimmhemmende Hindernis
intervokaler Tenuen nicht ganz zu beseitigen vermochte, hat
sie dieselben doch zu Stimmlauten gemacht und gewöhnlich
zu offenen, um den Stimmton ungehindert fortwirken zu lassen.
Vorzugsweise ist dies mit *p* der Fall; so wurde *lupa* (die Mittel-
glieder sind fortgelassen) zu *louve*, *saponem* zu *savon*, *sapere*
zu *savoir, capillum* zu *cheveu,* *crepare* zu *crever.*

2. Das Wirken dieses Sandhi-Gesetzes — wir meinen
jene von konsonantischer Artikulation möglichst unbeirrte
Stimmtonbeharrung — zeigt sich sprachgeschichtlich ferner in
der Vokalisierung des *l*, wie in *cal(i)dus* zu *chaud, collem* zu
cou, culpabilis zu *coupable, auscultare* zu *écouter* (durch älteres
escolter); es zeigt sich im Fortfall des konsonant. *l*-Kontaktes,
wie im „son mouillé", z. B. in *fille (fi.j)* aus *filia, écueil (ekœ.j)*
aus *scopulus, veiller (væ(.)je)* aus *vigilare;* es zeigt sich ferner
im Wegfall des Lippen- bezw. Zungenverschlusses und der Voraufnahme der Gaumenklappensenkung bei den Nasalvokalen,
endlich in einer ganzen Reihe anderer Erscheinungen, die in
einer historischen Phonetik der französ. Sprache zur syste-
matischen Darstellung zu bringen sind.

3. Zu bedauern ist hier wiederum, dass die traditionelle
Orthographie hinter der lautlichen Fortentwickelung der

Sprache so weit zurückgeblieben ist. Wenn nur gelegentlich
auftretende, subtilere oder auch historisch noch nicht fest-
gewordene Sandhi-Formen in der heutigen Schrift unbezeichnet
bleiben, so ist das begreiflich; wenn aber solche zu unbestreit-
barer, geschichtlicher Tatsache gewordene Erscheinungen wie
die obigen in der Schreibung völlig ignoriert werden; wenn man
noch heute *fille* schreibt anstatt *fi.j*, *vent*, *vends*, *ran* anstatt
vã u. s. w., so sind das nur historische Antiquitäten, die mit
all ihrem unnützen Ballast von Geschlecht zu Geschlecht zwar
pietätvoll weiter befördert werden, die aber vom rein lautwissenschaftlichen Standpunkte aus oft keinerlei Wert haben.
Die grosse Mehrzahl der für die richtige, phonetische Erkenntnis
der französ. Sprache so wichtigen und lehrreichen Sandhi-
Erscheinungen, auch der geschichtlich bereits festgewordenen,
werden noch täglich der tyrannischen Herrschaft der hergebrachten Schreibung geopfert. Verhältnismässig wenige
sind von der heutigen Orthographie berücksichtigt worden;
die übrigen, obschon tagtäglich geübt, sind für das gewöhnliche
Auge und Ohr gleichsam latent und müssen erst durch wissenschaftliche Untersuchung ans Tageslicht gefördert werden.
Vgl. auch den folgenden Paragraphen.

107. Von breiter Geltung ist im Französ. das Sandhigesetz
bezügl. der Stimmton- bezw. Geräuschangleichungen.
Dieselben finden nicht in allen Sprechkreisen und -weisen
gleich regelmässig statt, gewöhnlich weit weniger häufig in
feierlicher, bedächtiger, deutlich accentuierter Rede, dagegen
in der Regel in der natürlichen, gebildeten Umgangssprache
und sehr häufig in der phonetisch überhaupt höchst interessanten
Sprache des niedern Volks.

Bezüglich der Assimilation der Umgangssprache lässt sich
Folgendes bemerken. Die grosse Mehrzahl der Stimmtonlaute
pflegen unter dem Einfluss benachbarter Stimmloser, je nach
ihrer Stellung, den Stimmton ganz oder teilweise zu verlieren,
nicht allein im isolierten Wort, sondern auch in Taktverbindungen.
Die Angleichung ist teils rück-, teils vorschreitend. Hierher
gehört beispielsweise die Verstummung auslautender Liquiden
nach stimmloser Konsonanz: *filtre = fill̩tr̩* (und *fil̩l̩t̩); quatre*

= *kàtჳ* (und, ganz gewöhnlich, *kàt*); *cycle* = *sikl̦* (*sik*), *obstacle*
= *ọbstàkl̦* (*ọbstàk*). Ja selbst nach Stimmhaften erscheinen sie
oft stimmlos, in welchem Falle zugleich der stimmlautende
Konsonant mit stimmlosem *glide* endigt: *cible* = *sibl̦* und *sib[ə]*,
seigle = *sægl̦* und *sæg[ə]*, *cidre* = *sidჳ* und *sid[ə]*, *poudre* = *pu.dჳ*
und *pu(.)d[ə]*. Stimmhaft erscheinen die Liquiden dann wieder
vor Vokal im Takt: *quatre heures* (*kàtrœ.r* oder *kàtჳrœ.r*), *poudre
à canon* (*pu.dràkànõ*), *seigle et froment* (*sæglefჳrọmã*). Halb-
stimmhaft sind dieselben in Beispielen wie *tric* (*tჳrik*), *plein*
(*pl̦lã*), *carte* (*kàrჳt*), u. a. Ebenso verhalten sich die Nasalen.
(Vgl. die Beispiele oben in 49, 1 u. 2). Bei den Reibelauten
sei auf Beispiele hingewiesen wie *jeter* (*ჳte*, aus *ჳɔte*, *ჳte*); *je
puis* (*ჳpüi*); *je pense* (*ჳpã.s*); *achever* (*àsჳe* oder *àsჳve*), *cheval*
(*srvàl*), *pied* (*pje*), *touaille* (*tẃa.j*). Die lautbaren *s* der sog.
„liaison" werden in der Regel stimmhaft gesprochen, da sie
gewöhnlich intervokal erscheinen; nur wenn sie auf Stimmlose
folgen, verlieren sie den Stimmton, befinden sich also im Sandhi:
Les prophètes annonçaient le retour du Messie = *pჳrofætsànõsæ*.
Assimilierte stimmhafte Verschlusslaute: *coup de pied* (*kudpje*);
en deçà (*ãdsà*); *valet de chambre* (*vàlædsã.bჳ*); *chemin de fer
smmædfæ.r*); *madame vient de sortir* (*vjãdsọrti.r*); *Jacob se tut*
(*ჳakɔbs(ə)tü*); *un grog chaud* (*ãgɔg̃so*); *zigzag curieux* (*zigzàgküȓjö*).
In all diesen Fällen darf man wohl *d̦.* = *t*, *g̦* = *k*, *b̦.* = *p* setzen.
Beispiele regressiver Assimilation: *Cap vert* (*kàbvæ.r*); *tasse de
café* (*ta(.)zdɔ kàfe*, ẃenn nicht *ta(.)zdkàfe* gesprochen): *sac gonflé*
(*sàgg̃õfl̦le*), *avec Jules* (*àvægჳü.l*): *que faites-vous là?* (*fædvu*, oder
auch *fatrvu*), *dites donc* (*diddõ*) u. a. m.

Anm. In der Vulgärsprache ist die Assimilation noch radikaler.
Hier werden oft zwei nicht allzu heterorgane Laute nicht allein akustisch,
sondern auch artikulatorisch völlig angeglichen. So ist z. B. (*ჳ*)*sȓi* aus
ჳsȓi, *ჳsȓi*, *ჳsȓi* (*je suis*) gar nicht ungewöhnlich.

b) Einwirkungen des Nachdrucks auf den Lautkörper.

108. Da wir, wie schon erwähnt, nicht eine historische
Phonetik, sondern eine solche des heutigen Französ. schreiben,
so können sprachgeschichtliche Bemerkungen nur vereinzelt

ihren Platz finden. Es muss jedoch hier, wenn auch nur kurz,
aber in erster Linie der bedeutsamen Veränderungen Erwähnung
geschehen, welche im Laufe der Jahrhunderte der Nachdruck
im Lautkörper hervorgebracht hat, Veränderungen also, die
seit lange sprachgeschichtliche Tatsache geworden und die
meist auch, obschon wiederum unzureichend, in der herrschenden
Schreibung zum Ausdruck gelangt sind. Vielleicht ist es
richtiger, jene Veränderungen negativ auszudrücken und zu
sprechen von der Degenerierung, welche der Lautkörper erfahren hat unter dem Einfluss der Accentlosigkeit. Unter diesem
Einfluss haben sich abgeschwächt oder sind ganz fortgefallen die
druckfreien Endungen: *templum*, **templo*, *temple; porta, porte;*
ferner der vokalische Träger einer vor- oder nachaccentigen
kurzen Silbe: *tab(ü)la, tabla, table; pos(i)tura, posture; san(i)tatem,*
santé; ja selbst ein ursprünglich hier langer Silbenvokal hat
sich in der neueren Sprache bis zur Schwundstufe abgeschwächt:
ornáméntum, ornement (jetzt, kolloquial, *ornmā* aus *ərnəmā*),
cœmétérium, cimetière (jetzt *simtjæ.r* aus älterem *simətjæ.r*);
ferner haben sich unter dem Einfluss der Accentlosigkeit verschiedene Artikulationen assimiliert, also vereinfacht, u. s. w.,
kurz: was das Wort vor allem geschützt, gehalten hat, ist der
accentuierte Silbenträger gewesen; die nicht accentuierten
Silbenvokale sind ganz oder teilweise reduziert worden, so dass
die ursprüngliche Lautgruppe des latein. Wortes verarmt, zerbröckelt, kontrahiert erscheint. Die Nachdrucksverhältnisse
haben es allein vermocht, dass z. B. ein siebenelementiges,
vollautiges *homĭnem* zu einem mageren Zweilauter *əm* (*homme*)
herabsinken konnte.

Übrigens ist aus phonetischen Gründen von
vornherein anzunehmen, dass alle unbetonten,
gleichviel wie immer geschriebenen Vokale sich in
allmählicher Degenerierung erst zum Neutralvokal
(ə) abschwächen mussten, um von diesem Durch-
gangspunkte aus zur Schwundstufe zu gelangen.

109. 1. Dieses Gesetz der Vokalschwächung infolge Un-
betontheit ist noch heute wirksam: noch heute lassen gewisse
Vokale, wenn sie des Schutzes der erhaltenden Accentkraft

entbehren, eine stetig fortschreitende Entartung der Artikulation
und damit eine Herabminderung ihres lautlichen Wertes erkennen. Dies zeigt sich besonders an den unbetonten ọ ẹ in etwa
comment, maïson; denn während ɔ in homme, œ in falaïse unter
der Deckung des Nachdrucks prägnant entwickelt sind, also
ihren vollvokalischen Wert bewahren, wird die Artikulation in
Vordruckstellungen wie in comment, potin, raïson, préférer
laxer, der Laut degeneriert, schwächt sich ab und verschiebt
sich, charakteristischerweise, regelmässig nach der bequemsten,
weil die geringste Prägnanz der Bildung erfordernden und der
Indifferenzlage zunächst liegenden Artikulation, nämlich nach
derjenigen des unbetonten sog. Neutralvokals ə hin. Dieses ə
ist gleichsam anzusehen als eine letzte Etappe, von der aus
zur Schwundstufe es nur noch ein kleiner Schritt ist. So sehen
wir — um einige schon früher erwähnte Beispiele anzuführen —
das ursprüngliche kɔmã (comment) in unseren Tagen werden zu
kọmã und selbst zu kəmã oder gar k[ʌ]mã, mit blossem Stimmgleitlaut. So hat älteres mõsjœ(r) schon eine ganze Reihe von
Schwächungen erfahren: mɔsjö, mọsjö, mɔsjö, ja im natürlichen
Gebrauche der täglichen Umgangssprache sogar ganz gewöhnlich bis zu msjö, msjö (mit stimmlosem oder geflüstertem m).
Was den dritten der unbetonten Vokale, ə, betrifft, so schwindet
derselbe immer mehr im gesprochenen Französisch, auch in
dem des höheren Stils. Im natürlichen Ausdruck der Gemein-
sprache dürfte jetzt allgemein elve (élevé), lvã (le vent), lpæ
(le pin), ervã (et revint), ãste (acheter), ãmne (amener), ãplle
(appeler), mãrsãdvã (marchand de vin), rãlædsã.br (valet de
chambre), ʒelonœ.r drusälœe (j'ai l'honneur de vous saluer) u. s. w.
gesprochen werden. Am zähesten verhält sich noch ẹ (saison
= sẹ(.)zõ u. a.), indem dasselbe bislang der Abschwächung zu
ə widerstanden ist, offenbar wegen des Schutzes, welchen die
Artikulation infolge der längeren Dauer des unbetonten Vokals
erfährt. Dass aber diese Schwächung früher oder später eintreten wird, ist mit aller Sicherheit anzunehmen. Wir beobachten
dieselbe bereits in fəzã oder f[ʌ]zã, aus älterem fẹzã, fœzã
(faisan), eine Form, die in weiterer Assimilation sogar zu fzã
fortgeschritten ist. Analoge Fälle sind faisons, faisais, u. a. m.

2. Auch andere Vokale als *ə œ* beginnen, besonders in der Umgangssprache, sich abzuschwächen; so ist in gewissen Sprechkreisen *dežà* (déjà) durch *dəžà* bereits zu *džà* geworden [z. B. *i(l)jàdžà tr̰wažu.r* (il y a déjà trois jours). cf. Passy, Sons du français, p. 55]; so *pötœ.tr̰* (peut-être) bereits zu *pətœ.tr̰*. *p[ə]tœ.tr̰* oder gar zu *ptœ.tr̰*, ohne Gleitlautbildung. Man könnte hier von einer starken, weil accentuierten Form *pö* in *sàspö* (cela se peut), und von einer schwachen, weil durch die stete Unaccentuiertheit degenerierte Form *pə—, p[ə]—, p—* reden. Sogar „Diphthonge" werden völlig reduziert, wenigstens in der Umgangssprache. Vgl. *vlà* für *vwàlà* (voilà), u. a.

3. Konservativ zeigen sich vorerst auch noch unbetonte *u, i, a*, da sie am weitesten von der Neutrallage (ə) entfernt sind. Dass jedoch auch sie mit der Zeit diesem Degenerierungsprozess zum Opfer fallen werden, ist ganz unzweifelhaft. So, sehen wir, spielt beim vokalischen Lautwandel des Neufranzös. die durch Accentlosigkeit hervorgerufene Lautschwächung eine wichtige Rolle.

110. Eine bemerkenswerte Sandhi-Erscheinung ist endlich noch die durch Unaccentuiertheit bedingte **quantitative Schwächung** des Lautkörpers. Dieser Erscheinung ist bereits oben bei dem Kapitel über die „Dauer" näher gedacht worden, so dass sie hier nur eben kurz angedeutet zu werden braucht. Es ist hier besonders der Dauerminderung zu erwähnen, welche eine quantitativ volle Silbe erfährt, wenn sie aus dem Accentverhältnis herausgehoben wird und vor den Accent tritt. So heisst es *fà.r* (fard), aber *fàrde* (à mittelzeitig); so *o.t* (hôte), *otɛl* (hôtel); so ferner *ka.n* (cane) — *kànà.r* (canard); *lœ.r* (leur, isoliert); aber — *lœr pœ.r* (leur père); c'est jus vert et vert jus (*žüvœ.r evœ(.)r̰žü; das zweite *œ* mittelzeitig, u. v. a. m.

Hierher gehören wohl auch Formen wie *àpœl* (appelle) — *àp(ə)le* (appelé), *mœn* (mène), *m(ə)ne; àšat* (achète), *àšte, pr̰r̰otœ.ž* (protège), *pr̰r̰ɔteže* oder *pr̰r̰ɔteže* (protégé).

Dritte Abteilung.

Accessorien der französischen Lautsprache.

111. Der Gedankengang unserer bisherigen Ausführungen ist im grossen ganzen dieser gewesen: wir haben vorerst die Bildung der einzelnen französ. Laute und deren charakteristische Eigentümlichkeiten gegenüber den engl. und deutschen erörtert; hierauf sind wir übergegangen zu deren Zusammensetzung zur elementarsten phonetischen Kombination, zur Silbe; dann zu deren Erweiterung, zum Sprechtakt bezw. zur Rede überhaupt. Dabei kamen als notwendige Fragen in Betracht die Dauer der Silben, sowie der relative Druck, mit welchem dieselben hervorgebracht werden; ferner die modulatorische Verwendung des Stimmtons, und endlich gewisse Veränderungen, welche die Laute bei ihrer Zusammensetzung zu erleiden pflegen. Vermöge dieser konstitutiven, also wesentlichen Elemente vermag ich artikulierte Rede zu bilden. Aber noch fehlen gewisse andere, vielleicht minder wesentliche, doch immerhin wichtige Elemente, welche in hohem Grade die Eigenschaft besitzen, die Rede ausdrucksvoll, anschaulich, klar, sprechend, eindringlich, intensiv zu machen. Sie sind nicht wie Lautbildung und Lautverbindung ein wesentlich auf physiologischem Impuls beruhendes Produkt der Tätigkeit des Sprechorgans, sondern sie ressortieren vorzugsweise aus dem psychischen Getriebe und kommen nur durch physische Tätigkeit zur sinnlichen Wahrnehmung.

Natürlich sind diese wichtigen Accessorien für das Französ. mehr oder weniger die gleichen wie für jede andere zu höherer Kultur gelangte Lautsprache; doch bestehen hier gewisse für das nationale Gepräge des französ. Volkes bezeichnende Abweichungen gegenüber den Gepflogenheiten anderer Idiome.

Wir betrachten der Reihe nach folgende Accessorien:
1. Zeitmass der Rede; 2. Sprechstärke: 3. Geste und Mimik;
4. Stimmqualität.

Erstes Kapitel: Zeitmass der Rede.

112. Wie man sieht, handelt es sich hier nicht mehr
um das relative Zeitmass der einzelnen Silben oder Silbenträger, wovon oben gehandelt wurde, sondern um das Zeitmass
der Rede, d. h. um diejenige zeitliche Dauer, innerhalb welcher
ein ganzer Satz oder eine Gruppe konsekutiver Sätze, eine
ganze Rede gesprochen wird. Hier gelten für das Französ.
wesentlich die gleichen Verhältnisse wie für die Sprache
überhaupt, m. a. W.: die zeitliche Folge der sprachlichen Reihen entspricht der Art des psychischen
Vorstellungsverlaufes. Folgen diese Vorstellungen rasch
auf einander, so entspricht denselben — bei natürlicher
Sprechweise — eine rasche Folge des sprachlichen Ausdrucks;
folgen sie einander träge und schwer, so verlangsamt sich
demgemäss die Sprechtätigkeit. Daher ist der lebhafte Ausdruck eigen allen Zuständen psychischer Erregung, so der
Indignation, dem Zorn, der Freude, hohem Glücksgefühl, lebhafter, gespannter Erwartung u. s. w., und der zeitliche Verlauf
der Sprechreihe wird um so rascher vor sich gehen, je intensiver der Affekt ist; andrerseits müssen psychisch deprimierende
Zustände, wie Mutlosigkeit, Trauer, gedrückte oder tiefernste,
feierliche Stimmung, schwergetäuschte Hoffnung etc., eine entsprechende Verlangsamung des sprachlichen Ausdrucks zur
Folge haben.

113. Der Grad und die Raschheit der Erregbarkeit bestimmen sich nach individueller Veranlagung. Es gibt bei
jedem Volk Individuen, die sich um nichts „aus ihrer Ruhe
bringen lassen", und wieder andere, welche beim gering-
fügigsten Anlass das psychische Gleichgewicht verlieren. Dies

sind jedoch Ausnahmen, und man hat wie für die Einzelnen,
so für eine ganze Nation ein gewisses Mittelmass anzunehmen,
das sich am besten aus der Vergleichung mit anderen bestimmen
lässt. Für das Französ. dürfte folgendes als Norm gelten.
Der Franzose, als Typus genommen, ist agil, lebendig, beweglich, leicht erregbar; er ist, wie er selbst sich ausdrückt,
„prompt à agir“, „prompt à s'emporter“. Seine Vorstellungen
folgen also rasch aufeinander, und es tritt so leicht eine
Potenzierung der psychischen Tätigkeit ein, die sich bei geringer Veranlassung leicht zum Affekt steigern kann. Diesen
Zuständen parallel geht eine entsprechende Bewegung des
sprachlichen Ausdrucks. Die Bewegungsart der französ. Rede
ist von lebhafter, gleichmässig abgestufter Kadenz, und das
durchschnittliche Zeitmass derselben ist kürzer als das durchschnittliche der deutschen und englischen, m. a. W. die französ.
Sprechweise ist rascher: dabei steigert sie sich intensiver
als die unsere, und in der Regel sind auch die Intervalle der
Stimmmodulation grössere. Dies lässt sich bei aufmerksamer
Vergleichung beider Idiome unschwer konstatieren.

Anm. 1. Offenbar ist diese psychische Verve das Produkt einer
ganzen Summe wirksamer Faktoren, so des Klimas (heitere, schon
intensivere Sonne), der Lebensweise (stark gewürzte Speisen, starke
Weine), der Erziehung (eifrige Pflege des Nationalgefühls, starke Betonung des Ehrbegriffs), der Vererbung (Frankreich schon früh national
geeinigt), u. s. w. Doch ist dies hier nicht näher zu untersuchen.

Anm. 2. Wie gesagt, wird hier nur ein ungefähres Durchschnitts-
mass angenommen und von individueller oder auch provinzieller Sprechweise abgesehen. Der Franzose des sonnendurchwärmten Südens z. B. ist
in seinem ganzen Wesen, also auch in seiner Sprache, wieder merklich
lebendiger als der Nordfranzose. Ein Provenzale oder ein Gascogner
verglichen mit dem Sohne der Bretagne oder der Normandie — welch'
verschiedenartige Naturen! Ich hatte in Orléans in täglichem persön-
lichem Verkehr willkommene Gelegenheit, die Stammeseigentümlichkeiten
eines typischen Südfranzosen zu beobachten. All seine Handlungen,
seine Bewegungen, seine Sprache, sein Mienenspiel, seine Urteile waren
von grosser Prägnanz; alles war ungemein rasch, lebhaft, feurig, der
unmittelbare Ausfluss einer lebendig empfindenden Natur. Er unterschied
sich nicht unwesentlich von den Franzosen des Orléanais, auch in der
grossen Lebhaftigkeit seiner Sprechweise und in der an weiten Intervallen
reichen Modulation seiner Stimme.

Zweites Kapitel : Sprechstärke.

114. 1. Es handelt sich hier nicht mehr um jene früher eingehend erörterte relative Expirationsstärke, welche, wie wir sahen, ein Bildungsfaktor der Silben und Sprechtakte ist; wir haben vielmehr im Auge jenes allgemeine Kraftmass, mit welchem ein gewisser Satz, eine Satzkategorie oder ein Satzgefolge ausgesprochen zu werden pflegt — also die Sprechstärke. Dieselbe korrespondiert im ganzen mit dem Zeitmass der Rede und empfängt ihren ersten Impuls wiederum von der psychischen Tätigkeit; denn jede Steigerung desselben steigert verhältnismässig den physischen Kreislauf, stimuliert die Muskeltätigkeit, spornt daher die Artikulationen zu rascherer Wechselwirkung und erzeugt so in letzter Folge, neben grösserer Lebhaftigkeit der Rede, Prägnanz der akustischen Wirkung, mit anderen Worten: die Sprache wird lauter.

2. Dieser allgemein giltige Satz erleidet auch für das Französ. keine Ausnahme; denn alle starken Gemütsbewegungen, alle leidenschaftlichen Erregungen pflegen auch in dieser Sprache mit grösserer, alle mehr reduzierten Gemütszustände mit entsprechend geringerer Schallkraft der Stimme zum Ausdruck zu gelangen. Gesteigerte Gemütsbewegung — rascher Redefluss — intensive Sprechstärke: diese Begleiterscheinungen der Rede also sind naturgemäss vergesellschaftet. Die graduelle Abstufung ist unendlich und kann hier nicht weiter erörtert werden.

3. Selbstverständlich kann auch eine gedrückte Gemütsstimmung, überhaupt ein sehr langsamer Vorstellungsverlauf, mit lauter Stimme ausgedrückt werden; doch ist dies, bei Voraussetzung gewöhnlicher Sprechweise, keine natürliche Koïnzidenz. Auch individuelle Gewöhnung kann von dem sub 1 Gesagten abweichen.

4. Diese relative, von den Intentionen des Sprechenden oder von psychischen Prozessen bestimmte Sprechstärke ist nicht zu verwechseln mit der absoluten Schallstärke des gesprochenen Französisch überhaupt. Hier gilt als feststehend, dass infolge der Sauberkeit der Artikulation und

der häufigen Verwendung von Palatalen das Französ.
einen hellen, lauten, wohl vernehmlichen Eindruck
macht, was sich besonders deutlich zeigt bei einem aufmerksamen Vergleiche mit dem akustisch ganz verschiedenen
Englischen.

Drittes Kapitel: Geste und Mimik.

115. 1. Das Verständnis gegenseitiger Mitteilungen wird
weiter sehr wirksam gefördert durch die Verwendung der
Geste. Auch diese empfängt ihren ersten Impuls von der
Sprachseele. Ist der Vorstellungsverlauf lebhaft, steigert er
sich zum Affekt, so fliegt das Wort rasch dahin, der Ausdruck
wird accentuiert, laut, schallkräftig, und um der Rede noch
mehr Gewicht, mehr Nachdruck, mehr Anschaulichkeit zu verleihen, wird sie begleitet von einer entsprechenden Bewegung
der Hand.

2. Die Geste findet gerade im Französ. eine der Lebhaftigkeit der Rede entsprechende häufige Verwendung. An
dem Franzosen — namentlich an dem des Südens — lebt alles,
auch die Hand. Ihm quillt, so zu sagen, die Geste aus dem
vollen Drange seiner regen Sprachseele, seines leicht beweglichen Gefühlslebens heraus; sie ist spontan, organisch, nicht
gesucht. Sie ist der unmittelbare Ausdruck des Bedürfnisses,
die Begrifflichkeit des Gesprochenen durch Hinzunahme eines
sinnlich wirksamen Mittels anschaulicher, belebter, verständ-
licher, gleichsam mehr plastisch, mehr emphatisch zu gestalten.

3. Charakteristisch ist ein Vergleich der Verwendung der
Geste im Deutschen, Französ., Englischen und Italienischen.
Der Franzose, wie wir sahen, macht von derselben reichlich
Gebrauch. Sie ist ein wirksames Accessorium seiner Rede.
Schon etwas mehr tritt sie zurück bei dem ruhigeren Deutschen,
obwohl auch er zur begrifflichen Verstärkung des Ausdrucks
dieselbe noch immerhin häufig genug verwendet. Von ganz
untergeordneter Bedeutung ist sie dagegen beim Engländer.
Die streng gefügte englische Sitte verpönt in der Konversation

der Gebildeten alle lauten Ausbrüche oder sinnlich auffälligen
Äusserungen psychischer Affekte; daher ist der Grundton der
engl. Rede — aussergewöhnliche Verhältnisse ausgenommen —
die Ruhe. Der Engländer spricht mit ruhiger, kühler Über-
legung, er spricht leidenschaftslos, dabei mit mehr gedämpfter
Stimme ("low tone"), weit weniger laut als z. B. wir oder die
Franzosen, und — was hier besonders von Interesse ist — mit
nur ganz geringer, subsidiärer Verwendung der Geste: ja selbst
diese englische Geste hat nicht das Entschiedene, das scharf
Accentuierte der französischen. Es fehlt dem Insellande mit
seinem feuchteren, mehr besänftigend wirkenden Klima der
heisse, trockene Sonnenstrahl des Südens, welcher das Blut zu
rascherem Kreislauf spornt und die Erregbarkeit fördert. Den
Gegenpol zur englischen Geste bildet die italienische. Sie ist
beseelt von regstem psychischen Leben, ist äusserst behend,
gewandt, anschaulich, „sprechend". Die italienische Geste
steht nahe an der Grenze, wo die Handbewegung aufhört,
Accessorium zu sein und zu einer eigenen Zeichensprache wird.
Der Italiener beginnt oft einen Satz, den er — sehr ausdrucksvoll — lediglich mit einer Geste vollendet, was in gewissem
Umfange übrigens auch in Frankreich, ja selbst bei uns, zu
beobachten ist. Die Anschaulichkeit der Geste ist besonders
beim niedern ital. Volke sehr ausgebildet; hier wird sie zur
Gestikulation und wird bereits Zeichensprache. In Neapel
geschieht es — nach zuverlässigem Zeugnis — sehr gewöhnlich,
dass der unten die Strasse hinfahrende Gemüsehändler mit
der aus dem vierten oder fünften Stock herausschauenden
Kundin das Geschäft abschliesst, in aller Form „handelt"
— lediglich durch Gesten. —

Allgemein ist zu bemerken, dass bei den Gebildeten dieser
Völker die Geste zu minder häufiger Verwendung kommt als
bei den niederen Gesellschaftsklassen: es ist als ob der Ge-
bildete bereits in der geschickten Verwendung der logischen
Prädikate genügende Mittel fände, seiner Rede Ausdruck,
Relief zu verleihen.

4. Im grossen ganzen dürfte die Form oder Bildungsweise
der französ. Gesten mit der deutschen übereinstimmen, besonders
wenn wir unter Geste nicht nur eine Handbewegung, sondern

auch eine solche des Kopfes, des Armes oder der Schultern
verstehen; doch sind Verschiedenheiten bemerkbar. Es sei hier
beispielsweise nur an das charakteristische Heben der einen
Schulter nebst leichter seitlicher Neigung des Kopfes erinnert
bei einem mit verächtlichem Tone gesprochenen: Ah, le vieux
fat, va! Eine andere uns unbekannte Geste ist diese. Wenn
wir ausdrücken wollen, dass durch eine höhere Gewalt (feind-
liche Soldaten, Räuber, Exekutor) uns alles hinweggenommen
worden und nichts geblieben ist, so pflegen wir den betr.
Satz (das „so" in: „alles haben sie uns genommen; nicht
so viel ist geblieben" [was auf eine Messerspitze geht]) zu be-
gleiten mit einer sinnlich bezeichnenden Bewegung: wir legen den
Zeigefinger der einen quer in den eingebogenen Zeigefinger
der andern Hand, lassen die Spitze des ersteren ein Stück
hervorstehen und stemmen die Schneide des einen Daumens
auf den Wurzelteil des Indexnagels, etwa um die Form einer
Messerspitze anzudeuten. Der Franzose braucht in solchem
Falle eine ganz andere Geste. Spricht er etwa ein: „Ces
brigands ne nous ont rien laissé, rien du tout, *pas ça!*", so
wird er bei dem *pas* die Innenseite des einen Daumennagels
an die untere Innenfläche der oberen Schneidezähne stemmen
und bei dem emphatisch gesprochenen *ça* den Daumen nach
vorn abdrücken, so dass durch das brüske Losziehen des Nagels
vom Zahn eine Art Knackgeräusch entsteht. Eine andere uns
unbekannte, besonders vom Volke gebrauchte Geste ist folgende.
Um auszudrücken, dass jemand flüchtig geworden ist, besonders
im mehr scherzenden Sinne („durchgebrannt"), so pflegt man den
linken Arm im Winkel zu halten, die Hand senkrecht herunter-
zulassen, mit der rechten einen leichten Schlag auf die Aussen-
fläche derselben zu führen und dann mit der so getroffenen
Hand nebst dem Arm eine leichte Rückwärtsbewegung zu
machen, offenbar um das Verschwinden anzudeuten. Beisp.:
Après avoir mangé tout son argent, il a fini par s'embêter,
et un beau matin, le polisson (Geste!) . . . avait décampé
tout doucement.

Weitere Fälle abweichender Gesten mag der Studierende
selbst beobachten. Diese Beobachtnngen an möglichst vielen
eingeborenen Individuen sind sehr interessant und fördern

wesentlich das richtige Verständnis und die Erfassung der nationalen Eigentümlichkeiten bezw. Begleiterscheinungen einer fremden Lautsprache.

116. Zur Geste gesellt sich häufig ein entsprechendes Mienenspiel, das im Französ. wiederum ziemlich lebhaft ist, lebhafter als im Deutschen, merklich lebhafter als im Englischen. Zuweilen ist dasselbe von einer jähen Senkung oder Hebung (bei Indignation, starker Verwunderung etc.), überhaupt von einer Bewegung des Kopfes begleitet. Entsprechend der leichten und für den Augenblick intensiven Erregbarkeit des Franzosen kommt das Mienenspiel zu rascher und deutlicher Ausprägung, sehr deutlich bei Zorn, Hass, Indignation und allen potenzierten seelischen Prozessen. Auch hier ist das physiognomische Bild, wie oben die Geste, der unmittelbare Ausdruck der inneren Vorgänge.

Etwas vom Deutschen wesentlich Abweichendes ist sonst nicht zu bemerken. —

Auf Grund der Erörterungen der voraufgegangenen Kapitel wird man — normale Sprechweise vorausgesetzt — im Französ. folgende Korrespondenz der sprachlichen Accessorien mit dem psychischen Mechanismus aufstellen können: starke Gemütsbewegungen veranlassen neben starker Stimmmodulation und hoher Stimmlage grössere Schallstärke der Rede, bedingen raschere Sprechweise und haben regelmässig im Gefolge eine lebhafte Verwendung der Gesten und des Mienenspiels.

Viertes Kapitel: Stimmqualität.

117. 1. Die Qualität der Stimme (die Stimmfärbung, Stimmfarbe, der Stimmklang, französ. *timbre*) kann ausser durch die Modulation, durch die verschiedene Lage, durch Schallstärke und Nachdruck weitere Veränderungen erfahren durch gewisse Konfigurationen des Lautrohrs, besonders des Kehl-

kopfs, der Schlundhöhle und des Mundkanals. Gewöhnlich
unterscheidet man zweierlei Arten: die h e l l e (reine) und die
d u n k e l e (getrübte) Stimmfarbe. Jene wird erzeugt durch
straffe Spannung der Teile des Sprechorgans, durch Verengung
der Wangenpassage und durch spaltförmige Verbreiterung der
Mundöffnung; diese durch mehr laxe Artikulation, durch Erweiterung der Mund- und Rachenhöhle und durch eine mehr
rundliche Ausflussöffnung; bei jener sind auch die Stimmbänder
straffer gespannt als bei dieser. Der helle Timbre ist allen
Gemütsbewegungen freudiger Art eigen, der dunkele depri-
mierenden psychischen Zuständen: trauriger, feierlicher, tief-
ernster Stimmung. Selbstverständlich gibt es zwischen beiden
eine ganze chromatische Reihe verschiedener Färbungen, und
der helle Timbre kann karrikiert werden — was besonders
auf der Bühne, also zu mimischen Zwecken geschieht — durch
übermässige Verbreiterung des Lippenspaltes und starke Hebung
des Kehlkopfes (sog. Lachton); ebenso der dunkele, durch aussergewöhnliche Rundung und durch laryngale Senkung, mit der
eine ziemlich laxe Verwendung der artikulierenden Teile des
Sprechorgans einherzugehen pflegt (sog. sepulkraler oder
Grabes-Ton).

2. Da im Französ. die Palatalen vorwiegen und bei Bildung
derselben die Mundwinkel ziemlich energisch auseinander gezogen zu werden pflegen, so wiegt der h e l l e Stimmklang
(le timbre *clair* im Gegensatz zu timbre *sombre*) vor. In der
Tat macht das Französ. den Eindruck eines helleren, höheren,
gleichsam schneidigeren Timbres, was besonders deutlich hervortritt bei einem Vergleich mit dem merklich tiefer liegenden
Englischen, das neben seiner laxen Artikulation eine Tendenz
zeigt, den Vokalen gewöhnlich einen dumpferen Klang (S w e e t
nennt ihn "*muffled*") zu verleihen, so dass z. B. *a* von *ɔ* oft
kaum zu unterscheiden ist.

3. Ein wirklich undeutliches Timbre entsteht in der Regel
nur durch zu kleine Mundöffnung und träge Lippentätigkeit
oder durch zu schwache Luftgebung, überhaupt durch Laxheit
und Unvollkommenheit der Artikulation, wohl auch durch
mangelhafte Beschaffenheit gewisser Teile des Sprechorgans,

also durch organische oder pathologische Fehler und Defekte,
wie abnorm breite oder lange Zunge, Spaltung oder gänzliches
Fehlen des Gaumendaches, Verkrüppelung des Gaumensegels,
Spaltung der Lippen (sog. Hasenscharte) u. s. w. Doch sind dies
individuelle Eigentümlichkeiten, die für das Gemeinfranzösische
nicht in Betracht kommen.

Anm. Einige der zu diesem Kapitel gehörigen Fragen sind bereits
früher erörtert worden. Vgl. oben 53 ff.. „Charakteristische Züge
französ. Lautbildung“. und sonst passim.

Vierte Abteilung.

Transskription.

118. Nachdem wir in den voraufgegangenen Abteilungen die Bildungselemente der französ. Lautsprache kennen gelernt haben, handelt es sich jetzt darum, dieselben für die Zwecke graphischer Verwertung zu transskribieren, d. h. sie in Lautschrift umzusetzen. Es ist nun ohne weiteres klar, dass diese Elemente sich nicht alle gleich bequem und genau durch die Schrift darstellen lassen; denn um nur von den oben behandelten Accessorien zu reden — wie ist es z. B. möglich, mit einem starren, dürftigen Zeichen ein klares Bild zu geben von einem so lebensvollen Element, wie es die anschauliche Geste, oder von einem so komplexen, wie es der Timbre ist? Ja, selbst von den wesentlichen Bildungselementen der Synthese werden wir die Stimmmodulation und die Stimmtonlage (engl. *key,* französ. *clef*) ausscheiden müssen, da unsere bisher bekannten Anschauungs- und Darstellungsmittel — zunächst soweit sie die Schrift an die Hand gibt — bei weitem nicht genügen, um die feine psychologische Nüancierung, wie sie der menschlichen Stimmverwendung gewöhnlich unterliegt, zum entsprechenden Ausdruck zu bringen. Wir werden daher von dem Grundsatze ausgehen müssen, nur solche Lautelemente zu transskribieren, welche einerseits zum wissenschaftlichen Verständnis der französ. Lautsprache durchaus notwendig, andrerseits sinnunterscheidend sind und sich leicht und sicher darstellen lassen. Auf diese Weise erhalten wir eine auf wissenschaftlicher Grundlage ruhende, einfache, praktisch verwendbare Lautschrift, mit welcher unseren Zwecken am besten gedient sein wird.

9*

119. Demgemäss, und da wir uns innerhalb der Grenzen
nur e i n e s Lautsystems halten, wird es genügen, aus der
S y n t h e s e vorzugsweise die Q u a n t i t ä t zu berücksichtigen.
Aber selbst hier kommt nur e i n Dauergrad zur Darstellung,
nämlich die Länge: mittlere Zeit und Kürze bleiben unbezeichnet. Die Bezeichnung des N a c h d r u c k s kann füglich
unterbleiben, da er regelmässig auf der letzten volllautigen
Silbe eines Wortes oder Taktes ruht, überdies ja schwach ist.
Nur wenn ein starker sekundärer Accent sich zeigt, wie bei
baron, so wird dieser gesetzt (⁰*ba.rö*). Ton und Stimmlage
müssen dargestellt werden durch die hergebrachten, erfahrungs-
mässig praktischen Mittel der Satzzeichen: Ausruf, Frage,
Parenthese, Gedankenstrich u. s. w. Von der Silbenteilung
wird abgesehen; die Rede wird in Accentgruppen nieder-
geschrieben: um jedoch das Lesen der Lautschrift zu erleichtern
und zugleich den logischen Forderungen gerecht zu werden,
wird innerhalb dieser Gruppen die konventionelle Wortteilung
beibehalten. Es wird so ein Ausgleich des phonetischen und
des logischen Prinzips angestrebt. Strenger phonetisch —
dies sei hier ausdrücklich bemerkt — wäre natürlich, auch die
Andeutung der Worttrennung zu unterlassen. Wir werden
dieser phonetischen Forderung wenigstens insoweit gerecht
werden, als wir kleine agglutinierte Wortgruppen, wie *l'a* (*lä*),
s'est (*sæ*), *l'on* (*lö*), *s'il* (*sil*) etc. in den späteren Texten als
e i n s betrachten.

120. Bezüglich der a n a l y t i s c h e n Elemente der französ.
Lautsprache, also der einzelnen Laute, können unbeschadet
der wissenschaftlichen Genauigkeit im grossen ganzen die
herkömmlichen Lautzeichen Verwendung finden: nur hat man
sich bei jedem einzelnen den entsprechenden — oben eingehend
erörterten — Lautwert zu vergegenwärtigen; so z. B. bei *p t k*
die Hauchlosigkeit, bei *b d g* den Stimmton, bei *i* den ausgeprägten Lippenspalt, bei *u* die ausgeprägte Rundung, u. s. w.,
bei allen die saubere, straffe Artikulation. Im einzelnen sei
noch dieses bemerkt. Für unsilbige *u i ü* (*u i ü*) sind eigene
Konsonantenzeichen gewählt worden: *w j ö*. Da zwar jetzt
der Gebrauch von *r²* vorherrschend sein dürfte, *r¹* aber auch

noch in breiten Gebieten gilt, so wird schlechthin *r* gesetzt, welchem Lautzeichen jeder seine individuelle Aussprache substituieren mag. Eine rein wissenschaftlichen Zwecken dienende Transskription würde allerdings auf der oben angedeuteten Basis nicht geschaffen werden können. Schon allein die Lautzeichen wären unzureichend; denn an das römische Alphabet, dessen wir uns hier bedienen, knüpfen sich für jeden ganz von selbst die Assoziationen des heimatlichen Idioms, die auf Schritt und Tritt ein Hemmnis bilden würden für die von allen Vorurteilen freie, reine Erfassung fremder Lauttypen. Zu jenem Zwecke würden wir vielmehr eines Zeichensystems bedürfen, das, weit entfernt willkürlich zu sein, wie das römische, vielmehr streng organisch sein müsste; eines Systems, welches, den Bewegungen der Sprachorgane sorgfältig folgend, diese gleichsam graphisch wiederspiegelte; m. a. W. wir brauchten eine Artikulationsschrift, wie etwa das Bell'sche "Visible Speech". Doch kommt es uns hier auf eine so streng wissenschaftliche Lautschrift nicht an, da ja die unsere mehr praktisch-wissenschaftlich sein soll. Aus diesem Grunde sind die latein. Lautzeichen beibehalten worden. Um jedoch der wissenschaftlichen Forderung Genüge zu leisten und in der Transskription möglichst die Veränderungen zu berücksichtigen, welche die Laute im Sprechgefüge ergeben, wollen wir zur Veranschaulichung unsere Texte mit einigen Proben beginnen, bei welchen auch Ton, Gleitlaute und Assimilationserscheinungen berücksichtigt werden sollen. Die hierauf folgenden Specimina sind in einer mehr praktischen, wesentlich vereinfachten Transskription gegeben. Daher wird von der Umschrift der Gleitlaute, der Sandhifälle etc. abgesehen; nur werden taktauslautende, postkonsonantische *l r*, denen kein Vokal folgt, immer als stimmlos (*l̥ r̥*) bezeichnet, wofern sie — in gewissen Fällen — nicht ganz fortfallen.

121. Auf Grund der voraufgegangenen Erörterungen stellen sich nun die Elemente unserer Lautschrift nebst den Hilfszeichen folgendermassen dar:

Lautzeichen.

p	pan	*w*	foin	*s*	sein	(*h*) là-*h*aut
b	ban	*w*	loin	*z*	zinc	*m*	mon
t	ton	*ᵫ*	puis	*š*	chez	*n*	non
d	don	*ü*	buis	*ž*	geai	*ñ*	bagne
k	crin	*f*	fin	*j*	pion	*r*	ras
g	grain	*v*	rin	*j*	bien	*l*	las.

a	dame	*i*	île	*ǝ*	que	*ã*	pan
a	âme	*ɔ*	fort	*ü*	peu	*ã*	vain
æ	règne	*ǫ*	comment	*u*	son	*õ*	son
ç	régner	*o*	trône	*ü*	mur	*œ̃*	à jeun.
e	bébé	*œ*	heure				

Hilfszeichen.

a. Länge

a(.) halbe Länge bezw. Länge in unbetonter Silbe

a◡ Kürze—nur ausnahmsweise angewandt; sonst bleibt Kürze unbezeichnet (*a*)

a◡◡ Unterkürze } nur ganz ausnahmsweise angewandt
a.. Überlänge }

'*a* Accent; (·)*a* sekund. Accent

'*a* fester Stimmeinsatz

á crescendo

à diminuendo

ä crescendo-diminuendo

ā gleichmässig gehalten

ą stimmlos bezw. geflüstert

un } *nn* } halbstimmlos

n silbenbildend

u agglutiniert

(*n*) gerundet

ã nasaliert

／ steigender
＼ fallender } Ton
∧∨/\/ zusammenges. }

⌐ ⌐ Stimmlage

[ə] Stimmgleitlaut

[ə] devokalis. Stimmgleitlaut

['] gehauchter glide

['] glottal stop (am Vokalende)

- Bindestrich zwischen Taktteilen.

Anm. Manche dieser Hilfszeichen beziehen sich nur auf voraufgegangene lautliche Erörterungen.

Texte.

1. Les enfants et les lapins.

JENNY. Qu'est-ce que tu fais donc là, Julot?

JULES. Je cueille de l'herbe pour mes lapins, Jenny: viens vite m'aider.

JENNY. Est-ce que la grise a eu ses petits?

JULES. Oui, cinq.

JENNY. Ah, enfin! Il y a déjà trois jours qu'elle fait son nid. Je voudrais tant les voir, ces petits mignons.

JULES. Oh, tu sais, Jenny, ils sont bien laids! Ils ont des grosses têtes et les yeux fermés.

JENNY. Cela ne fait rien; je veux les voir.

JULES. Non, tu leur ferais peur. Cueille surtout des lacerons et des pissenlits; cela donne du lait aux lapines.

JENNY. Oh, je sais bien, va, et la grise les aime beaucoup. Mais je veux voir les petits lapins: je ne leur ferai pas peur du tout. —

Jules et Jenny s'étaient mis à marcher vers la basse-cour en portant chacun une bonne quantité d'herbes. Quand ils approchèrent de la cage où étaient les petits lapins, la mère courut se mettre sur le nid pour protéger ses petits, et elle regarda les enfants d'un air méchant et craintif à la fois.

JULES. Regarde, Jenny, comme elle a l'air méchante! Elle était pourtant bien douce, d'habitude.

JENNY. Ah, je crois bien, elle venait toujours manger et se faire caresser!

1. læz-äfä e-le-läpæ.

žanni. — ⌐ kæs tü-fæ-dö-lä.↘ žülo?⁄

žül. — ž-kæj d(ɔ)-l-ærb⁄ pur-me-läpæ↘ ⌐ žanni:⁄
rjä-rit⁄ m-e(.)de.↘

žænni. — æs(kə)-lä-gri.z ä-ü-se-pti?⁄

žül. — wi[']], ⌐sæ.k.↘

žænni. — ∧a. äfæ! j-ä-džä-⁄∧trrwa.-žu.r k-æl-fæ
sö-ni. ⌐ž-vudræ-tä le-(v)wä.r.↘ se-pti-miñö.↘

žül. — ⌐∧o. t/a/-se-žænni, i-sö-bjæ.⁄ læ!↘ iz-ö-de-
gro.s-tæ.t⁄ e-lez-jö færme.↘

žænni. — (')sä-n⁄-[æ-rjæ,↘ ž-vö ⁄le-(v)wä.r.↘

žül. — nö.⁄ tü-lær-frræ-pæ.r.↘ kæj-sürrtu de-läsyrö⁄
e-de-pisäli:↘ sä-dɔn-dü-læ ⁄o-läpin.↘

žanni. — ∨o. ž-se-bjæ rä. e-lä-gri.z lez-æ.m-(')bo(.)ku.⁄
⌐mæ-ž-vö-(v)wä.r le-pti-läpæ:↘ žɔ-n-lær-frre
pa-pæ.r ∧dü-tu.

žül e-žænni s-etæ-mi(z) ä-märse rær-lä-basku.r⁄
ä-pɔrɣtä-säkæ ün-bon kätite-d-ærb.↘ kät-iz-äpyrosæ.r
d-lä-kä.ž y-etæ le-pti-läpæ.⁄ lä-mær kurü-s-mæt(r)
sü(r)-ḷ-ni pur-pyrotěže se-pti,⁄ e-æl-rɔɣärdæ lez-äfä
d-ön-æ.r mešä↘ (auch⁄) e-krrætif ä-lä-fɣä.↘

žül. — r(ɔ)gärd.⁄ žænni.↘ kɔm-[ɔ]l-ä-l-æ.r-(')⌐mešä.t!↘
æl-etæ-purrtä bjä-dus.⁄ d-äbitüd.↘

žænni. — ⌐ä. (=gerundetes a) žkrrwä-bjæ.⁄ ⌐a-rnæ-
tužu.r mäže e-s-fær-köreše!↘

JULES. Mais maintenant qu'elle a ses petits. elle a toujours
peur pour eux. Ne l'effrayons pas, elle pourrait
marcher sur ses petits en voulant les défendre.
Donnons-lui l'herbe et allons-nous-en.

JENNY. Mais non: je veux voir les petits lapins. Est-elle
assommante aujourd'hui. la grise. elle se met tout le
temps sur son nid. on ne peut rien voir.

JULES. Attends un peu. retirons-nous, elle viendra manger.

En effet. dès que les enfants se furent retirés, la lapine
quitta son nid et se mit à manger les bonnes herbes. Alors
les enfants virent les petits lapins: ils étaient couchés tous
ensemble dans le bon nid que la grise leur avait préparé
avec de la paille et des poils qu'elle s'était arrachés à elle-
même. De temps en temps ils se remuaient un peu. mais
sans ouvrir les yeux: ils avaient l'air d'avoir de la peine à
soulever leurs grosses têtes.

JENNY. Comme ils sont drôles, ces petits! On dirait qu'ils
n'ont pas de poils. Ils ne sont pas jolis.

JULES. Non, mais ils deviendront jolis quand ils seront plus
grands. Tiens, regarde, la mère a fini de manger:
elle va donner à tetter à ses petits.

Les deux enfants les regardèrent quelque temps: puis ils
entendirent sonner la cloche qui les appelaient pour leurs
leçons. Ils jetèrent vite le restant de leur herbe aux autres
lapins, et se sauvèrent en courant.

2. Bon cœur.

Le petit Charles était parti de bon matin pour les
champs. Il marchait d'un pas alerte, foulant sous ses pieds
le tapis des prairies. Tout à coup il s'arrêta. Il avait entendu

žäl. — mæ-mǽtṇnā k-æl-ä-sẹ-pti,⁄ æl-ä-tužur-pṛ.r\
‾pṛr-ö. (ṇ-l-çfrrœjö\-pa (auch geflüst.), æl-
purœ-mársẹ sü(r)-sẹ-pti⁄ ä-vulā lẹ-dẹfä.dr.\
dǫnö-ľži-l-œrb⁄ ç-älö-nṇz-ā\ (ānálö\-nṇ;
auch geflüstert).

žænni. — ⌈mœ-⁄nö.\ ⌈‾ž-vö-(v)ṇ̈ä.r lẹ-pti-lápä̈.\
æt-æl-ásǫmä.l⁄ ⌊ǫžǫrdẅi lä-gri.z,\ ⌈œ-s-mœ
tṇ-l-tā sü(r)-sö-ní,\ ö-(ṇ)-pö rjæ̈-(v)ṇä.r.\

žäl. — ‾ätā⁄ ṻ-pö,\ ç̣tirö-nṇ,⁄ æl-çjä̈drä-mäže.\

ān-çtœ,⁄ dœ-k-ṇlẹz-āfä-s für-(rə)ti(.)re.\ lä-läpṇn
kilä-sö-ni⁄ ç-s-ṇi(t)-ä-mäže lẹ-bənz-œrb.\ älṇ.r⁄
lẹz-āfä ri.r-lẹ-pti-lápä:\ iz-çtœ-kuše tṇ.s-āsä.b(ḷ) dä-
ḍ-bö-ṇi k-ṇlä-gri.z lœr-ävœ-prrẹpärẹ ävæg-d-lä-pṇ,j:⁄
ç-dẹ-prʿäl⁄ k-æl-s-çtœ(t)-äräšẹ ä-æl-mœ.m.\ (d)täz-
ä-tā⁄ i-s-rəmẅœ(t) ä-pö,⁄ mœ-(ʿ)sāz-ṇrri.r-lẹz-jö:\
iz-ävœ-l-œ.r d-ä(r)ṇär-d-lä-pœn ä-sṇlvẹ lœr-gro.s-tœ.t.\

žænni. — ⌈‾kəm-i-sö-dro.l,\ sẹ-pti! ö-dirœ k-i-n-ö-
pṇ⁄-d-prʿäl.\ ⌈ i-(ṇ)-sö-pṇ-žǫli (žəli).\

žäl. — ‾‾nö, ⁄mœ-i-dejä̈drö-žəli kä-i̯-srrö-pḷḷü-grä.\
\/tṛä̈ rgärd,\ lä-mœ.r ä-fini-d-mäže:\ æl-
vä-dǫnẹ ä-tẹtẹ ä-sẹ-pti.\

lẹ-döz-āfä lẹ-rgärdœ.r kœ(l)k(ə)-tä;⁄ p̈gi-iz-ätädi.r
sǫnẹ-lä-kṇləž⁄ ki-lẹz-äpḷḷœ pṇr lœr-ləsö.\ i-žtœ.r-vil
lə-rẹstä d-lœr-œrb oz-o.t-ṇlápä̈,⁄ ç-s-so(.)vœ.r ä-kṇrä.\

(REPRODUIT D'APRÈS NATURE.)

Anm. Nach Passy, Sons du fr., p. 55—56.

2. bö-kœ.r.

lə-pti-šärl çtœ-párti-d bö-mätä̈ pṇr-lẹ-šä.\
i-mársœ d-ṻ-pṇ-älœrt. ⁄ fṇlä sṇ-sẹ-ṇjẹ l(ə)-täpi
dẹ-prrœri.\ tṇtäkṇ i-särẹtä.\ (i)l-ävœt-ätädä

près de lui un petit cri plaintif. Il regarda à ses pieds et vit, dans l'herbe encore mouillé de rosée, un petit oiseau sans plumes, grelottant. Le pauvre petit était tombé de son nid, placé à deux pas de là, dans le buisson d'épines blanches. Charles, tout ému de pitié, prit l'oiseau dans sa main et le réchauffa un instant. Puis il allongea son bras à travers les buissons, et doucement, bien doucement, il remit l'oiseau dans son nid, à côté de ses petits frères. „Va, dit-il, pauvre petit, ne crie plus. Ta mère qui te croit perdu, sera bien heureuse à son retour."

Et Charles, hâtant le pas, s'en alla le cœur joyeux. Car rien ne rend aussi heureux que d'être bon, même envers un petit oiseau.

3.

Si la femme ne descend pas jusqu'à vous, élevez-vous jusqu'à elle.

Le premier trait d'esprit d'une femme c'est sa figure, le second c'est son cœur.

Il est deux catégories d'individus qu'il est impossible de convaincre, quand on n'est pas de leur avis: „les femmes ... et les hommes!"

— Cher ami, prêtez-moi cinq louis; j'ai laissé mon argent à la maison, et je n'ai rien sur moi.

— Impossible pour le moment; mais je puis vous mettre à même d'avoir cette somme immédiatement.

— Merci!

prræ-d-lëi ä-pti-kyri pllätif.\ *i-rgárdä á-se-pje*/ *ç-vi
dä-l-ærb ükɔr-muje d-roze,*/ *ä-ptit-wázo sä-pllüm,*/
grɔlǫtä.\ *l(ɔ)-po.v-pɔti ętæ-töbe d-sö-ni,*/ *plláse á-dö-
pa-d-lá,*/ *dä-l-bëisö d-epin-blä.š.*\ *šárl, tut-emü-d
pitje,*/ *pri-l-wázo dä-sá-mä*/ *ç-l-ręšofá ün-ästä.*\
pëi il-älöžä sö-brá á-trráræ.r lę-bëisö,/ *ç-dusmä,*/
bjä-dusmä,/ *i-rmi l-wázo dä-sö-ni,*/ *á-kote-d sę-pti-
frræ.r.*\ *„rá,* |_*dit-ill*), |_*po.v-pɔti, (nɔ)-krri-pllü.*\
tá-mæ.r ki-t-krrwa-pærdü/ *srrá-bjän-ɔrö.z á-sö-ryłu.r".*\

ç-šárl, (h)atä-ɟ-pa,/ *s-änälá ɟ-kœ.r-žwäjö.*\ *kár-*
┌*rjä-n rä(t)-osi-ɔrö-k/ɟ] d-æd-bö*\ (auch /) ¯*mæ.m
äræ.r ä-ptit-wázo.*\

Anm. Nach dem *"Fɔnetik titcɔr"* v. 18. Okt. 1887; aus
dem *"lernɔrz kɔrnɔr".* (Die Lektüre dieser trefflichen Zeitschrift
ist allen Studierenden und Lehrern der neuern Sprachen warm
zu empfehlen.)

3.

si-lá-fám n(ɔ)-dęsä-pa žüskä-vu,/ *ędve-vu žüskä-æl.*\

ɟ-pyrɔmje-tyræ-d-ęspyri d-ün-fám s-æ-sä-figü.r,/
lɔ-zgö (sgö) s-æ-sö-kœ.r.\

il-æ-dö-kätegyri d-ädiridü/ *k-il-æt-äpysibl dɔ-
kövä.kr*/ (*äpysibl* oder *äpysib[ɟ] dɔ-kövä.kr*), *kät-
ö-n-æ-pa-d-lwr-ávi:*\ *lę-fám,*·· *. . . ę-lęz-ɔm!*\

— *šær-ámi,*/ *prræte-mwá sä*/*-lwi;*\ *ž-e-læsɔ
mön-äržä ·á-lä-męzö*/ *ç-ž-n-e-rjä sür-mwá.*\

— ┌¯*äpysib pur-l(ɔ)-mǫmä;*\ *mæ-½-pö-vu-mætrr
á-mæ.m*/ *d-ä(v)wá.r sæt-sɔm* ⋀*imedjät(m)mä.*

— ⋀*męrrsi!*

— Voici trente centimes, prenez le tramway et allez chercher votre argent chez vous.

(„Figaro" v. 26. Nov. u. 1. Dez. 1887. „Le Masque de fer".)

4.

L'homme est un matelot qui vogue dans le Temps,
Le plus majestueux de tous les océans:
A ses flots la Nature, en naissant, le confie,
Sur un fragile esquif qu'on appelle la vie:
L'invisible Destin le guide jusqu'au port
Et le jette en riant dans les bras de la Mort.

(Louis Blanchard.)

5.

La perfection d'une langue est moins dans la richesse de son vocabulaire, dans la régularité de sa syntaxe, que dans sa souplesse et son aptitude à prendre sans effort toutes les formes qui conviennent le mieux à l'expression de la pensée; Pascal a eu raison de comparer une bonne langue à cette robe grecque dont les plis dessinent et accusent les lignes et les formes, au lieu de les couvrir et de les cacher.

En second lieu, toute langue n'est en réalité qu'un anneau dans une chaîne non interrompue; elle forme la transition d'un idiome à un autre. Il faut donc en éclairer l'étude par une double comparaison, et montrer, d'abord comment une langue se rattache à une autre et la continue en la modifiant; ensuite comment elle contient en germe la langue qui doit la suivre, comment elle l'annonce et la prépare. Au lieu d'un tableau isolé, il s'agit d'une étude d'ensemble

‒ (r)wási trrāt-sātìm, \(oder ⌐') prronc-d̦ tȷrámwe⁄
e-álc-sœrse rȷt(rr)árˣā sȩ-ru.\

(l̦-másÿ d ȷ-fœ.r; oder: másk dȷ-fœ.r.)

4.

l-ȷm ᴂt-ᴔ̈-mȧt(ȷ)lo⁄' ki-vo.g[ȷ] dȧ-ȷl̦-tȧ.\
l̦(ȷ)-pllü-mȧˣᴂstȫö dȷ-tu-lȩz-osȩā :\
ȧ-sȩ-ĵlo lȧ-natü.r,⁄' ᴁ-nᴂ(.)sᴁ, lȷ-kȫfi,⁄
sür-ᴂ̈-fȷrȧˣil ȩskif⁄ k-ȫnȧpᴂl lȧ-vi(.):\
l-ᴂ̈vizibl[ȷ] dȩstᴂ̈ lȷ-gi(.)d[ȷ] ˣüsko-pȷ.r⁄'
ȩ-l̦ȷ-ˣᴂt ᴁ-rjᴁ dᴁ-lȩ-brȧ d-lȧ-mȷ.r.\

(lȷ̈i blᴁsȧ.r.)

(In vereinfachter Lautschrift.)

5.

lȧ-pᴂrfᴂksjö dün-lᴁ.g ᴂ-mȷȷᴂ̈ dᴁ-lȧ-risᴂs dȷ-
sö-vokȧbülᴂ.r, dᴁ-lȧ-regülȧrite-d sȧ-sᴂ̈tȧks, kȷ-dᴁ-sȧ-
suplᴂs ȩ-sȯ̈n-ȧptitüd ȧ-prᴁ.dr sᴁz-efȷ.r tut-le-fȷrm
ki-kȯ̈vjᴂn lȷ-mjö ȧ-lᴂksprᴂsjö dlȧ-pᴁsȩ; pȧskȧl
ȧ-ü-rᴂ(.)zȯ̈-d kȫpȧrc ün-bȷn-lᴁ.g ȧ-sᴂt-rȷb-grᴂk dȫ-le-pli
dᴂsin(t) ȩ-ȧkü.z lȷ-liñ(z) e-le-fȷrm oljȫdle-kurri.r
e-dle-kȧsȩ.

ᴁ-zgȫ(syȫ)-ljö, tut-lᴁ.g nᴂt-ᴁ-rȧlite kᴂn-ȧno
dᴁz-ün-sᴂ.n nȫ-ᴂ̈tᴂrröpü; ᴂl-fȷrm lȧ-trᴁzisjö
dᴂn-idjo.m ȧ-ᴂ̈n-o.tr. il-fo-dȯ̈k-ᴁn-eklᴂ(.)rȩ letüd
pȧr-ün-du.b(lȷ)-kȫpȧrᴂ(.)zȫ ȩ-mȯ̈trc dȧbȷ.r kȷmᴁ(t)-
ün-lᴁ.g sȷ-rȧtȧˢ ȧ-ün-o.tr ȩ-lȧ-kȫtinü ᴁ-lȧ-
mȷdifjᴁ: ᴁsȷ̈it kȷmᴁ(t)-ᴂl-kȫtjᴂ̈(t) ᴁ-ˣᴂrm lᴁ-lᴁ.g
ki-dȷȷᴁ-lᴁ-sȷȷi.vr, kȷmᴁ(t)-ᴂl-lᴁnȫ.s ȩ-lȧ-prȩpȧ.r.
oljö dᴂ̈r-tȧblo izȷlȩ. il-sᴁˣi dün-ȩtüd dᴁsᴁ.bl

avec la recherche des ramifications dans le passé et dans l'avenir; l'historien doit joindre à l'examen de ce qui a précédé, la prévision de ce qui doit suivre. (PELLISSIER. Précis d'histoire de la langue franç.. Paris 1873. p. 17.)

6. Baze d'articulacion (de la langue Anglaize).

Avant de passer en revue les divers sons de la langue Anglaize, il est bon de se randre conte des principes généraus de prononciacion daprès lesquels ils sont formés.

D'une manière générale, la prononciacion Anglaize est toutafait opozée a la nôtre. Chez nous, la force d'expiracion varie peu, mais augmante ver la fin des groupes de sons; en revanche, l'articulacion est tres énerjique, la langue est presque constamant avancée et tandue, les lèvres et le voile du palais sont tres mobiles. En Anglais, la langue est ordinairemant élarjie, détandue, et un peu retirée en ariêre des dans; le milieu de la langue tand a prandre une forme concave; l'acsion des lèvres est tres peu énerjique. La force d'expiracion, au contraire, est tres grande et tres variée: en général èle est surtout forte au comancemant des groupes de sons, et diminue ver la fin.

Ces remarques nous serviront, d'une part, a expliquer pourquoi tel son existe plutot que tel autre en Anglais; en segond lieu, a doner a chaque son la nuance exacte qui lui convènt.

Cela dit, nous alous passer en revue les divers sons de la langue Anglaize.

(P. PASSY, Élémans d'Anglais parlé. Paris, Firmin-Didot, p. 9.)
— Die in diesem Stück gebrauchte Orthographie ist die der „Société de réforme ortografique" zu Paris.)

ăræk-lă-ršærš de-rămifikasjö dă-lpa(.)se e-dă-lăvni.r;
listərjæ̆ dwă-žwă̆.dr ă-legzămă̆ dəski-ă-presede,
lă-previ(.)zjö dəski-dwă-sžii.r̥.

6. ba.z dărtikülasjö (dlă-lă.g ăglæ.z).

ără-d pa(.)se-ă-rvü le-divær-sö dlă-lă.g-ăglæ.z,
il-æ-bö dəs-ră.d(r)-kö.t de-præsip ženero-d pronösjasjö
dăpræ-lekæl il-sö-fərme.
dün-mănjæ.r ženerăl, lă-pronösjasjö ăglæ.z
æ-tutăfæt-əpo(.)ze ă-lă-no.tr. se-nu, lă-fərs dækspirasjö
vări-pö, mæ-ogmă.t văr-lăfă̆ de-grup də-sö; ă-rvă.š,
lărtikülasjö æ-træz-enæržik, lă-lă.g æ-præskə köstămă̆(t)-
ăvăse e-tădü, le-læ.rrz e-lwăl-düpălæ sö-træ-mobil.
ăn-ăglæ, lă-lă.g æt-ərdinærmă̆(t)-elărži, detădü, e-ă-pö-
rtire ăn-ărjæ.r de-dă; l(ə)miljö dlă-lă.g tăt-ă-pră.dr
ün-fərm köka.v; lăksjö de-læ.vrz æ-træ-pö-enæržik.
lă-fərs dækspirasjö, o-kötræ.r, æ-træ-gră.d e-træ-vărje:
ă-ženerăl æl-æ-sürtu-fərt o-kəmăsmă de-grup də-sö,
e-diminü văr-lă-fă̆.

se-rmărk nu-sæervirö, dün-pă.r, ă-æksplike purkwă
tæl-sö egzist-plüto-k tæl-o.tr ăn-ăglæ; ă-zgö-ljö, ă-dəne
ă-šăk-sö lă-nžöă.s-egzăkt ki-lžöi-kövjă̆.

slă-di, nuz-ălö pase-ă-rvü le-divæ.r-sö dlă-
lă.g-ăglæ.z.

7. Mignon.

Connais-tu cette terre où les citrons fleurissent,
Où croît l'orange d'or sous un feuillage obscur?
Là plane un vent léger venu d'un ciel d'azur.
Là, près du myrte vert, les beaux lauriers grandissent.
La connais-tu? C'est là, mon bien-aimé, dis-moi,
C'est là que je voudrais m'en aller avec toi.

Connais-tu la maison avec sa colonnade?
La chambre est bien parée et le salon brillant,
Et les marbres sculptés semblent, en me voyant,
Dire: que t'a-t-on fait, ô pauvre enfant malade?
La connais-tu? C'est là, mon protecteur, dis-moi,
C'est là que je voudrais m'en aller avec toi.

Connais-tu la montagne élevée au nuage?
Le mulet y poursuit son chemin nébuleux,
Le dragon y repose au fond d'un antre affreux,
Et le torrent bondit avec le roc sauvage.
La connais-tu? C'est là, mon père, oh! dis-le-moi,
C'est là qu'il te faudra m'emmener avec toi.

(Gœthe, traduit par Xavier Marmier.)

8. L'aveu permis.

Viens, mon cher Olivier, j'ai deux mots à te dire,
Ma mère l'a permis, ils te rendront joyeux.
Eh bien, je n'ose plus. Mais dis-moi, sais-tu lire?
Ma mère l'a permis, regarde dans mes yeux.

7. miñō.

kɔnœ-tü sœt-tœ.r u-le-sitrö flœris,
u-krʷʷa lɔrã.⸗ dɔ.r suz-œ̄-fœjà.⸗ ɔpskü.r?
là plàn-ā̆-vā-le⸗e rɔnü-dœ̆-sjœl dàzü.r
là, prœ̆-dü-mìrt(ɔ)-rœ.r, le-bo-lorje grŭdis.
là-kɔnœ-tü? sœ-˙là, mŏ-bjǟn-œme, di-mʷʷà,
sœ-˙là kɔ-⸗rudrœ mãn-àle(r) àvœk-tʷà.

kɔnœ-tü là-mezō àvœk sà-kɔlɔnàd?
là-sã̄.br œ-bjǟ-pàre e-lɔsàlō brɩjã,
e-le-màrbr(ɔ) skülte sã̄.bl(ɔt) ã-mɔ-vʷàjã,
di.r: kɔ-tà-tō-fœ, o.-po.xr-ãfã màlàd?
là-kɔnœ-tü? sœ-˙là, mŏ-prɔtœktœ.r, di-mʷʷà,
sœ-˙là kɔ-⸗rudrœ mãn-àle(r) àvœk-tʷà.

kɔnœ-tü là-mōtàñ elve o-nüà.⸗?
lɔmülœ i-pursϊi sō-śmœ̆ nebülö,
lɔdràgō i-rpo.z o-fō dœ̆n-ã.tr-àfrö
e-ltɔrã bōdi àvœk-lɔ-rɔk sorà.⸗
là-kɔnœ-tü? sœ-˙là, mōpœ.r, o. di-l(ɔ)-mʷʷà.
sœ˙là kil-tɔ-fɔdrà mãmɔne(r) àvœk-tʷà.

8. làvö pœrmi.

vjœ̆, mŏ-śœ(.)r-ɔlivje, ⸗e-dö-moz à-tɔ-di.r,
mà-mœ.r là-pœrmi, il-tɔ-rãdrö ⸗ʷàjö.
e-bjœ̆, ⸗ɔ-no.z-plü. mœ-di-mwà, sœ-tü-li.r?
mà-mœ.r là-pœrmi, rɔgàrd(ɔ) dã-mez-jö.

Voilà mes yeux baissés! Dieu! que je suis confuse!
Mon visage a rougi; vois-tu, c'est la pudeur.
Ma mère l'a permis, ce sera ton excuse;
Pendant que je rougis, mets ta main sur mon cœur.

Que ton air inquiet me tourmente et me touche!
Ces deux mots sont si doux! mon cœur les dit si bien!
Tu ne les entends pas, prends-les donc sur ma bouche!
Je fermerai les yeux, prends, mais ne m'en dis rien.

(Mme MARCELINE DESBORDES-VALMORE.)

9. La création.

Au commencement, Dieu créa les cieux et la terre. La terre était informe et vide; il y avait des ténèbres à la surface de l'abime, et l'esprit de Dieu se mouvait au-dessus des eaux.

Dieu dit: Que la lumière soit! Et la lumière fut. Dieu vit que la lumière était bonne; et Dieu sépara la lumière d'avec les ténèbres. Dieu appela la lumière jour, et il appela les ténèbres nuit. Ainsi, il y eut un soir, et il y eut un matin: ce fut le premier jour.

Dieu dit: Qu'il y ait une étendue entre les eaux, et qu'elle sépare les eaux d'avec les eaux. Et Dieu fit l'étendue, et il sépara les eaux qui sont au-dessus de l'étendue d'avec les eaux qui sont au-dessous de l'étendue. Et ce fut ainsi. Dieu appela l'étendue ciel. Ainsi, il y eut un soir, et il y eut un matin: ce fut le second jour.

Dieu dit: Que les eaux qui sont au-dessous du ciel se rassemblent en un seul lieu, et que le sec paraisse. Et cela fut ainsi. Dieu appela le sec, terre, et il appela l'amas des eaux, mers. Dieu vit que c'était bon. Puis Dieu dit: Que

v̆ŭălă mez-jö̆-bæ(.)se! djö! kɔ-ž-sŭ̆i-kŏfŭ.z!

mŏ-ŭiză.ž ă-ru(.)ži; vŭ̆ă-tŭ, sæ-lă-pŭdœ.r.

mă-mæ.r lă-pærmi, sɔ-s(ɔ)ră tŏn-œkskŭ.z;

păulă kɔ-ž(ɔ)-ru(.)ži, mæ-tă-mæ̆ sŭr-mŏ-kœ.r.

kɔ-tŏn-æ.r ĕkjæ mɔ-turmŭ.t e-mɔ-tuš!

se-dö-mo sö-si-du! mŏ-kœ.r le-di sĭ-bjæ̆!

tŭ-n-lez-ătă-pa, pră-le-dō(k) sŭr-mă-buš!

žɔ-færmɔre lez-jö, pră, mæ-n-mŭ-di-rjæ̆.

(mădăm mărslin dæbɔrd-ŭălmɔ.r.)

9. lă-kreasjŏ.

o-kɔmăsmŭ, djö-kreă le-sjöz e-lă-tær. lă-tæ.r
etæt-æ̆fɔrm e-ŭid; iljăŭæ de-tenæbr ă-lă-sŭrfas
dɔ-lăbi.m, e-læspri-il-djö sɔ(·)mu(.)ŭæt otsŭ dez-o.

djö-di: k-lă-lŭmjæ.r-sŭ̆ă! e-lă-lŭmjæ.r-fŭ. djö-ŭi
k-lă-lŭmjæ.r etæ-bon; e-djö sepără lă-lumjæ.r dăŭæk
le-tenæbr. djö ăplă lă-lŭmjæ.r žu.r, e-il-ăplă
le-tenæbr nŭ̆i. æ̆si, iljŭt-ŭ̆-sŭ̆ă.r, e-iljŭt ŭ̆-mătæ̆:
sɔ-fŭ l-prɔmje-žu.r.

djö-di: kiljæt ŭn-etădŭ ătrɔ-læz-o, e-kæl-(·)sepă.r
lez-o dăŭæk-lez-o. e-djö fi-letădŭ, e-il-(·)sepără
lez-o ki-sŏt-otsŭ illetădŭ dăŭæk-lez-o ki-sŏt-otsu
illetădŭ. e-s-fŭt-æ̆si. djö ăplă letădŭ sjæl. æ̆si,
iljŭt-ŭ̆-sŭ̆ă.r e-iljŭt ŭ̆-mătæ̆: sɔ-fŭ lɔ-zgŏ-žu.r.

djö-di: k-lez-o ki-sŏt-otsu dŭ-sjæl sɔ-răsă.bl
ăn-ŭ̆-sæl-ljö, e-kɔ-l-sæk păræ.s. e-slă-fŭt-æ̆si.
djö ăplă-l-sæk tæ.r, e-il-ăplă lăma-dez-o
mæ.r. djö-ŭi k-setæ-bŏ. pŭ̆i-djö-di: k-

la terre produise de la verdure, de l'herbe portant de la
semence, des arbres fruitiers donnant du fruit selon leur
espèce, et ayant en eux leur semence sur la terre. Et cela
fut ainsi. La terre produisit de la verdure, de l'herbe portant
de la semence selon son espèce, et des arbres donnant du
fruit et ayant en eux leur semence selon leur espèce. Dieu
vit que c'était bon. Ainsi, il y eut un soir, et il y eut un
matin : ce fut le troisième jour.

Genesis I, 1 (Version Segond).

10.

La phonétique descriptive a pour champ d'observation
directe les langues aujourd'hui vivantes. Et chaque phonétiste
étudie avant tout les sons de sa langue maternelle: il y a
tant à faire pour bien connaître les idiomes les plus classiques,
qu'il est fort naturel que les langues exotiques et les patois
restent provisoirement à l'arrière-plan. Or, l'étude des langues
de grande culture conduit tout droit à des préoccupations
d'ordre pratique: il y a la question des méthodes d'enseignement,
et il y a la question de l'orthographe. L'anglais, l'allemand,
le français sont enseignés à des milliers d'élèves étrangers,
au point de vue de la prononciation comme au point de vue
de la syntaxe ou du vocabulaire; le maître de langue doit donc
se tenir au courant des travaux du phonéticien, et le mieux
serait qu'il fût un peu phonéticien lui-même. D'autre part,
quiconque est tant soit peu linguiste est choqué par l'absurdité
des orthographes en usage dans les divers pays; or, elle est
surtout choquante pour le phonéticien, qui la sent mieux que
personne par la théorie, et pour le maître de langue, dont
elle entrave tous les jours la pratique. De sorte qu'il y a, et
qu'il doit y avoir, un lien étroit entre ces trois choses, la

lä-tæ.r prodïi.z dəlä-værdü.r, də-lærb pərtä-dlä-smä.s,
dez-ärb(r)-frütje dənä-dü-fræi slö-lær-æspæs, c-æjät-
än-ö lær-somä.s sür-lä-tæ.r. e-slä-füt-æsi. lä-tær prodïizi
dlä-værdü.r, də-lærb pərtä-dlä-somä.s slö-sün-æspæs,
c-dez-ärb(r) dənä-dü-fr.ïi c-æjät-än-ö lær-somä.s.
djö-vi k-setæ-bö. æsi, iljüt-ä-swär, c-iljüt æ-mätæ:
sə-fü l-trïvazjæm-żu.r.

(Vgl. Passy, Sons du fr., p. 54.)

10.

lä-fənetik deskriptiv ä-pur-sä dəpsærrasjö
dirækt le-lä.g ɔżərdïi-vivä.t.　e-śäk-fənetist
etüdi ävä-tu le-sö d-sä-lä.g mätærnæl: iljä-
tät-ä-fæ.r pur-bjæ-kənæ.tr lez-idjo(.)m le-plü-kläsïk,
kil-æ-fər-nätüræl kə-le-lä.g(z) ryzotik c-le-pätwä
ræst-prəvizwärmä ä-lärjærplä. ɔ.r, letüd de-lä.g
də-gräd-kültü.r ködïi-tu-drwa ä-de-preɔkümasjö
dərd(r)-prätik: iljä-lä-kæstjö de-metəd däsæńmä,
c-iljä-lä-kæstjö dlərtogräf. läglæ, lälmä, l(ɔ)fräsæ
söt-äsæńe ä-de-milje delæ.v eträże, o-pwæ-
d-vü dlä-prənösjasjö kəm-opwæ-d-vü dlä-
sætäks u-dü-rɔkäbülæ.r; lə-mæ.t(r)-də-lä.g dwä-dö-
sə-tui.r o-kurä de-trävo dü-fənetisjæ, c-l-mjö
sræ kil-füt-æ-pö fənetisjæ lïi-mæ.m. do.t(rə)-pä.r,
kikök æ-tä-swä-pö lägïist æ-śoke pär-läpsürdite
dez-ərtogräf än-üzä.ż dä-le-divæ.r-peji; ɔ.r, æl-æ-
sürtu-śəkä.t pur-ləfənetisjæ, ki-lä-sä-mjö-k pærsən
pär-lä-teəri, c-pur-lə-mæ.t(r)-də-lä.g, döt-æl-äträ.v
tu-le-żu.r lä-prätik. də-sərt kiljä, e-kil-
dwät-j-ävwä.r, æ-ljæ-etrwa ät(rə)-sæ-trwa-śo.z, lä-

phonétique descriptive, l'enseignement des langues, la réforme
orthographique. Voilà comment il existe une jeune école qui
poursuit des visées en apparence distinctes, mais en réalité
solidaires. Elle considère la phonétique descriptive comme un
objet d'étude se suffisant à lui-même, et elle revendique pour
elle, vis-à-vis de la phonétique historique, la même indépendance
que la géographie a toujours eue à l'égard de l'histoire. En
même temps, elle introduit dans l'enseignement des langues
une nouvelle méthode (la méthode *fonétique*), et elle réclame
avec ardeur la réforme de l'orthographe des diverses langues.

(Revue critique v. 10. Okt. 1887, p. 251. L. Havet.)

fɔnetik deskripti.r, lāsænmū de-lū.g, lā-refɔrm
ɔrtográfik. vⁱⁱⁱⁱⁱⁱⁱⁱⁱⁱⁱ kɔmāt-il-egzist ün-žæn-ekɔl
ki-pursⁱⁱⁱ de-ri(.)ze(z) ün-ápārā.s distⁱⁱ(k)t, mæz-ā-
reálite sɔlidæ.r. æl-kōsidæ(.)r lā-fɔnetik deskripti.r
kɔm-æn-ɔbžⁱⁱ detüd sɔ-süfizⁱⁱ(t) á-lⁱⁱⁱⁱ-mæ.m. e-æl-rɔrādik
pur-æl, vizári dlá fɔnetik-istɔrik, lá-mæ(.)m ædepādā.s
kɔ-lá-žeɔgráfi á-tužu.r-ⁱⁱ á-legár d(ɔ)listwá.r. ā-mæm-tā,
æl-ætrɔdⁱⁱⁱ dā-lāsænmū de-lā.g ün-nuvæl-metɔd
*(lá-metɔd **fɔnetik**), e-æl-reklá(.)m áræk-árdⁱⁱ.r*
lá-refɔrm dɔ-lɔrtográf de-diværs-lā.g.

Schlusskapitel.[*]

Kritische Erörterungen. — Emendata.

S. 4, Z. 6 v. o. lies vorstehendem.

S. 5, § 12 f. Vietor schreibt: „Ich kann diese Einteilung in Stimm(ton)laute und Geräuschlaute nicht für glücklich halten. § 13 zeigt, wozu dieselbe führt: bei den „Stimm(ton)lauten" muss gesagt werden, dass sie zuweilen stimmlos erscheinen; bei den — im Gegensatz zu den Stimmtonlauten angesetzten! — Geräuschlauten sind stimmlose und stimmhafte zu unterscheiden. Will man die „Stimmtonlaute" als die eine Hauptklasse betrachten, so gehören m. E. in die zweite die „Stimmlosen". Will man von einer Klasse „Geräuschlaute" ausgehen, so bleiben für die andere die ohne Geräusch gebildeten Laute übrig. Dass die „stimmlosen Stimmtonlaute" nur „zuweilen" auftreten (vgl. § 24, Anm. 1, über stimmlose *l* und *r*) ist hierbei irrelevant. Ich habe mich über diese Frage in einer Besprechung von Sievers' Phonetik[3], Engl. Stud. X, 298 ff., ausführlicher geäussert."

[Ich weiss nicht, warum man sich gegen diese Sievers'sche Einteilung, die ich trotz aller Einwendungen noch heute für die natürlichste ansehe, so ablehnend verhält. Vietor ist nicht der einzige Phonetiker, der Stellung dagegen nimmt; auch Trautmann tut es (Anglia IV und Sprachlaute, p. 282) und — entsinne ich mich recht — auch Hoffory in seiner Streitschrift gegen Sievers. Der Sprachlaut tritt vor allem als akustisches Objekt, als Schallgebilde in die unmittel-

---

[*] **Anm.** Im Folgenden bringe ich, ausser einigen Besserungen, kritische Beiträge zum Abdruck, welche die Herren Prof. P. Passy, Prof. Joh. Storm und Prof. W. Vietor mir gütigst zur Verfügung gestellt haben. Möchte dadurch die wissenschaftliche Diskussion weiter angeregt und gefördert werden! — Die in eckigen Klammern stehenden Bemerkungen sind von mir hinzugefügt worden.

barste sinnliche Wahrnehmung; man ist daher berechtigt, die Aufstellung eines Lautsystems von hier aus zu beginnen. Nun bedient sich wohl jede der uns bekannten lebenden Sprachen zum Zwecke der Bildung ihrer Lautelemente dreier Mittel: 1) sie artikuliert den an sich wahrnehmbaren Stimmton; 2) sie artikuliert den stimmlosen Ausatmungsstrom (von inspiratorischer Bildung wird hier abgesehen) in sinnlich wahrnehmbarer Weise; 3) sie vereinigt beides; so dass sich ergeben: stimmige Laute, nicht stimmige Laute, Mischlaute, oder mit Sievers zu reden: (ursprüngliche) Stimm(ton)laute, Geräuschlaute, Mischlaute. Werden die letzteren auf die anderen beiden Klassen verteilt, so geschieht dies einmal, weil in ihnen der eine Bestandteil (Stimme oder Geräusch) als das Wesentlichere empfunden wird, dann aber — und vorzugsweise — aus Gründen einfacher, übersichtlicher Systematisierung (mein Lautsyst., 34). Die akustische Einteilung, wenn zum obersten Prinzip erhoben, ermöglicht m. E. eine ungemein klare, saubere Klassifikation. Dass der Sprachlaut das Resultat zusammenwirkender Artikulationsteile des Sprechorgans ist, kommt dann in zweiter Linie. Will man irgendwo bei dem Sievers'schen System Einwendungen machen, so soll man es, mein' ich, nicht tun gegen die akustische Obereinteilung, sondern gegen die (artikulatorische) Scheidung in Verschluss- und Reibelaute, weil hier ein artikulatorisches Moment (Verschlussbildung) mit einem akustischen (Reibung, i. e. Geräusch) parallelisiert wird. Genauer ist da die englische Scheidung in *shut* (stopped) und *open* consonants.

Die Kritik richtet sich, scheint mir, vorzugsweise gegen die verschiedenartige Terminologie, da wir im Grunde wohl alle dasselbe meinen.]

S. 6, § 18. Victor: „Schon bei Bell selbst ist der Ausdruck '*mixed vowels*' unbestimmt. Nimmt man Sweet und andere hinzu, so wird die Unbestimmtheit noch grösser. Auch hier heisst es S. 7 oben, der Zungenrücken bilde „zuweilen" eine leichte Einsenkung. Ich glaube, man sollte entweder unter den gemischten Vokalen etwas Bestimmtes verstehen oder sie gar nicht in das Vokalsystem einsetzen. Einstweilen kann es nicht wunder nehmen, dass der eine Phonetiker einen

Vokal als gemischt bezeichnet, der andere nicht, ja dass ein
und derselbe Phonetiker in der Bezeichnung schwankt (vgl. § 36
u. Anm., sowie § 38. Anm.), während die Auffassung des Lautes
genau dieselbe sein kann. — Warum die *a*-Laute „eine eigene
Stellung einnehmen" und „zu keiner der vorigen Reihen passen"
sollen, so dass ihnen eine besondere, vierte Artikulationsart
zugeschrieben werden müsste, sehe ich nicht recht ein. Auch
in den Beschreibungen § 37 und 38 ist doch anerkannt, dass
die *a*-Artikulationen in Bezug auf Kieferwinkel, Lippenöffnung
und Zungenstellung sich an die ɔ- und *ä*-Artikulationen als
offene anschliessen."

[Ganz richtig: die *a*-Laute schliessen sich an die ɔ- und
ä-Laute an, und zwar als nächste tiefere (und letzte) Stufe,
haben aber wie jene ihre eigene Artikulation, sind also, nach
meinem Dafürhalten, eine Klasse für sich, wie übrigens aus
der Beschreibung ihrer Bildung (§§ 37 und 38) hervorgehen
dürfte. Ich weise nur nochmals auf den grössten Kieferwinkel,
auf die völlige Abwesenheit der Lippenrundung, sowie auf die
Zunge hin, welche besonders bei *a* (*pâte*) breit und flach im
Munde liegt, ähnlich wie bei der Indifferenzlage: eine Artikulation, die eben nur den *a*-Lauten gemein ist. — Ich glaube,
wir werden ohne die Berücksichtigung der sog. gemischten
Vokale ein einwandfreies Vokalsystem nicht schaffen können;
denn offenbar gibt es schon in den nächstliegenden Sprachen
eine ganze Reihe von Vokaltypen, welche sich ebensosehr von
der gutturalen als von der palatalen Artikulation entfernen.
Was mit diesen anfangen bei nur zwei Reihen? Man wird
aber die Zahl der gemischt erscheinenden Vokale ziemlich
reduzieren können, indem man solche, deren Mischcharakter
nicht ausser Zweifel steht, je nach der prädominierenden Artikulation, der einen oder der andern Hauptklasse zurechnet.
Es ist oft gar nicht so leicht zu konstatieren, ob „gemischte"
Bildung vorliegt oder nicht, und so ist es erklärlich, wie ein
und derselbe Phonetiker bei reiferer Einsicht in die Lage
kommen kann, seine früheren Angaben zu modifizieren. Vgl.
§ 36, Anm. 2, und mein Lautsyst., p. 52. Das ist die natürliche
Folge aller fortschreitenden Erkenntnis. Vietor bemerkt
aber sehr richtig, dass man unter den gemischten Vokalen

etwas ganz Bestimmtes verstehen sollte; es wäre daher wohl angezeigt, dieselben noch einmal gründlich zu untersuchen; sonst kommen wir über die Differenzpunkte nie hinaus. — Wegen meiner „Senkung in der Mitte" vgl. weiter unten bei Passy.]

S. 8, § 21, Anm. — Victor: „Die Bedeutung des Kieferwinkels für die Vokalbildung erscheint mir im allgemeinen nicht so gross. Er kommt neben der Zungenhebung doch erst in zweiter Linie in Betracht, ja er ist ziemlich gleichgültig, wenn eben die Zungenhebung doch die erforderliche ist. Man kann aber (wie ich in meiner natürlichen deutschen Aussprache) bei fast unverändertem (kleinem) Kieferwinkel alle gemeindeutschen Vokale vollkommen deutlich bilden. Dass in der französ. Aussprache Veränderung des Kieferwinkels der Veränderung der Zungenhöhe parallel geht, ist eine Sache für sich. (Vgl. übrigens auch den Schluss von § 42, 1.)"

[Ich gehe sogar noch einen Schritt weiter und sage: selbst mit geschlossenen Zahnreihen (also Kieferwinkel = Null) kann man bei entsprechender Verwendung der Lippen und Zunge alle gemeindeutschen Vokale noch deutlich wahrnehmbar bilden. Man kann es; aber natürlich ist es nicht. Der so gebildete Laut hat etwas von dem spezifischen Klang des echten Abweichendes, was jeder sofort hört. Wie zur sauberen und vor allem richtigen Bildung eines Vokaltypus — irgend einer Sprache, nicht allein der französ. — eine ganz bestimmte Verwendung der Zunge, der Lippen, der Gaumenklappe gehört, so hat auch der Unterkiefer eine ganz bestimmte Stellung einzunehmen, um dem Laute genuinen Klangcharakter zu verleihen. Auch der Kieferwinkel ist daher ein integrierender Bestandteil der Artikulation eines bestimmten Lautes. Ist dieser Winkel klein, so mag Victor's Einwand gelten; aber bei den weiten Mundöffnungen, wie etwa in engl. *bad*, französ. *cage*, u. a.? Dass übrigens die Zungentätigkeit den wirksamsten Anteil bei der Vokalbildung hat, ist unzweifelhaft.

Die Nasalvokale (§ 42, 1 a. E.) machen hier eine gewisse Ausnahme. Allerdings werden dieselben mit ausnahmsweise weiter Mundöffnung (also weitem Kieferwinkel) gebildet, ohne von ihrer Klangfülle und -farbe einzubüssen. Allein dies erklärt sich aus der tiefern Senkung des Velum: je grösser die Mundöffnung, desto tiefer diese.]

S. 9. — Passy bemerkt: „Die Liquiden und Nasalen sind wesentlich Stimmlaute — nur in Einzelfällen stimmlos." — Im Deutschen, Französ., Englischen freilich; aber überhaupt? Wie steht's mit isländ. *hlaða, hnakkur, hríngur?*

[Ich habe meine Ansicht noch nicht ändern können, dass Liquide und Nasale wesentlich Stimmlaute sind, überhaupt, nicht nur im Französ.. Englischen und Deutschen, obschon ich diese Sprachen zunächst im Auge hatte. Ihr Stimmcharakter findet sich ausgesprochen in der m. E. ganz treffenden Bezeichnung: „vokalähnliche Konsonanten" (Sweet u. a.). Was diese den Vokalen ähnlich macht, ist eben die starke Vokalität, die beträchtliche Klangbeisteuer der *rox humana*. Vokal ist der Silbenträger par excellence, und in welcher Sprache auch immer Nasale oder Liquide zur Silbenrepräsentanz herangezogen werden — es kann nur geschehen auf Grund ihres ausgeprägt stimmigen Bestandteils. Und bekanntlich werden in zahlreichen Sprachen die *l r, m n* häufig genug als gute Silbenbildner verwandt, müssen demnach eine stimmkräftige Stützbasis der Silbe abgeben. — Dass wirklich stimmlose Nasale und Liquide als isolierte, völlig selbständige Lautgebilde vorkommen, bezweifle ich vorerst noch. Stimmlose *l n r* wie etwa in dän. *klokke, knæ, træ* sind sekundärer Bildung und verdanken ihre Entstehung der voraufgehenden, aspirierten Explosiva. Ich erinnere hier an das französ. *a.tʸ, pœpʸ* u. a., wo ähnliche Verhältnisse stattfinden. Auch die drei oben angezogenen isländ. Beispiele scheinen Sandhiformen zu sein. Soweit mir bekannt, ist die isländ. Glottalspirans ziemlich aspiriert, wirkt daher devokalisierend auf den angefügten Stimmlaut.

Gibt es aber in der Tat völlig selbständige, stimmlose *l r* etc. in den heutigen Sprachen — was keineswegs prinzipiell verneint werden soll —, so können dieselben historisch nur entstanden sein unter der Voraussetzung kombinatorischer Einwirkung. Ich komme daher naturgemäss auf die Anm. 1 des § 24 (p. 10) zurück: „der ursprüngliche Charakter dieser

Laute ist die Stimmhaftigkeit." — Wegen der Nasale als
Stimmlaute vgl. auch mein „Lautsystem", p. 64 ff.]

S. 9, § 24 zu Ende. — Vietor: „Hier wünschte ich kon-
sequentere Ausdrucksweise. Wenn die nasale Färbung das
„Wesentliche" der Nasalkonsonanten ist, so kann man nicht
gut von den Liquiden sagen, dass sie „wesentlich" Stimmlaute
seien."

[Vgl. Passy's Bemerkung zu S. 9 und meine Entgegnung.]

S. 11, § 26, Anm. — Vietor: „Hier ist vom gemeindeutschen Vokalismus die Rede, wie auch sonst gelegentlich
von gemeindeutscher Aussprache (so z. B. § 25, sogar § 47, 5, 6).
Daneben erscheint § 56 doch wohl etwas zu pessimistisch.
Sollte nicht wenigstens dann auch darauf hingewiesen werden,
dass ähnliche dialektische Verschiedenheiten auch in der franzöz.
und engl. Sprache sich vorfinden?"

[Vietor's Einwand ist völlig gerechtfertigt. Leider liegt
jener Pessimismus in der Natur der Dinge. Offenbar wird man
auch auf französ. und engl. Sprachgebiete dialektischen
Schwankungen begegnen; aber die Franzosen und Engländer
sind in der glücklichen Lage, in weit ausgiebigerem Masse von
einer κοινή zu reden als wir, und diese κοινή wird viel weniger
von dialektischen Elementen durchsetzt.]

„Es wäre zu wünschen, dass die nichtdeutschen Phonetiker
sich einmal darüber aussprächen, was ihnen als die durchschnittliche deutsche Artikulationsbasis erscheint."

[Sehr richtig.]

S. 12, § 27 zu Ende. — Vietor: „Ist nicht die mitteldeutsche Kürze merklich weniger offen als die norddeutsche?
Wenigstens ist das bei meinem nassauischen (also doch auch
mitteldeutschen) kurzen i der Fall.

[Bei meinem saalthüringischen nicht. Wir sprechen in
Wörtern wie mich, Stich, ewig ein sehr gesenktes i. Langes i
(viel, Biene) ist dagegen viel mehr gehoben.]

S. 12, § 27, Anm. Vietor: „Wäre es nicht besser, das
engl. „lange i" in feel vielmehr als diphthongisch zu behandeln
(= ij. resp. off. i + geschl. i), oder doch darauf hinzuweisen,
dass es weniger geschlossen lautet als das nordd. i?"

[Ich betrachte natürlich alle langen engl. Vokale als mehr oder weniger ausgeprägte Diphthonge; aber hierauf kam es mir hier nicht an, auch nicht darauf, dass langes engl. *i* etwas offener ist als norddeutsches, was ganz richtig ist; sondern ich wollte nur sagen, dass im Engl. und Deutschen lange *i, u* etc. gewöhnlich geschlossenen, kurze offenen Formen entsprechen. — Übrigens ist langes engl. *i* und *u* vor auslautendem „*r*" (= ə) — offenbar infolge eines Ausgleichs der Artikulationen — gewöhnlich sehr gesenkt. Ich erinnere an die Vokale in *year, hear, sure, poorly* gegenüber *feel, feed, soon* u. a.]

S. 13, § 30. — Vietor: „Bei *kolback* lies: durch *k — ck*."

S. 13, § 30a. — Vietor: „Sehr gut. Aus diesem Grunde hat auch die soviel beklagte Verschiedenheit der phonetischen Transskriptionen ihr Gutes."

S. 14. — In der Vokaltabelle sind aus Versehen die vorderen gerundeten Vokale (*ü, ö, w*) nicht mit aufgeführt worden. Behandelt finden sie sich § 35.

S. 15, § 32. — Vietor: „Soviel ich weiss, gibt es auch in Süddeutschland offene *i*-Laute."

[Mag wohl sein; aber eigentlich offene *i*-Laute, wie meine stark gesenkten, saalthüringischen kurzen *i* habe ich im gebildeten Süddeutsch noch nirgends beobachtet. Schwebungen scheinen vorzukommen. So machen mir z. B. die im Hohenloheschen gesprochenen kurzen *i* einen höheren (mehr geschlossenen) Eindruck als die Tübinger. Vielleicht teilt Wagner einmal seine Beobachtungen in den „Phonet. Stud." mit.]

S. 16, § 34. — Vietor: „Ihre Gleichsetzung von *e* in *geben* und *ä* in *schämen, tätig* in bühnen- (und überhaupt gemein-) deutscher Aussprache kann ich nicht ohne Widerspruch passieren lassen. Auch auf der Bühne würde mir offenes *e* (= *ä*) in *geben* geradezu als provinziell auffallen."

[Dann bekenne ich mich provinzieller Aussprache schuldig. Ich spreche — und mit mir dürften es viele Tausende gebildeter Mitteldeutscher tun — *gä.w(ə)n*; höchstens mindere ich den offenen *ä*-Laut etwas in mehr gewählter Rede. Diese Aussprache habe ich auch unzählige Male auf guten Bühnen gehört, unter anderen auf der Leipziger. Ich weiss aber wohl,

dass _geben_ = _ge.bən_ oder _ġe.bęn_ (und Analoges) in breiten
norddeutschen Gebieten gesprochen wird. Wer entscheidet
bei uns über die Standard-Aussprache?]

S. 17, Z. 7 v. u. lies ausgeprägt.

S. 17. — Vietor bemerkt: „Was Sie über französ. _ü_
sagen, gilt für mein deutsches _ü_ auch, desgl. entsprechendes für _ö_.
Ob es im Französ. so ist, darüber kann ich mich nicht aussprechen."

[Ich habe die französ. Laute beschrieben. Mir scheint aber,
man kann die betonten langen _ü_, _ö_ des Bühnendeutschen und
des sorgfältigen Französ. nahezu gleich setzen. Sicher freilich
sind französ. _ü ö_, der französ. Artikulationsneigung entsprechend,
etwas enger. Anders liegt das Verhältnis bei einem Vergleich
mit dem Dialektdeutschen. Es ist bekannt, dass Nord- und
Mitteldeutsche, und von diesen wiederum besonders Sachsen
bezw. sächsische Thüringer, ziemlich gesenkte _ü ö_ sprechen,
sofern sie überhaupt der Rundung sich bedienen. Dies entspricht ganz der Lässigkeit der Artikulation dieser Gebiete.
So habe ich z. B. von mehreren Schandauer Damen, die im
übrigen ein sorgfältiges Deutsch sprachen, ganz auffällig gesenkte _ü_ — auch in der Drucksilbe — gehört, die stark
an ein nachlässig gerundetes _ö_ erinnerten. Bemerkenswert
ist, was in dieser Beziehung Sievers in einer Kritik der
kleinen Arbeit Paul Schumann's „Französische Lautlehre
für Mitteldeutsche, insbesondere für Sachsen" sagt: „Für
diejenigen, welche _ü_ und _ö_ im Deutschen sprechen können,
ist wohl darauf aufmerksam zu machen, dass unser _ü_ meist
ein gerundetes, geschlossenes _e_ ist, das französ. aber ein gerundetes _i_; unser geschlossenes _ö_ ist gerundetes _ö_, das französ.
aber ein gerundetes, geschlossenes _e_; französ. _ö_ und deutsches _ü_
haben fast genau dieselbe Zungenstellung, nur ist der Grad
der Rundung verschieden."

Wer in seinen deutschen _ü_, _ö_ die gleichen Artikulations-
verhältnisse der entsprechenden französ. Formen wiederfindet,
spricht jedenfalls sehr sorgfältig.]

S. 17, § 35. — Vietor: „Vielleicht hätte an die langen
offenen _ö_ deutscher Dialektsprachen (vgl. meine Phonetik²,

§ 58, Anm. 1) erinnert werden können. Freilich sind wohl
auch diese nicht so offen wie französ. *eu* in *peur*."
[Soweit mir das Dialekt-Deutsch bekannt ist, existiert
der französ. Laut auch hier nicht. Es wäre interessant, denselben einst in irgend einer Mundart doch aufzufinden, was
ja nicht unmöglich ist: denn wissenschaftlich sind unsere
mundartlichen Lautsysteme noch fast sämtlich zu erforschen.
Ich hatte einst viel Gelegenheit, einen gebildeten Mecklen-
burger, aus der Umgegend von Rostock, zu beobachten, der
ein dem französ. (in *peur*) überraschend ähnliches *œ* sprach.
Ob dies nur individuell war, vermag ich nicht zu sagen.]
      S. 20, § 38. — Vietor: „Ist nicht braunschweigisches *a*
gemischt — ähnlich wie südostengl. *ur* in *burn*, woran es
jedenfalls anklingt?"
[„Mein Vater ist Theatermaler" — nun, als Nicht-Braun-
schweiger wird man die Frage befriedigend kaum beantworten
können. Vielleicht spricht sich Prof. Breymann einmal
näher darüber aus.]
      S. 20. — Storm bemerkt: „*râr* ganz richtig, so immer
auch *barre*; aber *barré*, *baron* eher mit *å*."
[In *baron* notiere auch ich *a* (Storm's *å*). Vgl. S. 89,
106, 107 u. ö.]
      S. 21. — Passy schreibt: „Nach Passy ist *å* ein ge-
mischter Vokal der Tiefstufe. . . Übrigens gehört zum Wesen
des gemischten Vokals Hebung der Vorder- und Hinterzunge
mit leichter Senkung in der Mitte. — So versteh' ich's nicht.
Sweet sagt: "Mixed vowels are best learned by arresting
the transition between the nearest back and front vowels."
Und wiederum: "In moving from the back to the mixed
position, the tongue must not only be advanced in the mouth,
but the tip must also be allowed to rise slightly." Grade so
bild' ich *å*, zwischen *a* und *œ*. Geh' ich von *a* aus, so schiebe
ich die ganze Zunge vorwärts: der Mittelrücken der Zunge
ist höher als Hinter- und Vorderzunge. Die Hinterzunge
scheint mir tief zu bleiben, die vordere ein bischen gehoben,
aber sehr wenig. Ist dies nicht Mischvokal? Ich kann mich,
als Franzose, über Mischvokale nicht entschieden aussprechen:
aber ihre „leichte Senkung in der Mitte" finde ich nicht,

z. B. im engl. *err. how.* — Wesentlich scheint mir die Zunge in derselben Lage zu sein bei franzöz. *à* und bei engl. *hau,* auch deutsch *Vater*; nur im Franzöz. eng, im Engl. und Deutschen weit. Auch fehlt hier wohl die leichte Hebung der Vorderzunge." Vietor bemerkt dazu: „Gemischt heisst von vornherein nichts Bestimmtes und ist bedenklich als Terminus. Zwei Reihen (vordere und hintere) scheint mir auch im System besser als drei." (Vgl. auch S. 155 f.)

[Über englisch *err* meint er, dass hier oft wohl nur eine Hebung und „Schaufelung" des Zungenblattes eintrete. Was die Aussprache von *how* betrifft, so findet er dieselbe ‚zu schwanked', daher zu einem sicheren Vergleichsobjekt nicht wohl geeignet. In der Tat notiert z. B. Maxton im '''Fonetik Titcor'' den Diphthong *ou* = *ǝu.*] —

Zu S. 21 schreibt Storm noch (ohne übrigens von Passy's Bemerkung Kenntnis zu haben): „Ich glaube vorläufig nicht, dass *ä* im Sweet'schen Sinne gemischt sei; werde es genauer prüfen. Bei den gemischten Vokalen findet aber nach Sweet keine Senkung in der Mitte der Zunge statt."

[Auch ich werde diesen Vokal erneuter Prüfung unterziehen; mir scheint aber, Passy hat nicht unrecht. — Die ‚leichte Senkung der Mittelzunge' bei ‚Mischvokalen' dürfte vielleicht auf einem Irrtum beruhen: doch möchte ich die Beobachtung nicht so schlechthin fallen lassen.]

S. 22, § 39, 3 u. 4. — Vietor schreibt: „Hier scheint unter gemischter Artikulation nicht zugleich mittlere Senkung verstanden zu sein (vgl. oben zu S. 6, § 18). — Ist die Bemerkung „Akustisch von *æ* nur wenig unterschieden, so dass beim Versuch, *ǝ* lange auszuhalten, man leicht in *o* gerät", so gemeint, dass man wegen der Klangähnlichkeit in den andern Laut übergeht? Oder ist implicite zugegeben, dass auch die Artikulation (bezüglich Zungenhöhe und Rundung) eine *æ*-ähnliche ist? Ich möchte in dem Laut immerhin noch einen *ö*-Laut sehen und würde daher eine hieran erinnernde Bezeichnung Ihrem *ǝ* vorziehen."

[Ich bemerkte schon im Text, dass die leichte Senkung der Mittelzunge bei wirklichen Mischvokalen nur zuweilen auftritt. Hier z. B. hat sie nicht statt. — *ǝ* liegt akustisch

und artikulatorisch dem œ ziemlich nahe. Da nun ə nur
kurz vorkommt, so gleitet bei dem ungewohnten Experiment,
den Laut auszuhalten, das Sprechorgan leicht in den nächst-
verwandten, als Länge vorkommenden Typus über. Unzweifelhaft ist der Laut, wenn vollständig gebildet, ein ö-ähnlicher,
und ich hatte sehr wohl an eine entsprechende Bezeichnung
gedacht, entschied mich aber für ə, da es bereits durch frühere
Phonetiker ziemlich eingebürgert war. Vollkommen ist die
Bezeichnung nicht, da hat Vietor recht.]

S. 24. Passy bemerkt: „Sehr interessant, was Sie von
der lautlichen Degenerierung sagen. Ich habe schon manchmal geglaubt, dass es wie einen unbetonten o-Laut (ọ), ẹ-Laut (ẹ),
œ-Laut (ə), auch einen unbetonten a-Laut gibt. Ich bin darüber noch nicht klar. Wäre es so, so würde aber, mein' ich,
a durch diese Stufe, nicht durch œ, zu ə gelangen. — Die
weiten i des Pikardischen finden sich auch (in einigen Gegenden)
in betonter Silbe."

[Welches würde dann — theoretisch — der Intermediär-
vokal sein müssen, wenn a durch diese, also doch wohl die
a-Stufe zu ə gelangte?]

S. 30, Z. 6 v. o. lies (æbḷ). Das Druckversehen (ænbḷ)
ist nicht ohne phonetisches Interesse. Das m ist gar nicht
so unrichtig. Schliesst man nämlich unmittelbar nach Bildung
des Nasalvokals die Lippen noch während der Senkung
des Gaumensegels, so erklingt eine Art m-Gleitlaut, der
erst mit völliger Hebung der Klappe und Anfügung derselben
an die hintere Rachenwand in b übergeführt wird. Man könnte
also, phonetisch sehr genau, auch schreiben: (æ[m]bḷ).

S. 31, Z. 15 v. u. ist die Bezeichnung der steigenden
Diphthonge als „uneigentliche" zu streichen, worauf mich
Passy ganz richtig aufmerksam macht.

S. 32, Z. 5 v. o. lies (ãfẉi). — Zu dieser Seite bemerkt
Passy: „Unsilbige Vokale oder Konsonanten? Bei mir entschieden (schwache) Konsonanten. Ich höre nur von einigen
älteren Leuten, auch von Südfranzosen, bựa oder bọa, u. s. w.
Noch viel entschiedener konsonantisch ist das aus mouilliertem
l entstandene nachvokalische j. Kühn's batài kann sich nur
als Warnung gegen zu starkes Reibegeräusch rechtfertigen."

S. 36, Z. 17 v. u. lies (*sü̇·i.ʋʏ*).

S. 37. — Passy: „Mit gemeindeutschem *ų* in *Quelle, quer*
hat *ʮ* wenig gemein. Aber steht nicht *ö̈* diesem Laute sehr
nah?" — eine Bemerkung, die Vietor mit einigen Frage-
zeichen begleitet. Auch ich meine, dass die beiden Laute keine
Parallelisierung vertragen. Übrigens meint Passy wohl auch *ö̈*;
denn *ų* in *Quelle* etc. dürfte in gemeindeutscher Aussprache
wohl stimmlos sein.

S. 37, § 47, 5. 6. — Vietor: „Wäre es nicht nötig, gerade
bei den Zischlauten auf die verschiedenen deutschen Aussprachen Rücksicht zu nehmen?"
[Ein beachtenswerter Hinweis!]

S. 39, § 47, 12. — Vietor: „Was intervokalisches *h* im Frz.
betrifft. so bin ich wegen *aha* (Phon.² § 72, Anm. 1) ganz sicher."

S. 41. Z. 3 v. o. lies (*ʮ̇i.l*).

S. 45, Z. 11 v. o. lies „heterorgan".

S. 48—49. — Passy schreibt: „Es ist möglich, dass ich
mich etwas zu hastig aussprach, indem ich sagte, dass *nj*
ebenso häufig oder häufiger von den Gebildeten gebraucht
würde, als *ń(j)*. Jedermann hat eine Neigung, die Laute
anderer so zu hören, wie er sie selbst spricht; und da nur *nj*
mir natürlich ist, höre ich wohl, wenn ich nicht eigens aufpasse,
nj, wo tatsächlich *ń(j)* gesprochen wird. Jedenfalls ist *nj* sehr
häufig, was auch Havet sagt; besonders bei den Gebildeten.
Es ist häufiger, wenn die Vokale vor oder nach *ń* nicht
palatal sind: manche sagen *anjo, sińe*. Übrigens gibt es eine
Menge Nüancen. Ganz recht haben Sie zu bemerken, dass
auch die. welche *nj* gebrauchen, das *n* palatalisieren, wie überhaupt vor *j*: so dass der Unterschied zwischen *ń(j)* und *nj*
nicht sehr auffallend ist, während das *nj* der Germanen, mit
rein dentalem *n*. fremd klingt."

S. 48. — Storm schreibt: „Ich bemerkte Ihnen schon
früher, dass ich (bezüglich der Palatalen) mit Passy nicht
übereinstimme. Ihre Analyse scheint mir richtig."

S. 50. — Passy schreibt: „Danach ist *table* mit reduziertem *l*
nicht *täbl[ə]*. sondern *täb[ə]*. Eine feine, wichtige Bemerkung!"

S. 52. — Passy: „Zungen- und Zäpfchen-*r*.
Ich bin jetzt zu der Überzeugung gekommen, dass *r*¹ für

das Landesfranzösisch noch mustergiltig ist (vom Verf. hervorgehoben), weil es von den meisten Franzosen gebraucht wird. Im *Congrès d'Instituteurs,* im September 1887, welchem 2400 Schullehrer aus allen Gegenden Frankreichs beiwohnten, war die Herrschaft des Zungen-*r* unangegriffen: der Vorstand der pädagogischen Sektion und wenigstens drei Viertel der Redner gebrauchten *r*¹. Auch andre ähnliche Fälle hab' ich bemerkt. Südwestlich von Paris beginnt die *r*¹-Gegend schon mit einer Entfernung von sechs Stunden. Demnach wäre *r*² als eine blosse Eigentümlichkeit des Pariser Dialekts und mancher andrer, meist Stadtdialekte, anzusehen. Freilich gewinnt es Boden; doch scheint mir das Verschwinden des *r*¹ noch sehr fraglich und jedenfalls fernstehend zu sein. — Für die Lehrpraxis in Deutschland dürfte es sich empfehlen, die Schüler weder mit *r*¹ noch mit *r*² zu plagen und nur darauf zu bestehen, dass *r*, nach wie vor Vokal, deutlicher Zitterlaut ist. — Fremde *r*¹-Sprecher, namentlich Engländer, welche das Pariser *r*² nachahmen, bringen meist nur einen abscheulichen, kratzenden, halbstimmlosen Laut zustande. — Warum nennen Sie *r*² Substitutionszitterlaut? In Deutsch und Französ., ja; aber überhaupt? Was wissen wir davon?"

[Wichtige, dankenswerte Mitteilungen! — Wegen der, historisch zu verstehenden, Bezeichnung „Substitutionszitterlaut" verweise ich auf Sievers' Phonetik², p. 87 ff.]

S. 56, Z. 8 v. u. lies *κατ' ἐξοχήν*.

S. 59, § 58, 2. — Vietor bemerkt: „Manche Mitteldeutsche, wie z. B. wir in Nassau, aspirieren die *p t k* häufig auch (vgl. meine Phon.² § 104, Anm. 1)."

S. 75. — Passy schreibt: „Dauer. Sie legen zuviel Gewicht auf Ricard's Äusserungen, die ganz und gar unwissenschaftlich sind, eher Forderungen als Beobachtungen sein sollen, und oft grobe Fehler, z. B. im Lesen der verschiedenen Transskriptionssysteme, enthalten (vgl. meine Rezension in der *Revue critique* vom 5. Aug. 1887). Ich kann durchaus nicht annehmen, dass die Dauer der französ. (betonten) Vokale unsicher sei: die Unterschiede sind wohl schwächer als in den germanischen Sprachen, aber dennoch ganz genügend, um sogar sinnunterscheidend zu sein (*mètre — maître; tette — tête; agisse*

—*Agis*), zuweilen sogar im Vorton (*tyran*—*tirant; couvent*—*courant*). Nur im Anschluss an andre Worte kann freilich, wie Sie bemerken, die Länge reduziert werden. Ich glaube, die von mir (Sons du Fr., S. 42—43) festgestellten Quantitätsregeln sind unanfechtbar, nämlich als Regeln. Insofern sie aber freien Spielraum lassen, d. h. für die Quantität der (betonten) Vokale *u, ɔ, ä, æ, i, œ, ü* vor andrem Konsonant als stimmhaftem Reibelaut oder *r* — da gibt es grosse Unterschiede, und ich behaupte gar nicht, dass meine Aussprache mustergiltig sei. Darmesteter verlängert gewöhnlich den Vokal auch vor andren stimmhaften Endkonsonanten: er sagt *vá.g, pæ.n, áptitüd*, was mir sehr fremd klingt. Er sagt *bwat* mit kurzem *u*. ich *bwá.t* mit langem *á*; in beiden Aussprachen ein Ausnahmefall. — Ich weiss nichts davon, dass der Zirkumflex regelmässig verlängert: ich sage *ä. portát, flüt, epítr.*

[Es ist hohe Zeit, dass uns die Franzosen einmal mit einer wissenschaftlichen, d. h. auf streng phonetischem Grunde aufgebauten Orthoëpie ihrer Muttersprache beschenken, damit wir Ausländer über die französische Silbenquantität nicht nur im allgemeinen, sondern auch in allen Einzelfällen, endlich zur vollen Klarheit kommen. Eine dankenswerte Arbeit etwa für Passy! Wenigstens dürfte dieser dazu ganz anders berufen sein als die grosse Zahl von mehr oder weniger phonetisierenden Orthoëpisten, die neuerdings wieder durch Anselme Ricard vermehrt worden ist, denn dieser hat in seinem „Système de la quantité syllabique" allerdings gezeigt, dass er alles andere ist, nur nicht Phonetiker. Ich lege jetzt kein besonderes Gewicht auf Ricard's Arbeit, nachdem ich Veranlassung genommen habe, dieselbe eingehender zu prüfen.]

S. 81. Passy bemerkt: „Lange Konsonanten. Ich habe mich (Sons fr. S. 41) nicht entschieden ausgesprochen: ich war über die Frage nicht im Klaren, bin es auch noch nicht ganz. Aber ich glaube wie Sie, dass wir auch lange Konsonanten haben, namentlich Liquide im Wortauslaut; freilich nie so lang wie in Englisch *bill, sin*."

Und Storm schreibt: „Lang habe ich bisweilen Liquide im Auslaut beobachtet, z. B. *söll* (seul)! bei emphatischer Pause;

vielleicht auch andere Konsonanten im gleichen Fall, z. B.
c'est *rèdd* (raide)! Aber ich habe gedacht, es wäre vielleicht
individuell; ich kann es auch nicht als ganz sicher geben, es
ist mir einige Male nur so vorgekommen, besonders bei einem
französ. Freunde. M. M., aus Lyon gebürtig."
[Ich kann Storm's Beobachtungen aus meiner Erfahrung
nur bestätigen und glaube sicher, dass dieser Gebrauch landesfranzösisch, nicht nur individuell ist. Vielleicht spricht sich
Passy einmal näher darüber aus.]
S. 90, Z. 19 v. u. lies Element.
S. 91, Z. 16 v. u. lies (*voilà*).
S. 96 ff. Passy schreibt: „An Ihrer so trefflichen
Darstellung des französ. Nachdrucks finde ich nur sehr wenig
auszustellen. Aber Sie scheinen mir nicht genug zu unterscheiden zwischen dem Satzteil (breath-group, groupe de soufle)
und dem Nachdrucktakt (stress-group, groupe d'accentuation).
Ces gens ne sont pas venus au spectacle pour vous entendre ist
für mich, und ich glaube auch für Sweet, ein breath-group:
aber Sweet teilt es in 'as short groups as possible without
any reference to stress', markiert nur die erste Silbe von
entendre als stark. Ich würde nach dem Nachdruck teilen:
sęžãn sõparnü ospęktãk purruzãtü.dr. Freilich ist nur der vierte
Accent einigermassen stark."
[Passy hat recht. ich hätte im Prinzip den Gegensatz
zwischen '*breath*-group' und '*stress*-group' schärfer hervorheben
können; aber ich bin instinktiv den Eingebungen der französ.
Sprache gefolgt, die den Gegensatz selbst weit weniger markiert
als die germanischen Sprachen: denn in diesen hilft die
Energie des Drucks wesentlich zur sauberen Taktbegrenzung,
während im Französ. der viel schwächere Druck viel weniger
saubere Taktbilder herausmarkiert. so dass die Grenzen von
breath- und *stress*-groups sich oft verwischen oder unklar erscheinen. Daher glaube ich auch jetzt noch, dass — wie ich
bereits in § 90 bemerkte — die Taktfrage im Französ. reelle
Schwierigkeiten bietet, keineswegs noch endgiltig gelöst ist
und wohl immer mehr oder weniger persönlichen Ansichten, nicht
objektiven Normen entsprechend beantwortet werden dürfte. Ich
begreife daher vollkommen, wenn ein hervorragender Phonetiker

zu Passy's Taktteilung des obigen Satzes: „*Ces gens ne sont pas venus au spectacle pour vous entendre*" = *sežān | sõpavnü | ospektak | purvuzātā,dr* die Randbemerkung macht: „Sie sehen! doch recht subjektiv!" — Im Anschluss an obiges Beispiel komme ich noch einmal kurz auf die Sprech- und die Sprachtakte zu sprechen, um präziser zu zeigen, wie ich deren Unterschied verstehe. Der Sprachtakt ist ein wesentlich grammatischer, oder grammatisch-logischer Begriff, der Sprechtakt ein wesentlich phonetischer. Jener entspricht in der Regel den Satzteilen der traditionellen Grammatik, dieser bildet einen vom Nachdruck zusammengehaltenen Ausschnitt aus der Rede. Oft fallen beide Taktarten zusammen, aber nicht immer und nicht notwendig. Der Satz: „Ces gens | ne sont pas venus | au spectacle | pour vous entendre" bildet in der hier geteilten Weise vier Sprachtakte, in der oben transskribierten vier Sprechtakte. Die beiden letzten fallen dort wie hier zusammen, die beiden ersten kreuzen sich; denn sobald ich das *ne* des zweiten Taktes aus seiner engen Verbindung mit *sont pas venus* heraushebe und dem *ces gens* eng anfüge, gleichsam agglutiniere, störe ich die grammatische Zusammengehörigkeit und schaffe zwei Lautkomplexe, bei denen das Druckmoment prädominiert, also zwei rein phonetische Gruppen. zwei Sprechtakte. Transskribierte ich aber *sežā | nsõparnü | etc.*, wie m. W. Passy früher, auch noch in seinem *Français parlé*, zu schreiben pflegte, so würden in obigem Beispiel die vier Sprech- und die vier Sprachtakte zusammenfallen. Und so in allen übrigen Fällen.]

S.97, § 88 f. — Vietor schreibt:„Zu dem Schluss dieses Paragraphen möchte ich bemerken, dass doch die Sprechtakte als solche ebenfalls nicht durch Pausen getrennt sind (wenn auch dies manchmal sich so trifft). Warum sollen dieselben graphisch durch Spatien geschieden werden, wenn dies den Wörtern aus gleichem Grunde nicht zugestanden wird (§ 86)? Warum nicht diese Scheidung der (anderweitigen) Bezeichnung der Expiration und des Nachdrucks (§ 87, 3) überweisen, während die Worttrennung durch Spatien als Hilfe für die begriffliche Zerlegung der Lautkomplexe (§ 86, 1) bestehen bleibt? Man braucht

dann eben nur sich zu erinnern, dass die Spatien (die Worttrennung) phonetisch = 0 sind."

[Sehr gut; doch scheint mir der Einwand nur von partieller
Geltung. Es fragt sich: für wen transskribiert man? Für die
Schule? Dann werde ich augenblicklich die Sprechtakte fallen
lassen und den Text einfach in Lautschrift umwandeln, unter
Beibehaltung der Worttrennung. Oder aber für den
Jünger der Wissenschaft, wie hier? Dann sind die Takte nicht
wohl zu entbehren; denn in einer „Französ. Phonetik" sind
zunächst phonetische Gesichtspunkte massgebend. Freilich
bestehen auch zwischen den Sprechtakten gewöhnlich keine
Pausen; doch aber bilden jene gewisse phonetische Einheiten,
die zusammengehalten werden durch die gruppierende Kraft
des Accents. Es ist ja richtig, dass im Französ. die saubere
Abgrenzung dieser Einheiten hin und wieder schwankt, infolge
der wenig hervortretenden Nachdrucksenergie, in Verbindung
mit drucklosen, an voraufgehende Vokale sich anlehnenden
Partikeln. So kann man z. B. in dem Satze „nous sommes
partis de bon matin" schwanken, ob zu teilen ist: nu-sɔm-párti
d(ə)-bö-mátœ̈, oder (vielleicht besser): nu-sɔm-párti-d bö-mátœ̈.
Aber unzweifelhaft sind diese Einheiten, diese Takte da und
müssen in der lautschriftlichen Versinnbildlichung des Gesprochenen zum Ausdruck kommen — jedenfalls für Lerner
wissenschaftlicher Richtung. In einem Satze wie „j'ai l'honneur
de vous saluer" haben wir sieben begriffliche Einheiten
(= Wörter) und zwei phonetische (= Sprechtakte). Auch die
letzteren liegen klar auf der Hand: ʒelǫnœ̈.r d(ə)vusálǖe. Zu
schreiben: ʒ e l ǫnœr də vu sálǖe, oder auch mit Bindestrichen,
wäre keinesfalls streng phonetisch, und ich erkläre hier nochmals ausdrücklich, dass es nur eine begriffliche Hilfe bedeutet
für Lernende, eine Konzession an die hergebrachte Worttrennung, ein Kompromiss zwischen phonetischem und logischem
Prinzip, wenn ich in den Textproben bis zu einem gewissen
Grade die Spatien der Worttrennung innerhalb des Taktes
markiere. Zwischen ʒ und e, zwischen l und ǫnœr ist lautlich
ja keinerlei Pause: daher gehören diese Elemente auch graphisch
eng zu einander. Auch zwischen ǫnœ.r und folgendem də etc.
ist zeitlich kein (merkbarer) Einschnitt, dafür aber ein

leichter Accenteinschnitt, der graphisch markiert werden soll
durch das Spatium. Übrigens sollen die Spatien zugleich dienen
der leichteren Lesbarkeit der Lautzeichenkomplexe.]
S. 98 ist § 89 irrtümlicherweise zum zweiten Male gesetzt
worden. Die Zahl ist entweder ganz zu streichen oder in
89a zu verbessern.
S. 99 ff. — Passy schreibt: „Ihr Kapitel über Ton ist
für mich das interessanteste, weil ich auf diesem Gebiete am
meisten eines Führers bedarf. Ihre Beispiele sind anschaulich
und, wie mir scheint, ungemein richtig: Sie müssen wirklich
eine reichhaltige, genaue Beobachtung angestellt haben! Ich
kann nur ja und amen sagen und bedauern, dass ich nicht
selbst etwas so Gutes zu stande bringen konnte. — Freilich
haben Sie die Frage nicht erschöpft: es fehlen besonders allgemeine Gesetze; z. B. der einfache Aussagesatz ist gewöhnlich fallend, zuweilen steigend; der fragende umgekehrt. Wie
kann man dann den Fragesatz vom Aussagesatz unterscheiden?
Offenbar unterliegt ein Gesetz: welches? Hier bedürfen wir
eines phonetisch geschulten Harmonisten, um uns zu belehren.‟
[Die freundlichen Worte des französ. Phonetikers ver-
pflichten mich zu Dank. Sie sagen mir, dass mein ehrliches
Bestreben, in eins der schwierigsten lautwissenschaftlichen
Probleme einzudringen, nicht ganz erfolglos war. Auch Storm und
Vietor (brief. Mitteilungen) haben die Freundlichkeit, der Be-
handlung dieses Kapitels, wie überhaupt der ganzen Satzphonetik,
Worte warmer Anerkennung zu widmen. Aber ich gebe mich
keinerlei Illusionen hin, und Passy's Urteil, dass ich die Frage
nicht erschöpft habe, ist vollkommen zutreffend. Es ist indes auch
nicht meine Absicht gewesen, dieselbe zu erschöpfen. Das ist
für einen ersten Versuch schier unmöglich. Auf dem frucht-
baren, aber doch dornigen Gebiete der sprachlichen Melodik,
wie überhaupt auf dem der Satzphonetik, gibt es eben ungemein viel zu tun, und je weiter man sich hineinforscht, desto
klarer erkennt man, dass da die Arbeit noch ganzer Jahrzehnte
vor uns liegt. Für das Französische habe ich hier nur den
Versuch gewagt, in die Prüfung der satzphonetischen Probleme
überhaupt und insonderheit in das der Stimmmodulation etwas
tiefer als bisher geschehen einzudringen. Ich werde in der

Folge nicht müssig bleiben; mögen aber auch andere an dem
notwendigen Ausbau unserer Wissenschaft ihre Kräfte be-
tätigen. Schon jetzt bin ich zu der festen Überzeugung gelangt,
dass wir nach gründlicher, vollbewusster Durchdringung aller,
also auch der satzphonetischen Fragen eine ganz andere Einsicht in das Wesen einer gesprochenen Sprache haben werden,
als wir bis jetzt überhaupt haben können. Es werden sich
da Perspektiven ganz ungeahnter Art eröffnen, und diese
extensiv wie intensiv erweiterte Erkenntnis wird seinerzeit
nicht nur von grosser Bedeutung für die Wissenschaft sein
— ich habe hier in erster Linie die neusprachliche Philologie
im Auge —, sondern muss in reichem Masse auch der Schul-
praxis zugute kommen.]

S. 114. — Passy: ..Was Sie von gerundeten *l*, *r* sagen,
ist sehr interessant und sehr fein beobachtet. Nur glaube
ich, dass diese Ersatzrundung meist in feierlicher, sorgfältiger
Rede stattfindet. In rascher Rede scheint *ǝ* gewöhnlich spur-
los zu verschwinden. — Übrigens ist das ganze Kapitel über
Sandhi-Erscheinungen sehr belehrend.''

[Was Passy hier über die Geltungssphäre der Ersatz-
rundung bemerkt, scheint mir ganz den tatsächlichen Verhältnissen zu entsprechen. Auch Jespersen, den ich kürzlich
über die Frage sprach, ist dieser Meinung. Man wird sich
also in der Transskription auf den ,,discours soutenu'' be-
schränken. Inzwischen mögen, der Veranschaulichung halber,
die Rundungszeichen .) auch in den Texten kolloquialer Natur
(vgl. z. B. No. 1 u. 3) stehen bleiben. Jedenfalls ist die Ersatz-
rundung (wie ich sie nenne) eine tatsächlich existierende und
interessante phonetische Erscheinung.]

S. 119. — Passy: ,,Formen wie *lǎ*, *lpǽ* (wenn sie sich
nicht an einen vorhergehenden Vokal anlehnen) können mit
elve aste nicht parallelisiert werden. Häufig sind sie wohl selbst
im Anlaut; aber eben so häufig wird auch *lǝvǎ*, *lǝpǽ* gesprochen,
während *elǝve. aǝte* geradezu lächerlich wäre. Auch *ʒelǫnœ.r*
dǝvusǎlʉe ist ganz gut gebräuchlich. Das Wegfallen von *ǝ* bestimmt sich nach individuellen Gewohnheiten und anderen
Verhältnissen und ist sehr schwankend.''

S. 120. — Passy: „*džá, vlá, mámzæl* sind sehr häufig. —
Eine andere Sandhi-Erscheinung hätte noch Erwähnung verdient, nämlich das in ganz freier Rede überaus gewöhnliche
Verschwinden von *v* vor *w: wálá, wajō, áwá.r* u. s. w. Umgekehrt sagen viele *vwi* etc.

S. 130 ff. — Passy: „In der sonst sehr anschaulichen
Diskussion über die Bedingungen einer guten Lautschrift ist
nur. scheint mir, der Unterschied zwischen wissenschaftlicher und praktischer Lautschrift nicht streng genug betont. Man weiss nicht recht, ob die Grundsätze, die Sie geben,
der einen oder der andern gelten sollen."

[Die Grundsätze, die ich dort zu erörtern versuchte,
sollten gelten einer zwar auf wissenschaftliche Forschung
basierten, aber praktisch bequem verwertbaren Lautschrift.
In den Texten ist den theoretischen Forderungen mehr
Rechnung getragen in No. 1—4; den praktischen in No. 5 ff.
Die letztere Transskriptionsweise dürfte für gewöhnliche Zwecke
genügen.] —

Passy: „Die vorstehenden Bemerkungen will ich schliessen
mit einem Gesamturteil für die neuphilologischen Interessen-
kreise, das ich den Herrn Verf. ersuche, meinen Notizen an-
zufügen. Ich kann nicht umhin, zu sagen, dass Beyer's
„Französische Phonetik", meines Erachtens, unbedingt
das Beste und Vollkommenste ist, was auf diesem Gebiete überhaupt je erschien. Es ist ein tüchtiger Schritt
vorwärts, auch nach Erscheinen von desselben Verfassers
„Lautsystem". Möchten wir bald über alle wichtigeren Lautsprachen so gut unterrichtet sein, wie wir es jetzt über meine
Muttersprache sind!"

Litteratur.[*]

1. Sprachphysiologie.

Grützner, P., Physiologie der Stimme und Sprache, in L. Hermann's Handb. der Physiologie, IIa, Leipzig 1879. 1 ff.
Merkel, C. L., Physiologie der menschlichen Sprache (physiologische Laletik). Leipzig 1866.
Meyer, G. H. v., Unsere Sprachwerkzeuge und ihre Verwendung zur Bildung der Sprachlaute. Leipzig 1880.

Für laryngoskopische Untersuchungen:

Czermak, J. N., Der Kehlkopfspiegel und seine Verwendung für Physiologie und Medizin. 2. Aufl. Leipzig 1863.

Zur praktischen Veranschaulichung des Sprechorgans:

Kopfmodell No. I (Medianschnitt des Kopfes, inkl. Kehlkopfes) von Rammé, plastische Anstalt in Hamburg.

2. Allgemeine Phonetik.

Bell, A. M., Visible Speech. London 1867.
—, Sounds and their Relations. London 1882.
Brücke, E., Grundzüge der Physiologie und Systematik der Sprachlaute. Wien 1856. 2. Aufl. 1876.
Sievers, E., Grundzüge der Phonetik. Leipzig 1876. 3. Aufl. 1885.
Sweet, H., Handbook of Phonetics. Oxford 1877.
—, Sound Notation. Transact. of the Philol. Soc. 1880—81. 1—59.
Techmer, F., Phonetik. 2 Bde., Leipzig 1880.

---

[*] **Anm.** Die nachfolgende Übersicht soll nur eine kurze Einführung in die einschlägige Litteratur, keine vollständige Aufzählung derselben sein: doch dürfte an der Hand der zitierten Hilfsmittel dem Lernenden reichliche Gelegenheit geboten sein, sowohl in der allgemeinen, als in der franzöz. Phonetik grundlegende Studien zu machen.

Trautmann, M., Lautliches. Anglia I, 587 ff.
—. Die Sprachlaute im allgemeinen und die Laute des Englischen, Französ. und Deutschen im besonderen. I. Teil, Leipzig 1884—86.
Vietor, W., Elemente der Phonetik und Orthoepie des Deutschen, Englischen und Französ. Heilbronn 1884. 2. Aufl. 1887.

Treffliches über Sprachphysiologie und allgemeine Phonetik enthält auch:

Winteler, J., Die Kerenzer Mundart. Leipzig 1876.

3. Französische Phonetik.

a) Ausführlichere systemat. Darstellungen des französ. Lautsystems.

Beyer, F., Das Lautsystem des Neufranzös. Cöthen 1887.
Passy, P., Les sons du français. Paris, ohne Datum (1887).
—, „Französ. Lautsystem" in Vietor's „Phonet. Studien", 1, 18 ff.
Trautmann, M., Sprachlaute. S. sub 2.
Vietor, W., Phonetik. S. sub 2.

b) Beiträge zur französ. Phonetik:

Ballu, Méthode de lecture. Paris 1874.
Duschinsky, W., Zur Lautlehre des Französischen. Sechshaus (bei Wien) 1887.
Firmin-Didot, Observations sur l'orthographie. Paris 1868.
Franke, F., Phrases de tous les jours. Heilbronn 1886.
—, Ergänzungsheft. Ebd. 1886.
Havet, L., Observations phonétiques (Mém. Soc. Ling. II), Paris 1875.
—, Art. über das „l mouillé" in „Romania", VI (1877).
—, La prononciation de ie en français. Ebd. 1877, 321 ff.
Jespersen, O., Noter til Franke. København 1886.
Jozon, Des principes de l'écriture phonétique. Paris 1877.
Kräuter, J. F., Stimmlose antepalatale und mediopalatale Reibelaute im Neufranzös. Körting's Zs. II (1880), p. 23 ff.
Lange, Aug., „Artikulationsgymnastik" in Körting's Zs. VIII, 1.
Passy, P., Le français parlé. Heilbronn 1886.
—, Premier livre de lecture. Paris 1884.
Storm, J., Englische Philologie. Heilbronn 1881. (Behandelt S. 1—89 in meisterhafter Weise zahlreiche Fragen der allgemeinen und der französ. Phonetik.)

—, Om vokalernes kvantitet i de romanske sprog etc. København
1879. (Ber. om det I. nordiske filologmøde 1876, p. 157 ff.)
—, Dialogues français. Christiania 1887. (Die deutsche Ausgabe
dürfte in diesem Jahre bei Velhagen & Klasing, Leipzig-Biele-
feld, erscheinen. 2. Auflage des Originals soeben erschienen.)
Trautmann, W., Anglia III, 208 ff. (Über die *r*-Laute, auch die
franzüs.)
Vietor, W., Schriftlehre oder Sprachlehre? Körting's Zs. II, 1880,
43 ff. (Der Artikel brachte seinerzeit die erste kurze, auf
wissenschaftlicher Grundlage ruhende Darstellung des neu-
franzüs. Lautsystems, mit spezieller Berücksichtigung der Bedürfnisse der Schule.)
Wulff, Några ord om aksent. Lund 1881.
Kurze, meist für die Bedürfnisse der Schule berechnete Darstellungen
der franzüs. Laute geben in ihren Unterrichtsbüchern auch
Breymann, Kühn, Wershoven u. a.

Fachzeitschriften:

də fɔnetik titɔr. Le Maître Fonétique. Organe de l'Associacion
Fonétique des Professeurs de Langues vivantes (*fɔnetik titɔrz
əsɔucieicɔn.*) Paris 1887 ff. Hsggb. von P. Passy.
Phonetische Studien. Zs. für wissenschaftl. und prakt. Phonetik.
Mit besonderer Rücksicht auf den Unterricht in der Aussprache.
Hsggb. von W. Vietor. Marburg i. H. 1887 ff.

(Beide Zeitschriften sind für neuphilol. Lehrer und Studierende,
welche wissenschaftliche oder praktische Lautzwecke verfolgen,
geradezu unentbehrlich.)

Sachregister.

Beyer, Französische Phonetik.

Autorenregister.

T.

Techmer 3 (Indifferenzlage).
Trautmann 40 (*h*-Laut in *fléau* u. ähnl.).
52 (*r*-Laute).
75 (Dauer).
82 (Treff).
89 (Treff für Ton).

V.

Vietor 17 (gerundete Palatal-vokale).

Vietor
64 (Schallstärke der Laute).
81 (Quantität der französ. Konsonanten).
89 (Quantitäteinflüsse beim Wortaccent).

W.

Winteler 109 (Erweiterung des traditionellen Sandhibegriffs).
110 (Sandhigesetz).